## Zu diesem Buch:

Haben Sie auch schon oft den Wunsch verspürt, schreiben zu können? Aber Sie wissen nicht worüber? Nehmen Sie Ihr eigenes Leben. Unzählige Situationen, Ereignisse, Beobachtungen, die Sie tagtäglich erleben, können zum Ausgangspunkt einer Geschichte werden. Schreiben Sie über Ihre Reisen, über Ihren Garten oder Ihre Träume. Werfen Sie die Vorstellung weg, ein Tagebuch müsse ein edel-gebundenes Buch aus handgeschöpftem Papier sein. Schreiben Sie auf Kassenzettel, in kleine Notizbücher, am Computer. Nutzen Sie jede Gelegenheit zum Schreiben. Alexandra Johnson präsentiert in diesem Buch die vielfältigen Möglichkeiten, wie ein Tagebuch aussehen kann, und zeigt, wie Sie zu Ihrer persönlichen Tagebuchform finden. Im nächsten Schritt vermittelt sie, wie Sie so mit Ihren Aufzeichnungen weiterarbeiten, dass daraus Memoiren, Familienchroniken, Erzählungen, ja sogar Romane werden können.

## Zur Autorin:

Alexandra Johnson, geboren 1954 in San Francisco, unterrichtet Kreatives Schreiben in Harvard und Wellesley. Ihre eigenen Artikel erscheinen u. a. in *The New Yorker* und in der *New York Times Book Review*. 1997 veröffentlichte sie das Buch *The hidden writer: Diaries and the Creative Life*, für das sie mit dem PEN-Award ausgezeichnet wurde.

Alexandra Johnson

# Wie aus dem Leben Geschichten entstehen

## Vom Tagebuch zum kreativen Schreiben

Aus dem Amerikanischen
von Lydia Farago

Pendo Verlag Zürich

Für meine Großmutter Florence

Der wirkliche Mut beginnt
im Innern.

*Eudora Welty*

Da zeichnet sich vor mir
der Schatten einer Art von Form ab,
die mein Tagebuch annehmen könnte. Ich
könnte im Laufe der Zeit lernen,
was man alles mit dem lose dahin-
treibenden Stoff, aus dem das Leben
besteht, machen kann: eine andere
Verwendung dafür finden.

*Virginia Woolf*

# Inhalt

# Einführung

*Neujahrstag, Dienstag, 1. Januar. Ich glaube, ich werde dieses Jahr versuchen, ein Tagebuch zu führen.*

An einem Nachmittag im Herbst hielt ich das Tagebuch einer Unbekannten in meinen Händen und starrte auf diesen Satz. Es war ein Schreibheft in kartoniertem Einband, das, so bin ich mir sicher, die Schreiberin ausgewählt hatte, damit niemand auf den Gedanken käme, es für ein Tagebuch zu halten, und somit versucht wäre, es zu lesen. Ich aber erlag der Versuchung und las es. Seite um Seite entfaltete sich langsam vor mir das Leben einer fremden Frau: sie wartete auf die Rückkehr eines jungen Mannes namens Charlie aus dem College; sie schleifte ihre Schlittschuhe auf einem nahe gelegenen, gefrorenen Teich; sie fuhr mit ihrer Schwester Mattie nach Boston, um Notenblätter zu kaufen; sie feierte ihren 21. Geburtstag und freute sich über die Veilchen, die ihr der abwesende junge Mann geschickt hatte und die einen Schneesturm überlebten.

Das Tagebuch wurde mir vom einzigen noch lebenden Mitglied einer Familie übergeben, mit der die Frau bekannt gewesen war. Man erzählte mir, dass die Tagebuchschreiberin in dem Haus gelebt hatte, das jetzt mir gehörte. Eine Frau – ich sah sie nun in meiner Phantasie –, die einst jeden Abend die gleiche enge Treppe hinaufgestiegen war und die auf unsere beiden Birnbäume geblickt hatte, die immer noch Früchte tragen. Eine Frau, die 1895 Tagebuch geführt und ihr Leben in sepiafarbener Tinte aufgezeichnet hatte.

Hätte sie sich vorstellen können, wie hundert Jahre später eine Bewohnerin ihres Hauses beeindruckt sein würde von den Aufzeichnungen, die sie über ein Leben hinterlassen hatte, das ihr wahrscheinlich ungeheuer langweilig vorgekommen war? (Ich stellte mir vor, wie das Tagebuchführen für sie eine Art Hausaufgabe war, eine Aufgabe, die zum inneren Wachstum beitrug). War es ihr einziges Tagebuch? Oder verbrannte sie diejenigen, die sie später geschrieben hatte? Ich musste es wissen: Was geschah im Spätsommer 1895? Verschwand Charlie plötzlich? Wie brach er ihr schließlich das Herz? Ich hoffte, dass der Grund für ihr gebrochenes Herz nicht dort lag, wo sie ihn am wenigsten vermutete: in den grauen Augen ihrer besten Freundin Kitty. Gegen Ende des Tagebuches wirkt die Schrift hektisch – die runden Bögen der »l's« schwellen auf wie Luftballone.

Als ich Elisabeth Howes Tagebuch schloss, dachte ich darüber nach, wie gerne wir die Tagebücher anderer Menschen lesen, auch wenn wir keine eigenen schreiben; wie gerne wir heimlich die persönlichen Gespräche belauschen, die andere mit sich selber führen. Auf jeder Seite konnte ich beobachten, wie Howe versuchte, eine narrative Form für ihr Leben zu finden, einen Weg, um ihre Geschichte erzählen, auch wenn diese nur für sie selbst bestimmt war. Wenn sie alleine war, schrieb ihre Hand all das auf, was ihr Verstand – da bin ich mir sicher – fortwährend als unwichtig bewertete: ihr Leben. Aus dem Tagebuch erfuhr ich, dass Howes Leben ruhig verlief, sie aber voller Tatendrang war. Die Seiten beschrieben eine 21-jährige Musiklehrerin, die insgeheim die Einsamkeit schätzte, ebenso Liebesbriefe, in Seidenpapier gehüllte frische Pfirsiche, Schneestürme, die nachts die Fenster mit filigranen kristallartigen Spinnweben überzogen.

Über diese Einzelheiten aus ihrem Tagebuch dachte ich den ganzen Nachmittag lang nach. Einer ihrer Einträge beschäftigte mich jedoch besonders stark. Um sich Taschengeld zu verdienen, verbrachten Elizabeth Howe und ihre Schwester einen milden Nachmittag im Mai damit, Namen, die in Grabsteine gemeißelt waren, in ein Hauptbuch einzutragen; der Friedhof würde bald verlegt werden. An diesem heiteren Frühlingstag schrieb sie, die Luft sei von »Fliederduft durchdrungen«. Es war eine Abwechslung zu den bitteren Wintern, dessen Winde so viele Grabsteine hatten verwittern lassen. Um die ältesten Namen erkennen zu können, streifte sie mit den Fingern über die hohlen Rinnen wie über Blindenschrift. Ich überlegte, ob sie sich wohl immer wieder gefragt hatte, wie viele der neuenglischen Namen, die sie entzifferte und für ein paar Pennies aufschrieb, in Vergessenheit geraten waren. Hier standen Namen, die ebenso wenig etwas über die Menschen dahinter aussagten wie die Schiefersteine, auf denen sie eingemeißelt waren. Vom darauf folgenden Tag an hören die Klagen in Howes Tagebuch auf; die Einträge werden länger. Plötzlich taucht im Tagebuch die Frage auf, ob sie Talent zur Konzertpianistin hätte. Oder, überlegt sie, ist es ihr Schicksal, für immer undankbare Schüler zu unterrichten?

Ich werde die Antwort nie wissen. Aber ich bin mir sicher, dass sie, während sie die eingemeißelten Namen abschrieb, ebenso über die dahinter stehenden Lebensgeschichten nachdachte, wie ich über ihre. Wonach hatten diese Menschen gestrebt, was hatten sie bereut, was waren ihre letzten Gedanken und ihre größten weltlichen Freuden gewesen? Welche Krankheiten hatten sie überlebt? Und wie viele komplikationslose Geburten hatten sie gehabt? Wessen Namen sprachen sie als letzten, bevor sie starben? (Ich stelle mir vor, wie sie sich in Gedanken vertieft über das Hauptbuch beugt; ihr kastanienbraunes Haar glänzt wie ein glatter Spiegel). »Sieben Grabsteine können nicht entziffert werden«, notierte sie an jenem Abend in ihr Tagebuch und war irritiert über diese Leben, die sie nirgends zuordnen konnte. Zu erfahren, was jeder dieser Menschen im Leben erreicht hatte, war ebenso schwer, wie ihre Augenfarbe zu erraten.

Ich legte ihr dünnes Schreibheft auf das Bücherregal in dem Zimmer, in dem ich nun sitze und schreibe. Das Heft liegt hoch oben neben einigen Romanen, die in Howes Tagebuch als Lektüre langer Sommerabende erwähnt werden – *Sturmhöhe, David Copperfield, Silas Marner.* Ich möchte gerne glauben, dass sie in diesem Zimmer in aller Heimlichkeit Tagebuch führte. Seitdem haben sich die Bücherregale in diesem Raum mit anderen Tagebüchern gefüllt. Viele davon sind veröffentlicht worden, einige davon wurden mir zugeschickt, während ich dieses Buch schrieb. Wie eine Wünschelrute fährt meine Hand über sie in Augenblicken, in denen meine Arbeit ins Stocken gerät: um Trost und Inspiration zu suchen, um mich daran zu erinnern, dass andere Menschen ihre Tagebücher brauchten, um ihrem Leben einen tieferen Sinn zu geben oder um die Hindernisse zu überwinden, die sich ihrer Kreativität in den Weg stellten.

Auf dem Bücherregal, auf dem Elizabeth Howes Tagebuch jetzt steht, befinden sich auch ein halbes Dutzend Notizbücher, in die ich meine Tagebucheinträge schrieb, als ich in ihrem Alter war. Auf die erste Seite meines allerersten Notizbuches habe ich einen Tagebucheintrag von Virginia Woolf geschrieben, deren Romane und Tagebücher allein ein ganzes Regal füllen. Nach jahrelanger Pause fühlte sich Woolf mit vierunddreißig wieder dazu angeregt, ein Tagebuch zu führen: »Welche Art von Tagebuch möchte ich denn führen? Es sollte schnörkellos, jedoch nicht nachlässig geschrieben sein; es sollte vielseitig sein, um alles aufzunehmen – das Schöne, das Ernste, das Unbedeutende –, das mir in den Sinn kommt. Ich wünschte mir, es wäre wie ein alter Schreibtisch oder ein großes Gefäß, in das man ohne hinzusehen alle möglichen seltsamen Dinge hineinwerfen kann. Ich würde es später, nach ein, zwei Jahren, aufschlagen, um zu merken, dass sich die Einträge alle von selbst geordnet haben ... dass sie eine Form angenommen haben, die transparent genug ist, um das Licht unseres Lebens zu reflektieren.«

Ihre tun das. Bis vier Tage vor ihrem Tod im Alter von 60 Jahren füllte sie über 32 marmoriert gemusterte Notizbücher und hinterließ damit eines der vollkommensten Zeugnisse eines schöpferischen Geistes. Woolf führte Tagebuch, um, das war zumindest einer ihrer Gründe, mit 50 Jahren Lesestoff zu haben. Als ich mit 21 die erwähnte Passage aus ihrem Tagebuch abschrieb, hoffte auch ich, dass sich alles, was ich in meinem Notizbuch aufschrieb, ohne meine Hilfe ordnen würde. Doch nichts geschah. Die Tagebücher blieben entweder geradezu hartnäckig leer oder waren voller rauschhafter Anfälle von Nabelschau, die seltsam unüberlegt wirkten. (Wie ein Jahr vom anderen unterscheiden, wenn die Einträge nur so von launischen und abstrakten Klagen wimmeln? »*Einmal mehr kann ich nicht glauben, dass ... Warum geschieht es immer, dass ich ...*«). Ich füllte stattdessen meine Tagebücher mit den scharfsinnigen und gewandten Weisheiten von Schriftstellern wie Woolf: »Jedes starke Gefühl hinterlässt eine unauslöschliche Spur«, schrieb ich ab, »und wir müssen nur herausfinden, wie wir es nachempfinden können, damit es uns möglich wird, unser Leben von Anfang an zu durchleben. Die Vergangenheit«, schrieb Virginia Woolf, »drängt uns, eine Spur zu hinterlassen.«

Ist es nicht das, was wir stillschweigend versuchen, jedoch befürchten, dass wir es nie erreichen? Diesen Instinkt, eine Spur hinterlassen zu wollen, kenne ich nur zu gut. Seit meiner Kindheit beschäftigt er mich. Meine Großmutter, die Krankenpflegerin beim Amerikanischen Roten Kreuz in Sibirien war, führte während ihrer gemeinnützigen Arbeit in Wladiwostok ein Jahr lang ein Tagebuch, in das sie Fotos, Briefe und das mittlerweile vergilbte Telegramm mit dem Heiratsantrag meines Großvaters klebte. Meine Mutter versteckte ihre rührseligen Tagebücher, die voller Klagen waren, im Wäscheschrank. (Weiße, frisch gebügelte Baumwolllaken lassen mich oft daran denken, wie ich ihre Zettel und Papierschnitzel fand. Ich erinnere mich, wie ich das erste Mal Kritzeleien in der mir vertrauten Schrift auf der Rückseite eines ausländischen Luftpostumschlags sah. Zwischen den rot-blau-weißen Rändern hatte meine Mutter ihre nie ausgesprochenen Sehnsüchte festgehalten – das Verlangen nach Privatsphäre, heimliche Gedanken über die Ehe mit meinem Vater.) Während sie ihrem Beruf als Lehrerin nachging und ihre drei Kinder großzog, führte die ältere Schwester meiner Mutter Tagebücher und nahm sie als Vorlage für Romane. Sie schrieb die Romane, doch war sie zu gehemmt, um sie einem Verlag zuzusenden.

Diese drei Generationen innerhalb meiner eigenen Familie zeigen die vielfältigen Möglichkeiten des Tagebuchschreibens. Meine Großmutter, die Chronistin, gestaltete ihr Tagebuch als Sammelalbum, um auf diese Weise ihr Leben als Krankenpflegerin beim Roten Kreuz zu dokumentieren. Meine Mutter führte ein heimliches Tagebuch, um ihr Innenleben auszuloten, oft auch, um sich abzureagieren, oder um Klarheit zu gewinnen. Meiner Tante schließlich diente das Tagebuch als Sprungbrett zur schöpferischen Schreibtätigkeit.

In meinen eigenen Tagebüchern, die ich mit neun Jahren zu schreiben anfing, kamen zunächst alle diese Formen vor, bis ich mich mit Ende zwanzig auf eine einzige Darstellungsweise festlegte. Das offene Geheimnis meiner Kindheit: Ich füllte gerade einmal 20 Seiten eines in Vinyl eingebundenen Tagebuchs, das ich als Neunjährige an einem heißen Tag im Juli meiner Mutter in einer Drogerie abgeschwatzt hatte. Zwischen meinem zehnten und elften Lebensjahr erging es mir nicht besser. Jedes neue Tagebuch wurde Ende Januar jeweils zur Seite gelegt und geriet als Teil meiner Neujahrsvorsätze in Vergessenheit. Auf Seiten, die zwischen rosaroten Vinyldeckeln geheftet waren, quälte ich mich in der Kunst des Schreibens, während mich meine zunehmend kräftige, nach rechts geneigte Schrift zu verhöhnen schien, denn oft blieben die Seiten einfach leer, als könnte ich nicht schreiben. Im Alter von zwölf Jahren starrte ich erbarmungslos auf das, was ich aufzuschreiben geschafft hatte. War es möglich, dass mein Leben so langweilig war? Ich hielt den belastenden Beweis in meinen Händen; die Einträge waren so regelmäßig datiert wie die Tage in einer Agenda. Die Litanei des täglichen Lebens ist ebenso eintönig wie die Linien, die ich mit meinem Kugelschreiber formte: *»Schule; führte den Hund spazieren; Abendessen – Kartoffelpüree, gefrorene Erbsen, Hackbraten, Ketchup floss in die Rillen der Bratpfanne.«*

Am beschämendsten sind die Einträge jener Tage, an denen ich nur das Wort *nichts* geschrieben habe. Nichts? Dabei kann ich mich gut an die Nachmittage erinnern: wie ich draußen spielte, wenn die Dämmerung einsetzte und meine kurzen Hosen im Zwielicht heller zu sein schienen; wie scharf die Eukalyptusbäume dufteten; wie ich auf dem kühlen Linoleumboden der Schulbibliothek saß (ein klebriges, rechteckiges Pflaster auf einem Knie), als ich Bücher entdeckte, die ich lieben würde, wie das Tagebuch der Anne Frank. Nur gelegentlich findet sich in den Tagebüchern die Spur einer wahren Begebenheit: meine Freundin Diane Friedman und ich horteten Süßigkeiten von Mädchen, die sich geweigert hatten, neben uns zu sitzen; der heftige Neid, den ich beim Anblick von Nancy Millers neuen beigefarbenen Schuhen empfand; die seltsame Wehmut, die mich befiel, als mein Bruder in den nahen Bergen ein Luftgewehr abfeuerte.

Im Gegensatz dazu wirkten die Tagebücher meiner Familie überaus exotisch, so planlos sie auch geführt worden waren. Um die Geheimnisse dieser Tagebücher zu lüften, brütete ich über dem schwarzen, sibirischen Sammelalbum meiner Großmutter, dessen Seiten aus dicker Pappe waren, und starrte die Fotografien an, auf denen sie in ihrer Schwesterntracht zu sehen war. Unter den grobkörnigen Bildern russischer Soldaten, deren Füße verbunden waren, hatte sie in silberfarbener Schrift »Wladiwostok« oder »Transport verwundeter Gefangener« geschrieben. Beim letzten Eintrag in dieses Album war sie in Brooklyn, New York, wo sie als Schwangerschaftsberaterin in der vorgeburtlichen Fürsorge arbeitete. Da sie selbst ein Kind erwartete, war sie zu beschäftigt, um weiterhin Tagebuch zu führen.

Aber hinter den erhaltenen Bildern vermutete ich ungeklärte Rätsel, geheimnisvolle, kleine Lücken, die ebenso dunkel waren wie die schwarzen dreieckigen Fotokleber, mit denen sie die Fotografien in das Album geklebt hatte. Während meine Tagebücher langweilig waren wegen ihrer ausschließlichen Ich-Bezogenheit, vermutete ich, dass das Sammelalbum meiner Großmutter dazu diente, Ereignisse und Erfahrungen sowohl schriftlich festzuhalten als auch zu verheimlichen. Ihre geheimnisvolle Geschichte, die ich nur ansatzweise kannte, war nie mit dem silberfarbigen Bleistiftstummel aufgeschrieben worden: meine Großmutter war mit zwei Jahren Waise geworden, mit sechs hatte man sie in einem Familiengericht zur Schau gestellt. Sie gehörte nirgends hin. Ich wollte das Mysterium um ihre Herkunft lösen, die sie ebenso verbarg wie ihre weiße Schwesterntracht unter dem Rot-Kreuz-Mantel. Es war so, als hätte ihr Leben erst mit der großen Seereise nach Japan und Russland begonnen. Als ich die Seiten des Sammelalbums, das ihr Tagebuch gewesen war, umblätterte, bekam ich, ohne es zu ahnen, meine erste Lehrstunde darüber, wie Literatur entsteht.

Während ich damals nichts von den Geständnissen meiner Mutter über ihre Ehe wissen wollte, bewunderte ich den Instinkt meiner Tante, ihre Wunschträume in fiktive Geschichten zu verwandeln. Am Ende eines arbeitsreichen Tages, nachdem sie ihre Kinder ins Bett gebracht hatte, führte sie Tagebuch und erfand Romanhandlungen: Heldinnen, die das Alaska des 19. Jahrhunderts nicht verlassen konnten, schüchterne Lehrer, aus denen Pioniere und Pelzhändler wurden.

Mit jeder Seite schuf sie ein außergewöhnliches Leben, das sie ihrer Meinung nach in der kleinen Welt des Vorortes, in dem sie lebte, nicht hatte. (Darum geht es, dachte ich: die Langeweile überwinden, indem man interessante Figuren erfindet).

»Schreiben«, notierte Kafka in seinem Tagebuch, »ist die Axt, die das gefrorene Meer von innen aufbricht.« Tagebücher deuten an, was sich seit langer Zeit unter dem Eis verbirgt. Sie sind voll von Sehnsucht, Geheimnissen und Geschichten, die nie erzählt wurden. Der Tagebuchschreiber ist der Detektiv, der seiner eigenen Geschichte auf die Spur kommt. Er deckt das Außergewöhnliche im Alltäglichen auf, die wahre Geschichte hinter den trockenen Tatsachen. (Denn das, was ausgelassen wird, ist oft interessanter als das, was aufgeschrieben wird. Das wahre Drama spielt sich häufig im Hintergrund ab – Liebe, Leid und Verrat.) Aber wie unvollkommen oder unbeständig ein Tagebuch auch geführt sein mag, es spricht den menschlichsten aller Instinkte an: unser Bedürfnis, eine Spur zu hinterlassen.

Während ich schreibe, stapeln sich in meinem Zimmer die Tagebücher anderer Menschen. Sie wurden mir für das Schreiben dieses Buches ausgeliehen und türmen sich auf dem Boden. Hunderte von Geschichten haben die Schwelle dieses kleinen, sonnendurchfluteten Zimmers überschritten. Während ich vor drei Jahren durch das ganze Land fuhr und auf einer Lesereise mein erstes Buch über Tagebücher von Autoren, die mich faszinierten, vorstellte, begegneten mir viele Menschen. Bei Lesungen, in Workshops, über Telefonanrufe, die beim öffentlichen Radio eingingen, lernte ich Menschen kennen, deren Geschichten mit ihrem Tagebuch mir wie phantastische Romane vorkamen: gestohlene Tagebücher, wiedergefundene Geliebte; heimliche Tagebücher verfeindeter Geschwister; Ehepartner, die selbstzerstörerisch ein Tagebuch teilten; entfremdete Mütter, deren Innenleben erst nach ihrem Tod aufgedeckt – und verstanden – wurde, Tagebücher, die von den Nachkommen gelesen wurden.

Aber ich habe auch anderes gehört. Inmitten all dieser Geschichten wurde ein Satz geflüstert: Wer könnte sich schon für mein Leben interessieren? Er wurde wehmütig geäußert, als ich Bücher signierte, die verschenkt werden würden, um jemand anderen zu ermutigen – einen talentierten Sohn, eine Schwester, die immer Tagebücher geführt hatte, eine erst kürzlich geschiedene Tochter, die vielleicht nun eines führen würde. Doch ich wusste: für jedes Leben, das in einer einfachen Agenda auf einen Eintrag von zehn Worten reduziert wird, kann der Kugelschreiber ein Epos entwerfen – Arbeit, Kinder, Gesundheit, Liebe. Sogar der Küchenkalender, dessen Felder täglich voll gekritzelt sind, ist ein stilles Protokoll über die alltäglichen Heldentaten. Der trockenste, sachlichste Eintrag kann eine Geschichte hervorbringen, die im historischen Kontext gesehen über das Leben des einzelnen Menschen hinausragt – Kriegserinnerungen, der Holocaust, Völker, die ihre Heimat verließen, um anderswo sesshaft zu werden. Und hier schließlich ist das, was ich bei der Begegnung mit beinahe allen Menschen spürte: Sie hatten ein Leben voller Geschichten oder Pläne, befürchteten aber, dass diese nie aufgeschrieben würden.

Darum setzten sie sich ins Publikum oder kamen zu den Workshops. Im ganzen Land hörte ich Hunderte von Geschichten, die Männer und Frauen, jüngere und ältere Menschen mir erzählten. Einige hatten über Jahre hinweg Tagebuch geführt, viele jedoch nicht. Ihre Geschichten hörten sich an wie das Echo meiner eigenen: auch ihnen wurde früh im Leben ein Tagebuch geschenkt. Vom Kind, das frustriert über seine mangelhaften Schreibkünste war, entwickelten sie sich zu stilsicheren Schreibern am College. Als Erwachsene aber waren sie zu beschäftigt, um ein Tagebuch zu führen, verspürten jedoch ein starkes Bedürfnis danach. Oft wurden sie entmutigt, wenn sie es versuchten. Viele merkten, dass sie nur dann schrieben, wenn sie wütend oder traurig waren. So wurde der beste Teil ihrer Geschichten weggelassen. Oder war ihrer Meinung nach schlecht geschrieben. Doch gleichgültig warum, wie oder wie oft sie schrieben, alle ohne Ausnahme wollten, für sich selber oder andere, ein Zeugnis ihres Lebens ablegen. Als Tagebuch, Familienchronik oder Memoiren – Möglichkeiten gab es viele. Ob sie sich nun entmutigt oder angeregt fühlten, sie stellten sich immer wieder die zwei gleichen Fragen: Wie führe ich ein Tagebuch? Und: Was *mache* ich mit den schon vorhandenen Einträgen?

Dieses Buch ist ein Versuch, die erwähnten und viele andere Fragen zu beantworten, die mir im Laufe der Jahre in Workshops zum Thema Tagebuchschreiben, in Unterrichtsstunden über das kreative Schreiben und in meinem Schreibzirkel gestellt worden sind. Die Antworten und Ratschläge, die ich gebe, befolge ich tagtäglich selbst, wenn ich an meinem Schreibtisch sitze. Ziel meines Buches ist es nicht, aus jedem Menschen, der ein Tagebuch führt, einen professionellen Schriftsteller zu machen. Vielmehr geht es mir darum, anderen Menschen Wege aufzuzeigen, ein Tagebuch in einer von ihnen frei gewählten Form zu führen und es in ein größeres Schreibprojekt umzuwandeln. Ein Tagebuch ist das fehlende Glied in einem schöpferischen Leben. In Workshops, die ich zum Thema Tagebuchschreiben und kreatives Schreiben gebe, sehe ich, wie Tagebücher als Bausteine dienen und sich von Notizen über Entwürfe schließlich zu Memoiren entwickeln. Warten Sie ab und lassen Sie sich überraschen, auf welch unerwartete Weise ein Tagebuch ein Leben bereichert und ausdehnt, sage ich. Eine ehemalige Studentin, Julie Hilden, wandelte Bruchstücke ihrer Erinnerung in Memoiren um, die veröffentlicht wurden und viel Beachtung fanden.

Eine Frau, die ich in Chicago traf, begann mit 80 Jahren ein Tagebuch zu führen und schrieb zwei Jahre später Gedichte. Sie veranstaltete außerdem Schreibzirkel in Pflegeheimen, die sich mit der Niederschrift der eigenen Lebensgeschichte befassten. Aus der Frage *Wie führe ich ein Tagebuch?* wird für viele bald *Was mache ich mit den schon vorhandenen Einträgen?*.

Diese Fragen stehen im engen Zusammenhang mit meiner eigenen Schreibtätigkeit. Ich schreibe immer noch ebenso leicht auf Kreditkartenbelegen wie in ein Notizheft, doch geändert hat sich meine Ansicht darüber, was ein Tagebuch alles darstellen kann: ich sehe seine Form, seinen Zweck, ja, sogar die Art, wie ich meine unmittelbare Umwelt wahrnehme, in einem neuen Licht. Dieses Buch soll die Möglichkeiten, die sich bieten, darstellen. Wenn ich mich zurückerinnere, merke ich, dass es schon immer Hinweise gab, sogar in den halb vollen Notizheften, die ich ihrem Schicksal überließ. Als ich Anfang zwanzig war, wollte ich schreiben. Irgendetwas. An einem Oktobermorgen fand ich ein Tagebuch, das meinem sehr ähnlich war. Es war ein Chaos. Ein Durcheinander von Notizheften in verschiedenen Größen, deren Seiten oft mit Korrekturen voll gekritzelt waren. Zwischen den Einträgen lagen Wochen, oft Monate. Einkaufslisten waren neben Einfällen für zukünftige Projekte aufgeschrieben worden, Reisenotizen standen neben Gedanken über die Ehe. Briefe, die nie abgeschickt wurden, steckten wie zufällig zwischen den Seiten.

Aber ich las fasziniert, denn es gelang der Tagebuchschreiberin, der neuseeländischen Kurzgeschichtenautorin Katherine Mansfield, ihr Schicksal durch diese seltsame Ansammlung von Notizheften auf subtile Weise zu verändern. Für Mansfield, die »die gewaltigen Tagebücher voller Klagen« aus ihrer Kindheit verbrannt hatte, war das Tagebuchschreiben wichtig für ihre Entwicklung: auf diese Weise übte sie sich in ihrem Handwerk und ordnete ihre Gedanken. Sie verwendete ihre Tagebücher wie ein kleines Sparkonto. Ihnen entwuchs ein Projekt nach dem anderen. Die Tagebücher vereinen drei Formen in einer: sie sind Notizhefte einer Schriftstellerin, Protokolle ihres Innenlebens, spirituelle Autobiographie.

»Ich bin 33«, schrieb sie. »Doch beginne ich erst jetzt zu verstehen, was ich tun möchte. Es werden viele Jahre Arbeit nötig sein, um es wirklich zu schaffen. Wie unerträglich wäre es zu sterben und Fragmente, Bruchstücke, aber nichts Vollendetes zu hinterlassen.« Ein Jahr nach diesem Eintrag starb Mansfield an Tuberkulose. Aber nicht bevor sie den Stoff aus ihrem Tagebuch ausgeschöpft und ein Viertel ihres Gesamtwerkes in einem »Wettlauf« geschrieben hatte, um »so viel wie möglich zu erschaffen, bevor es *verschwindet*«. Notizen, die eilig im Wartezimmer der Ärzte hingekritzelt wurden (»Mein Ischias! Daran denken, ihn eines Tages für jemanden in einer Geschichte zu brauchen.«), die nicht verschickten Briefe, die Einkaufslisten neben den Namen ihrer Figuren – alles hatte darauf gewartet, verwendet zu werden.

Ihr Tagebuch war eine kleine Offenbarung. (Das dachten auch andere. *Das Tagebuch der Katherine Mansfield* war nur dann in den Buchhandlungen nicht vorrätig, als sie es schrieb.) Was macht ein großartiges Tagebuch aus, eines, das es wert ist, immer und immer wieder gelesen zu werden? Die Art, wie der Schreiber immer wieder versucht, zu der ewig sich wandelnden Essenz des Lebens vorzudringen, und uns gleichzeitig Hinweise gibt, wie wir das unsere auf dem Papier festhalten und verändern können. Als ich 24 war, veränderte sich mein Tagebuch, weil ich die Tagebücher anderer Leute las. Ich begann zu experimentieren, zu imitieren, zu stehlen. Von Virginia Woolf lernte ich meine Füllfeder über das Papier zu bewegen, und ich ahmte ihren »willkürlichen Galopp« nach, um auf diese Weise der Selbstzensur zu entgehen. Von Anne Frank lernte ich, die Struktur in einem Tagebuch zu erkennen, aus der man eine größere Arbeit entwickeln konnte. Von

Emerson lernte ich, ältere Tagebücher mit einem Inhaltsverzeichnis zu versehen. Von da Vinci lernte ich, das Geschriebene zu verbergen.

Aber vor allem lernte ich, mein Tagebuch zielgerichtet zu führen, indem ich den Inhalt einem bestimmten Thema unterordnete und ihm so eine bleibende Kraft verlieh. Auf meinen Bücherregalen häuften sich einerseits Notizhefte – Reisetagebücher, Notizbücher, in die ich ausschließlich Zitate schrieb, Arbeitshefte für meine schriftstellerische Tätigkeit –, doch andererseits auch das Werk, das sich aus ihnen entwickelte. Heute bereitet mir der Anfang eines Buches kein Kopfzerbrechen mehr. Wenn ich eine schöpferische Durststrecke habe, muss ich nur ein altes Tagebuch öffnen. Dort wartet etwas – ein Ereignis, eine Erinnerung, eine Frage –, das der zündende Funke eines neuen Projekts sein wird. Ich habe vor langer Zeit gelernt, mir keine Sorgen darüber zu machen, wie die Tagebücher aussehen oder ob sie gut geschrieben sind (meistens sind sie es nicht) oder wie oft ich schreibe.

Es mag lange gedauert haben, aber das Tagebuchschreiben hat mir viel beigebracht. Ich habe gelernt, Detektiv zu spielen und meiner eigenen Geschichte auf die Spur zu kommen. Ich habe gelernt, das Außergewöhnliche in der Mittelmäßigkeit des täglichen Lebens zu entdecken. Ich habe gelernt, dass unter der Oberflächlichkeit schnell notierter Ereignisse immer eine interessantere Geschichte darauf wartet, erzählt zu werden. Ich habe gelernt, dass Geschichten oft Jahre in vergessenen Tagebüchern ausharren müssen, bevor man darauf kommt, wie – und wann – sie erzählt werden können.

Dieses Buch ist voller Geschichten von anderen Menschen. Es sind Lebensgeschichten von Leuten, die im Laufe der Zeit unzählige Möglichkeiten entdeckt haben, ein Tagebuch als Sprungbrett zu benutzen. In den folgenden Kapiteln werden viele Menschen und ihre Geschichten vorkommen. Manche kenne ich gut, anderen bin ich zum ersten Mal bei Lesungen,

Workshops oder in Gesprächen beim National Public Radio begegnet. Unter ihnen sind: der Mathematiker, der dank seines Traumtagebuches, das er seit zehn Jahren führt, komplexe Formeln aufstellt; der pensionierte Anwalt, der im Alter von 72 Jahren anhand des Tagebuches seine bemerkenswerten Memoiren über seine Erlebnisse im Zweiten Weltkrieg schrieb; die Künstlerin, die wegen eines seltenen Hirntumors in medizinischer Behandlung war und ihr Tagebuch benutzte, um ihre Arbeit im Krankenhaus fortzusetzen; die Athletin, die ihr Hochschulstudium in Cambridge unterbrach, um ein Jahr lang athletische Höchstleistungen zu vollbringen – ihr letzter Versuch, an den Olympischen Spielen teilzunehmen; die Familie, die auf drei Kontinenten verstreut lebt und ein gemeinsames Tagebuch führt; die Eheleute, denen es gelang, ihre Ehe zu kitten, indem sie einen Garten pflanzten und dabei ein Tagebuch führten über das seltsame Wachstum der Pflanzen (und über ihr eigenes).

Obwohl Tagebücher oft Erfolgsgeschichten beinhalten – die Überwindung einer Krankheit wie Brustkrebs, das Schreiben einer Autobiographie, die zum Bestseller wird –, zögern Tagebuchschreiber oft erst lange, bevor sie zur Feder greifen. Aber diese Geschichten gehören meistens zu den stärksten. Sie erzählen, wie etwa ihr Tagebuch einer Frau half, die Hoffnung nicht zu verlieren, als sie Stelle und Wohnung verlor und zehn Monate lang obdachlos war; wie ein Tagebuch der erste Schritt zu einer positiven Änderung im Leben eines Menschen wurde, dessen Dasein von Vernachlässigung und Missbrauch geprägt war; wie eine alleinerziehende Mutter während ihres Aufenthaltes im Frauenhaus begann, ein Tagebuch zu führen, das ihr half, eine Lebensperspektive zu finden. Was auch immer der Inhalt von Tagebüchern ist, in ihnen wird immer Geschichte niedergeschrieben. Manchmal ist der Inhalt buchstäblich historischer Natur, wie etwa das Tagebuch einer heute siebzigjährigen Frau, deren Vater einen

Anschlag auf Hitlers Leben plante. Öfter jedoch wird die Zeitgeschichte subtiler dargestellt: ein Emigrant, der im neuen Land seinen ursprünglichen kulturellen Hintergrund zu wahren versucht, oder die Mutter, die mit wissenschaftlicher Präzision das erste Jahr ihres Kindes in einem Tagebuch aufzeichnet.

In den folgenden Kapiteln habe ich oft Auszüge aus Tagebüchern eingefügt, die deren Geschichte erzählen. Andere Ausschnitte habe ich in meine eigenen Überlegungen, wie uns Tagebücher helfen können, eine Spur zu hinterlassen, eingewebt. Einige Menschen, die ich erwähne, sind berühmt, die meisten sind es aber nicht. Einige Schreiber haben mit neun Jahren angefangen Tagebücher zu führen, andere mit achtzig. Einige schreiben nur für sich selbst, andere erzählen, wie sie den Weg aus ihrer privaten Welt hinaus in die Öffentlichkeit fanden.

Ein großer Stapel von Tagebüchern steht neben mir, während ich das hier schreibe. Zuoberst liegt ein außergewöhnliches Tagebuch: es besteht aus 30 kleinen Selbstporträts, die jeden Tag während eines Monats gezeichnet wurden. Lisa Colt, eine pensionierte Lehrerin, zeichnete und kommentierte sie. Mit 67 Jahren erlebt sie eine äußerst kreative Schaffensperiode. Ihr gesamtes Werk stammt aus ihren Tagebüchern, die sie erst mit Ende dreißig zu führen begann. Diese Gepflogenheit wurde angeregt, als sie ein Tagebuch fand, das einer ihrer Vorfahren geführt hatte. Der neuenglische Name ihrer Familie ist ebenso alt wie die Namen, die Elizabeth Howe in ihr Hauptbuch eintrug an jenem Nachmittag in Mai. 1866 klebte ein Familienmitglied eine Iris in ein Weisheitstagebuch. Beinahe 140 Jahre später liegt die Iris immer noch in dem Buch, daneben ein Satz, den eine Ehefrau zur Erinnerung an ihren Mann eintrug: »Diese Iris stand im Zimmer, in dem die sterblichen Überreste desjenigen ruhten, der sie pflanzte.«

Tagebücher sind wie Setzlinge, die tief in die Erde eingegraben werden. Aus manchen entsteht ein ganzer Garten, aus anderen eine einzige Blüte. Seit ich angefangen habe, dieses Buch hier zu schreiben, haben die Tagebuchschreiber, die ich erwähne, sehr viel erlebt: mehrere von ihnen wurden krank, andere haben sich von Krankheiten erholt. Söhne und Töchter haben ihr Elternhaus verlassen, um ein College zu besuchen. Einige haben ein Universitätsstudium beendet. Ehepaare haben sich zur Ruhe gesetzt. Andere Schreiber erzählen in ihrem Tagebuch von Kämpfen, die sie mit sich ausfechten müssen, um den Wunsch ihrer Eltern, sie nicht in ein Pflegeheim zu stecken, zu respektieren. Hunderte von Enkelkindern fragen ihre Großeltern in diesem Augenblick nach der Geschichte ihrer Familie. Lebensläufe verändern sich schnell. Sie sind ebenso zerbrechlich wie die Veilchen, von denen Elizabeth Howe in ihrem Tagebuch schrieb, sie hätten einen Schneesturm überstanden.

Die bekanntesten Tagebücher der Welt, diejenigen, die von Hand zu Hand, von Generation zu Generation weitergereicht werden, entstehen oft in einer Ausnahmesituation oder unter ungeheurem Druck. Anne Franks Tagebuch entstand im Versteck. Katherine Mansfields während ihrer Krankheit. Fragmente eines Tagebuches für das Fragment eines Lebens.

Aber schon ein einziges Tagebuch geschrieben zu haben ist ein Triumph. Auch dieses hinterlässt eine unauslöschliche Spur.

Neben meinem Bett liegt ein solches Tagebuch: Etty Hillesums *Das denkende Herz*. Zwei Meilen von Anne Franks Versteck in Amsterdam führte auch die 27-jährige Etty Hillesum ein Tagebuch. Zwischen 1941 und 1943 zeichnet sie auf seinen Seiten ihre tiefsten Sehnsüchte auf – den Wunsch zu schreiben, zu lieben, Gott zu kennen. In seinem Wesen zeichnet es sich durch die zeitlose Suche nach dem Sinn des Lebens aus, während es gleichzeitig all das festhält, was diesen schließlich vernichten würde. Hillesum war 29 Jahre alt, als sich ihre Spur in Auschwitz verlor. Doch zuvor hat sie eines der großartigsten Tagebücher des 20. Jahrhunderts hinterlassen, in dem ihre originelle Stimme und ihr unerschütterlicher Mut weiterleben.

»Alles, was Worte tun sollten«, schrieb sie für sich selbst, »ist, der Stille eine Form zu geben.«

# Erster Teil

# Das erfolgreiche Tagebuch: Praktische Inspiration

Es ist wirklich seltsam,
aber schon irgendetwas
aufzuschreiben ist eine Hilfe,
die uns unseren Weg
erleichtert.

*Katherine Mansfield*

## 1. Der Anfang oder wie man sich absichtlich verirrt

WENN ICH EINMAL BEGONNEN HABE ZU SCHREIBEN, WIRD ALLES ANDERE UNWICHTIG: DIE AUSSICHT VOR MEINEM FENSTER, DAS WERKZEUG, DIE TALISMANE. UND ICH VERGESSE MICH SELBST ... DIE NÖRGELNDEN INNEREN KRITIKER SIND AUF EINMAL STILL ... ES GIBT IMMER EINE ÜBERRASCHUNG, EINE OFFENBARUNG. WÄHREND DES SCHREIBENS HABE ICH MIR ETWAS ERZÄHLT, DAS ICH VORHER NICHT WUSSTE.

*Gail Godwin*

Tagebücher. Sie winken uns von überall her zu. Im Schreibwarengeschäft stehen sie ordentlich aufgereiht im Regal; im Schaufenster sind sie fächerförmig in den matten Farben des Regenbogens ausgestellt; im Supermarkt sind sie in großen Behältern pyramidenförmig aufgebaut; in Buchhandlungen liegen sie aufgestapelt neben den Kassen. In beinahe jeder größeren Stadt in den USA sind innerhalb kürzester Zeit, quasi über Nacht, Fachgeschäfte entstanden, die nur Tagebücher verkaufen. Und auch in kleinen Provinzstädten kann man jetzt sogar um zwölf Uhr nachts ein Dutzend Tagebücher aus einem Katalog bestellen. Ein einziger Tastendruck im Internet verbindet uns mit anderen Ländern – mit Frankreich für handgemachte Tagebücher, Italien für cremefarbenes Papier. Wenn der Internetbenutzer die elektronischen Bilder am Bildschirm studiert, versucht er sich vorzustellen, wie schwer sich das Tagebuch in seinen Händen anfühlen wird.

Aber stellen Sie sich die Tagebücher vor, die Ihnen am vertrautesten sind: diejenigen aus dem Schreibwarengeschäft in Ihrem Viertel. Gestern ging ich in das Schreibwarengeschäft, in dem ich öfters vorbeischaue, und war sofort eingenommen vom reinen, trockenen Duft des Papiers, der beruhigenden Wirkung, die nach Farben sortierte Buntstifte haben. Schreibwarenläden sind das Königreich der Kindheit, an denen man als Erwachsener seine helle Freude hat. Die Waren in den Regalen erwecken die Hoffnung, dass ein bestimmter Kugelschreiber oder ein anderes Notizheft uns diesmal ans Ziel führen wird. Neuer Bleistift, neues Papier, neues Selbst. Ich bin beeindruckt von der unglaublichen Vielfalt: unlinierte oder linierte Tagebücher in festem Einband, deren Vorderseite mit hellen Mondsicheln oder Tulpen oder alten Landkarten verziert sind. Stapel von Spiralheften, deren Einband mit einem feinen marmorierten Muster überzogen ist. Andere Tagebücher sind in Leinen oder Jute gebunden und daher sehr angenehm zu berühren; einige haben einen Ledereinband und machen einen teuren und diskreten Eindruck. Gleichgültig, ob sie für alltägliche oder sehr persönliche Aufzeichnungen benutzt werden, sie teilen das Leben ein – Tagebücher, die vordatiert sind auf einen Monat, ein Jahr oder fünf Jahre. Reisetagebücher. Naturtagebücher. Das orangefarbene Tagebuch für Kinder. Daneben stehen auf einem Stapel Blöcke, die darauf warten, zwischen schwarze Vinyldeckel geheftet zu werden.

In den USA werden jährlich zehn Millionen Tagebücher in Schreibwarengeschäften verkauft, zwei Millionen in Fachgeschäften, die nur Tagebücher führen. Es wird geschätzt, dass dank geheimer Passwörter und spezieller Software etwa vier Millionen Schreiber in irgendeiner Form ein elektronisches Tagebuch führen. Das Informationszeitalter hat den Wunsch nach Verbindung (und Geheimhaltung) hervorgebracht, gleichzeitig aber auch das Bedürfnis nach der schnellsten Möglichkeit, einen Zugang zu unserem Innenleben zu finden. Täglich entstehen neue Webseiten. In Japan, zum Beispiel, können diejenigen, die zu beschäftigt sind, um ein Tagebuch zu führen, ihre Einträge per Telefon diktieren.

Wenn ich jemanden in einem Schreibwarenladen sehe, der ein Tagebuch in den Händen hält, kann ich beinahe seine inneren Stimmen nörgeln hören. Es sind die gleichen lästigen Stimmen, die den Augenblick stören, wenn man ein Tagebuch kauft oder zum ersten Mal öffnet. *Warum sollte ich das Gefühl haben, etwas Interessantes zu sagen zu haben? Leben wir nicht in einer Kultur, in der ständig geplappert wird und alle möglichen Geständnisse gemacht werden? Warum sollte ich auch noch dazu beitragen? Warum bin ich mir sicher, dass ich es diesmal schaffe, ein Tagebuch zu führen? Was geschieht, wenn es jemand anders findet?*

Ich gerate immer in Versuchung, den Zögernden auf die Schulter zu klopfen. Ich würde ihm sagen, dass ich mir heute wünsche, ich hätte meine Tagebücher häufiger benutzt. Bessere, längere Einträge geschrieben: die exakte Art und Weise, wie in meiner Kindheit das Sonnenlicht in staubigen schrägen Linien auf den Fußboden fiel; den Geruch von Zitronen und Speck am Morgen; den Mut zum ersten Kuss. (Wie andere Menschen auch stellte ich aber mein Tagebuch zurück ins Regal und war überzeugt, ich würde mich an alles erinnern können.) Ich würde erzählen, wie manche Leute, die ich kenne, mir mit bewegter Stimme sagten, sie hätten nie verstanden, warum Tagebücher so wichtig genommen würden, bis ihnen ihres gestohlen wurde. Oder sie berichten darüber, wie Tagebücher, die im Regal standen, sich als unschätzbar erwiesen, als es darum ging, ein längeres Projekt zu beginnen, wie etwa die eigenen Memoiren oder eine Familienchronik zu schreiben. Ich würde einen Eintrag aus einem

Tagebuch zitieren, das mir jemand einmal geliehen hatte: Am 12. Januar 1897 schrieb eine Frau, deren Familie und Verwandte als Pioniere immer weiter in den Westen Amerikas vorgedrungen waren: »Ich möchte gerne ein Tagebuch schreiben, das ich meinen Kindern hinterlassen kann und das ihnen von Nutzen ist, falls mir etwas zustößt. Wenn ich jetzt plötzlich nicht mehr da wäre, was würden sie jemals über mich wissen?« Dank diesem Tagebuch ist heute, fünf Generationen später, eine Familie vereint.

Wer schon länger ein Tagebuch führt, muss natürlich nicht überzeugt werden. Für ihn ist es so natürlich und wichtig wie zu atmen. »Ein Vierteljahrhundert später«, meint die Romanautorin Gail Godwin, »sind mein Tagebuch und ich wie ein altes Ehepaar. Die Distanz zwischen uns ist verschwunden. Ich sehe mein Tagebuch kaum noch. Und doch ist da ein Gefühl der Zuversicht, dass wir zusammenarbeiten.« Es ist, als ob es einen Trick oder ein Glücksgen gäbe, das einige dazu befähigt, Tagebücher zu führen, und andere nicht. Die meisten Menschen haben Tagebüchern gegenüber einen starken Widerwillen, verspüren aber gleichzeitig eine ebenso große Anziehungskraft. Im folgenden Abschnitt stehen ein paar Gründe, die hinter der Abneigung stecken, und Möglichkeiten, wie man darüber hinwegkommt.

## Warum schreiben Sie Tagebuch?

Da ich die Statistiken kenne, weiß ich, wie schwierig es für viele ist, ein Tagebuch zu schreiben. Doch wenn ich die Leute frage – was ich oft tue –, von welcher Person sie sich ein Tagebuch gewünscht hätten, fallen ihnen immer viele Menschen ein – die Mutter, der Ehemann, die Schwester, der Onkel, nach dem sie benannt sind, der Vater, den sie nie gekannt haben. Warum dann der Widerstand, selbst zu schreiben?

Virginia Woolf fand vielleicht die beste Erklärung, als sie in ihrem Tagebuch die Frage aufschrieb: »Wem erzähle ich es, wenn ich es einer leeren Seite erzähle?« Für wen schreibt man? Für sich selbst natürlich. »Sich selber treu sein – doch welchem Selbst?«, fragte Woolfs Freundin und Erzrivalin Katherine Mansfield.

Mehr als jeder anderen Form des Selbstausdrucks hegen wir Tagebüchern gegenüber unbewusst falsche Vorurteile. (Dies schließt das bekannteste ein: *Ich habe nie Tagebuch geführt* höre ich immer wieder, nur um zu entdecken, dass die Leute es doch tun, aber nicht auf eine Art und Weise, die sie anerkennen.) Für viele scheint das Tagebuch als Idee mit einer Gebrauchsanweisung daherzukommen, die mit den Worten *es müsste* beginnt. Man kennt diese Regeln auswendig: In ein Tagebuch sollten Einträge täglich und handgeschrieben erfolgen, man sollte nur Notizbücher mit festem Einband benutzen, man sollte nie etwas durchstreichen, man sollte ausschließlich ganze Sätze schreiben.

Die am häufigsten gestellte Frage von denen, die eben erst angefangen haben, Tagebuch zu führen, lautet: *Was ist der Unterschied zwischen einem regelmäßig geführten und einem unregelmäßig geführten Tagebuch?* Im traditionellen Sinne werden in einem regelmäßig geführten Tagebuch die täglichen Ereignisse niedergeschrieben. Dagegen dient ein unregelmäßig geführtes Tagebuch eher einer tieferen Auseinandersetzung mit den Erfahrungen und Gedanken, die den Schreiber beschäftigen. In einem regelmäßig geführten Tagebuch steht, was ich heute gemacht habe, in einem unregelmäßig geführten dagegen, was ich heute gefühlt habe. Doch so einfach (oder langweilig) ist es nicht. May Sarton, deren Buch *Tagebuch der Einsamkeit* immer noch ein Bestseller ist, begann mit 60 Jahren ein Tagebuch zu führen und schrieb täglich; sie hielt aber weit mehr als nur die Ereignisse des Tages fest. Thoreau, der für zwei Millionen Worte 29 Notizbücher brauchte, zeichnete ebenfalls sowohl Ereignisse als auch seine Überlegungen dazu auf. Virginia Woolf schrieb in ihren Tagebüchern einerseits alltägliche Begebenheiten auf, andererseits aber auch Entwürfe für ihre Bücher. Hier ist also die hilfreiche Lösung: *Machen Sie beides. Und machen Sie es abwechselnd*. Die Hauptsache ist, dass das Tagebuch seinen Zweck erfüllt: Ihnen zu ermöglichen, »den lose dahintreibenden Stoff, aus dem das Leben besteht«, zu vernetzen, wie Woolf meinte. Ein Tagebuch zu führen bedeutet nicht, dass es unbedingt *täglich* geführt werden muss. Es geht vielmehr darum, das Alltägliche in einem immer wieder anderen Licht zu sehen.

Viele Tagebücher sind von der Vorstellung vernichtet worden, dass sie jeden Tag gefüllt werden *müssen*. Warum eigentlich? Das erweckt das gleiche Gefühl wie Hausaufgaben. (Die Sache wird noch dadurch verschlimmert, dass Sie es sich selbst *auftragen* und sich daher nur noch schuldiger fühlen, wenn Sie tage- oder sogar monatelang nicht schreiben.) In vielen Menschen wird die Erinnerung an ihr erstes, gescheitertes Tagebuch wach. Die Literaturagentin Sally Brady begann ihr erstes Tagebuch mit acht Jahren, »als ich für zwei Monate aus der Schule genommen wurde und von Massachusetts nach Kalifornien und wieder zurück reiste. Auf Befehl meiner Mutter musste ich jeden Tag Buch führen über die Reise. Ich schrieb das Datum und dann ›Ich hasse dieses Tagebuch‹. Als ich neun Jahre alt war, schenkte mir meine Großmutter ein großes, rotes, dickes, quadratisches Tagebuch in Ledereinband. Es war auf fünf Jahre vordatiert, für jeden Tag waren fünf Zeilen vorgesehen, auf denen man natürlich nicht viel aufschreiben konnte. Oh, all diese *vorwurfsvollen leeren Zwischenräume!*«

Während es manchen Leuten hilfreich erscheint, täglich eine Art Logbuch zu führen, langweilt es die meisten bald, nur trockene Berichte über Alltägliches niederzuschreiben.

Der Clou bei der Sache ist jedoch, dieses Alltägliche zum Leben zu erwecken.

> Am besten setzen Sie sich ein realistisches Ziel, indem Sie zwei- bis dreimal die Woche zu jeweils verschiedenen Zeiten und an verschiedenen Orten schreiben. Dabei werden Ihnen die Übungen und Anregungen am Ende jedes Kapitels helfen. Sie sind so konzipiert, dass sie Ihnen einen schnellen Beginn ermöglichen und Sie zum Schreiben bewegen.

Tagebücher erlauben uns nachzudenken, aus uns herauszutreten. Sie schaffen einen dritten Raum, eine wertvolle Pause zwischen dem bewussten und unbewussten Selbst. Vor allem sind Tagebücher ein Weg, um die Dinge noch einmal zu überprüfen und das Gewohnte in Frage zu stellen. Sie sind Zeugnisse unserer Entwicklung, die uns dazu führen, das Vertraute hinter uns zu lassen, unsere beschränkte Sichtweise aufzugeben und die Augen für das Neue zu öffnen.

## Für wen schreiben Sie?

In ihrem Gedicht »A Stranger's Way of Looking« schreibt die Dichterin Heather McHugh, ein Schriftsteller sei »jemand, der sich distanzieren muss, um erkennen zu können, wovon er ein Teil war«. Das Gleiche gilt für den Tagebuchschreiber. »Jedes Mal, wenn wir uns hinsetzen, um zu schreiben«, meint die Romanschriftstellerin Maria Flook, »verlassen wir unseren Heimathafen, unsere Küste. Wir verirren uns absichtlich.« Das ist auch eine der besten Methoden, um ein Tagebuch zu beginnen.

Unser schnelles, übertrieben genau geplantes Leben erlaubt es uns selten, uns absichtlich zu verirren. Die große Beliebtheit, der sich Tagebücher erfreuen, zeigt aber das starke Bedürfnis, sich verirren zu wollen. Anfangs reicht es völlig aus, nur die vordergründigen Fakten aufzuschreiben. Doch sobald sie auf dem Papier stehen, fängt der Verstand an, auf einer tieferen Ebene zu arbeiten. Jedermann, der über längere Zeit Tagebuch führt, wird die Geschwindigkeit bestätigen, mit der man lernt, darauf zu vertrauen, dass sich ein anderer, flexiblerer Teil des Intellekts oder der Erinnerung öffnen wird.

Oft frage ich andere: *Für wen schreiben wir eigentlich?* Meistens für diejenige Person, die wir in Zukunft sein werden. Das Führen eines Tagebuches ist eine der wenigen Tätigkeiten, die in der Gegenwart stattfindet, uns über die Vergangenheit nachdenken lässt, um schließlich unsere Aufmerksamkeit auf unser zukünftiges Selbst zu richten. Für viele jedoch ist das Schreiben über sich selbst ein Hindernis. *Zu egoistisch. Zu selbstzentriert.* (War das die Nummer eins oder zwei auf Ihrer »Warum-ich-kein-Tagebuch-führen-kann«-Liste?) Diese Haltung, mit der wir uns selber bestrafen, wird am besten von Jessica Mitford beschrieben. Mitford wuchs in England auf. Vor jedem gesellschaftlichen Anlass sprach das Kindermädchen sehr streng zu ihr. »Du bist die am wenigsten wichtige Person im Raum!«, zischte das Kindermädchen. »Vergiss das bloß nicht!« (Die Autorin verhielt sich unauffällig, doch glücklicherweise schulte sie dabei ihren Blick und lernte, gut zu beobachten. Sie vergaß nicht, und sie schrieb.) Wenn wir sie oft genug hören, wird die Botschaft des Kindermädchens natürlich als unser Zensor verinnerlicht, dessen mannigfaltige Erscheinungen Schriftsteller schon seit Jahrhunderten plagen.

Leider kannte das Kindermädchen die geheime Geschichte der Tagebücher nicht. Im England des 17. Jahrhunderts führten Quäker Tagebuch, um ihr Gewissen auf diese Weise zu überprüfen. Ihre Tagebücher konzentrierten sich besonders auf das Glaubensbekenntnis und die Dankbarkeit Gott gegenüber. Mit der Zeit wurde es auch allgemein beliebter, Tagebuch zu schreiben, und so schlich sich nach und nach auch Alltägliches in die Aufzeichnungen. (Denken Sie etwa an Samuel Pepys, der das große Feuer von London und die Pest im Jahre 1665–1666 auf eine unvergleichliche Art beschrieb.) Im Laufe der Jahrhunderte spielte die Auseinandersetzung mit sich selbst eine immer größere Rolle in Tagebüchern. Sie waren der private Raum, in dem man Masken, die man in der Öffentlichkeit trug, fallen lassen konnte. In der Folge wurden die Tagebücher zu einer wichtigen Möglichkeit, um das Urteil über die eigene Person vorübergehend zu mildern. Heute sind schon fünf Minuten, in denen man in sein Tagebuch schreibt, eine der wenigen Ruhepausen im Alltagskampf. Es ist eine Zeit, in der wir nicht beurteilt werden, in der wir keine Leistung vollbringen müssen. Es ist eine Zeit, in der man versucht, ehrlich zu sein und die nörgelnden inneren Stimmen zum Verstummen zu bringen.

Im Wesentlichen ist es Sinn und Zweck der Tagebücher, das Bewusstsein zu schärfen und nicht die Egozentrik schüren. Sie können davon ausgehen, dass der Langweiler, der Ihnen im Flugzeug die Ohren voll schwatzt, oder der plappernde Taxifahrer, der sie heimfährt, kein Tagebuch führen. Stattdessen tragen sie ihren Egoismus in die Öffentlichkeit. Sie werden zum Tagebuch dieser Leute, zu einer lebenden leeren Seite, die auf dem Sitz als Geisel festgehalten wird. Stellen Sie sich das Tagebuchschreiben als eine zuverlässige, persönliche Möglichkeit vor, sich zu entlasten, nachzudenken und den Ärger loszuwerden. (Auch der gesundheitliche Aspekt ist nicht zu unterschätzen. Untersuchungen zufolge, die 1999 veröffentlicht wurden vom *Journal of the American Medical Association*, hat das Tagebuchschreiben die Symptome bei Asthmatikern und Patienten, die unter Arthritis litten, geschwächt.) Der nachhaltige Nutzen eines Tagebuches liegt in der Gelegenheit, einen hohen Grad an Aufmerksamkeit und Bewusstsein zu entwickeln oder, wie Katherine Mansfield schrieb, »alles, was oberflächlich und anerzogen ist, zu verlieren und ein aufmerksames, echtes menschliches Wesen zu werden«.

Das Führen eines Tagebuches ist in erster Linie eine Methode, um Ordnung zu schaffen und eine neue Perspektive zu finden. Für Samantha Harvey, die Amerikanerin, die ihr Studium an der Universität von Cambridge unterbrach, um an den Olympischen Spielen teilzunehmen, »bedeutet das Tagebuchschreiben, bewusst zu leben. Das Tagebuch hilft mir, Gedanken und Ansichten über das Leben zu beurteilen. Und doch gibt es keine endgültige ›Meinung‹ über alltägliche Ereignisse, denn das Schreiben und die Beurteilung des Geschriebenen entwickeln sich immer weiter. Für mich ist das Tagebuch ein sichtbarer Ausdruck meiner inneren Suche; es geht darum, meine Beziehung zu mir selbst, zu anderen, zur Welt, zur Spiritualität zu verstehen. Könnte ich all die Eindrücke, die das tägliche Leben hinterlässt, nicht im Tagebuch verarbeiten, wäre es schwierig, einen Sinn in ihnen zu sehen. Jeden Abend, wenn ich mich hinsetze, um zu schreiben, bringe ich etwas Klarheit in das Chaos.«

Katya Sabaroff Taylor, die seit ihrer Kindheit Tagebücher führt, »hat das jahrelange Tagebuchschreiben gelehrt, Verständnis für die Natur des Menschen im Allgemeinen und für meine eigene im Besonderen zu haben«. Für die zehnjährige Jessica Weaver sind Tagebücher ein Ort, »an dem ich zum ersten Mal meine *wirkliche* Stimme vernahm, und nicht diejenige, die in der Schule gefallen wollte«. Für Arianne Miller, die kürzlich ihre Abschlussprüfungen am College bestanden hat, sind sie »ein Weg, um Entscheidungen zu treffen und sie im Nachhinein nachzuvollziehen«. Für Ray Zager, einen pensionierten Rechtsanwalt, ist »beinahe jeder Teil von mir im Tagebuch festgehalten. Meine Gedanken, Träume, Erleuchtungen, das Halten des Kugelschreibers (wie es mir mein

Lehrer in der Grundschule beibrachte), das Lesen und Schreiben, die Übung und die Fähigkeit, gut zuhören zu können. Auch andere Erinnerungen werden wach; Freunde finden ihren Weg auf die Tagebuchseiten.« Julie Houy meint: »Ich bin 81 Jahre alt. Das Tagebuch hilft mir, in Würde zu altern.«

Anfangs sind die meisten Tagebücher ein Durcheinander, eine phantasielose Bestandsaufnahme, bei der noch keine Zusammenhänge zwischen den einzelnen Einträgen bestehen. Eine Tagebuchschreiberin, die Ende zwanzig ist, meinte: »Meine Tagebücher haben eine Form angenommen, die mich das Unbekannte entdecken lässt; sie sind eine biographische Skizze der Schattenseite meiner Persönlichkeit.« Ein Tagebuch zu führen hat viel Ähnlichkeit mit der Arbeit eines Detektivs; es ist eine natürliche Tätigkeit für jeden, der schon immer gerne Kriminalromane gelesen oder einfachste Kreuzworträtsel gelöst hat. »Das Tagebuchschreiben«, meinte eine Frau Ende sechzig, »war schon immer ein Weg, all das aufzusammeln, was ich als die Fragmente meines Lebens empfunden habe. Es ist ein Weg, um einzelne Punkte miteinander zu verbinden, die am Ende ein lebensgroßes Bild meines Lebens ergeben. Dieses werde ich in Form eines schriftlichen Dokuments meinen Kindern hinterlassen.«

## Die vielfältigen Formen der Tagebücher: Eine große Reisetasche

Ähnlich wie ich, als ich in meinen Zwanzigern war, können Sie zwar wissen, warum und für wen Sie ein Tagebuch führen, jedoch trotzdem an den äußeren Umständen scheitern.

Oft glauben Menschen, dass ein Tagebuch aussehen sollte, wie, nun ja, eben ein Tagebuch: also in der Regel ein Buch in klassischem Einband. Oder wie ein Filmrequisit: ein gebundenes Tagebuch mit dazugehöriger Schreibfeder.

Ein Tagebuch ist alles, das zu Papier gebracht und aufbewahrt wird. Ein Tagebuch ist ebenso die *Absicht, etwas niederzuschreiben und aufzubewahren,* als auch ein konkreter Gegenstand. Je nachdem, welchen Zweck sie erfüllen, reicht die Vielfalt meiner eigenen Tagebücher von italienischen Notizbüchern über Ordner voller Papier bis zu billigen Spiralheften.

Die Formen und Größen, in der Tagebücher zu haben sind, weisen eine ebenso große Einzigartigkeit und Mannigfaltigkeit auf wie die Millionen von Menschen, die sie führen. Darunter gibt es: billige Stenographieblöcke, die man jahrelang für seine Tagebuchaufzeichnung benutzt; voll geschriebene Kalenderseiten, die jedes Jahr in Hängeordnern abgelegt werden; Computerdisketten; Korrespondenzordner; Papierschnipsel, die in einem Schuhkarton aufbewahrt werden; Kolleghefte; E-Mails, die ausgedruckt und aufbewahrt werden; die gleichartigen, dünnen Spiralhefte in recycelbarem Einband, die aufgereiht auf einer Fensterbank stehen; Aufsatzhefte, deren Vorderseiten schwarz-weiß getupft sind; blaue Skizzenblöcke in Leineneinband für Künstler.

Einige der erfolgreichsten Tagebuchschreiber verwenden oft unkonventionelle Tagebücher. Thoreau riss die Rinde von Birkenbäumen ab, wenn er in Walden Pond spazieren ging, und notierte seine Ideen darauf mit Bleistiften, die er selber angefertigt hatte. Der Romanschriftsteller Ron Carlson warf früher Zettel und Papierschnipsel in eine alte Tasche, die er mittlerweile in eine Datei seines Computers übertragen hat. Ein Tagebuchschreiber fing endlich an zu schreiben, nachdem er aus einigen Tagebüchern, die in sehr schlechtem Zustand waren, ein paar Seiten hatte retten können, indem er sie mit einer Rasierklinge herausschnitt und später in seinen Computer tippte. Nach einem Schlaganfall war Mary Sarton gezwungen, ihre Aufzeichnungen in ein Diktiergerät zu sprechen. Auch dieses wurde zum Tagebuch.

Virginia Woolfs Metapher für das Tagebuch, »der tiefe alte Schreibtisch, eine große Reisetasche«, ist auch eine Aufforderung, die eigene schöpferische Vorstellungskraft zu gebrauchen, um neue Formen zu finden. Ein Tagebuch sollte sich ebenso angenehm anfühlen wie ein Paar abgetragener Pantoffeln, die Sie nicht wegschmeißen möchten. Wie auch immer es beschaffen sein mag, es sollte Ihnen helfen, jenes Gefühl heraufzubeschwören, das Elizabeth Berg beschreibt, wenn sie von ihren Tagebüchern spricht: »Wie wunderbar sie sich in der Hand anfühlen; wie entspannt man doch mit hochgezogenen Beinen in einem Sessel sitzen und mit einer schönen Füllfeder einfach nur ruhig vor sich hinschreiben kann. Kein Stecker, keine Tastatur, kein Bildschirm. Man schreibt natürlich unter dem warmen Licht einer Lampe. Irgendwo tickt eine Uhr. Und neben dem Sessel liegt ein Hund. Er schläft und winselt mit geschlossener Schnauze, wenn er zum angenehmen Teil seines Traumes kommt. Und, ja, es ist Winter, und draußen schneit es.«

## Der Beweis, dass man gelebt hat

»Die Lebensgeschichte, die nicht aufgeschrieben wurde«, beobachtete Emerson, »ist es nicht wert, untersucht zu werden.« Für viele aber lautet letztlich die bitterste Klage: »Wenn ich versuche, Tagebuch zu führen, klingt das Geschriebene immer langweilig, befangen, streng.«

Denken Sie über den Fall von Jim Cummings nach, der mit 13 anfing, ein Tagebuch zu führen, und 48 Jahre lang keinen einzigen Tag ausließ. »Meiner Meinung nach ist das Tagebuch eine Art Echtheitsnachweis. Es ist der Beweis, dass man gelebt hat. Und es ist der Beweis, dass man sein kostbares Leben schätzt und es deshalb erzählen möchte.« Das Führen seines Tagebuches lässt ihn den Wunsch nach einem interessanten Leben verspüren, damit er über ein interessantes Leben berichten kann. Und genau das tut er. Abgesehen davon, dass er das Tagebuch führt, das als das längste kontinuierlich geführte in englischer Sprache gilt, besitzt er weitere 16 000, die andere geschrieben haben und die er in einem besonderen Raum seiner Buchhandlung in Wisconsin aufbewahrt. Seit er 1958 aus der Armee ausgetreten ist, verdient er sich seinen Lebensunterhalt als Buchhändler, der sich auf veröffentlichte Tagebücher von so genannten gewöhnlichen Menschen spezialisiert hat. Ein Regal ums andere ist voll gepackt mit Tagebüchern; viele sind Hunderte von Jahren alt. Unter ihnen sind seltene Exemplare, die von Kindern, Pioniersfrauen, Bürgerkriegssoldaten, Minenarbeitern aus der Zeit des Goldrausches und Kriegsgefangenen geschrieben wurden.

In seiner eigenen Familie zählt Cummings sieben Generationen von Tagebuchschreibern. »Tagebuch zu führen scheint ein ebenso genetischer Zwang zu sein wie für Lachse Laich abzulegen.« So führte etwa sein Vater, der Lastwagenfahrer war, von 1933 bis 1994 Natur- und Reisetagebücher, die von der Minnesota Historical Society gekauft wurden. Cummings' eigene Tagebücher und seine Sammlung sind begehrtes Material, für das zahlreiche historische Archive und Universitätsbibliotheken rund 2 Millionen US-Dollar bieten, um sie dauerhaft in ihren Räumen auszustellen.

»Ein Tagebuchschreiber ist in Wirklichkeit ein Naturhistoriker, der sein eigenes Leben erforscht«, meint der Schriftsteller Verlyn Klinkenborg. »Viele der großartigen Tagebücher«, schreibt er, »zeichnen sich aus durch den hartnäckigen Mangel an Selbstzweifeln, die Bereitschaft, eine eigene Meinung über das Tagebuch auf später zu verschieben.« In Tagebüchern geht es letztlich darum, Verbindungen zu schaffen. Es geht darum, das Unterbewusstsein auszutricksen. Es geht darum, in unser Lager der aufgehobenen Erinnerungen, Geschichten, Projekte zu dringen. Es geht darum, sie ans Licht zu holen. Ein Tagebuch zu führen bedeutet zu lernen, wie man spielt. In höchstem Maße. Auch wenn auf einer Seite harte, unmögliche Dinge stehen, es gibt immer eine Veränderung oder eine Überraschung, wenn man das Urteil darüber aufschiebt. Verbindungen, die über eine längere Zeit geschaffen wurden, können plötzlich in einen Zusammenhang gebracht werden, sie öffnen und verändern den Menschen, der schreibt.

Freiheit, Spiel, Einsicht, Verbindungen. All das geschieht, wenn Sie Ihr Tagebuch nach Ihren eigenen Regeln führen.

Wenn man sich befreit hat vom Wort »müsste«, dann wird sogar das Aussuchen eines Tagebuchs zur kreativen Handlung. »In meinem Zimmer ist ein Regalbrett nur für Notizbücher reserviert«, erzählt die Romanautorin Mary Gordon. »Ich kaufe mir Notizbücher in jedem Land, das ich bereise. Genauso wie jedes Land seine eigene Küche hat, hat auch jedes seine eigene Notizbuch-Kultur. Und Freunde, die von meiner Neigung wissen, bringen mir Notizbücher von ihren Reisen mit.« Ich liebe handgemachte italienische Tagebücher, deren Buchdeckel mit pastellfarbenen Marmormustern bedruckt sind. Es geschieht jedoch oft, dass sie verwaist in meinem Bücherregal liegen bleiben. Ihre erlesene Ausstattung hemmt mich unter Umständen sehr stark; das Schreiben wird zu einer übergroßen Aufgabe. (Ich habe eine fürchterliche Handschrift. Es erscheint mir eine Straftat zu sein, dieses schöne Papier zu ruinieren.) Also verschenke ich sie an Freunde, die nur diese Art von Tagebüchern benutzen.

Die in England geborene Kathleen Hornby mag und verwendet diese Notizbücher für »Ideen, schöpferische Einfälle, die sich als nützlich erweisen für das Schreiben, Zitate von berühmten Schriftstellern, alles, was Bücher betrifft.« Für sie und andere ist das Aussuchen eines Notizbuches ein Ritual, das so komplexen Regeln unterliegt wie die japanische Teezeremonie. »Warum ist es mir so wichtig, welche Farbe der Einband hat, wie sich das Papier anfühlt, wie schwer so ein einfacher Gegenstand ist? Warum kann ich nicht widerstehen und kaufe noch eines, nur weil mir das Design gefällt?« Weil, so schreibt sie, es verspricht, »mich zu entfachen«. »Das Papier fühlt sich seidig an, ermöglicht mir zu glauben, dass ich mit Leichtigkeit Prosa schreiben kann, weil der Stift so mühelos über das Papier läuft, unaufdringlich, sogar geräuschlos. Ich habe einen Stapel Notizbücher auf meinem Schreibtisch, gebrauchte und ungebrauchte. Sie sind wie alte, weiche Strickjacken. Es ist beruhigend, sie um mich zu haben, sie anzuziehen, wenn der Wind weht.«

Welche Form auch immer ein Tagebuch annimmt, ob es handgemachte, italienische Notizbücher oder eine Reihe von Quittungen in einer Schuhschachtel sind, hier folgen nun einige Aussagen von Tagebuchschreibern über die Bedeutung und die Aufgabe eines Tagebuches:

- »Eine Vertraute mit einem makellos reinen Gesicht.«
- »Zuflucht.«
- »Das Gedächtnis meiner Erinnerung.«
- »Ein verstecktes Sparkonto.«
- »Der Ort, an dem sich meine kreative Arbeit am Anfang verbirgt.«
- »Es ist der grobe Entwurf meines Lebens, den ich bearbeiten kann.«
- »Eine Möglichkeit zu reisen, während ich ganz still sitze.«
- Und endlich Gertrude Stein, die wie immer den Nagel auf den Kopf trifft: »Ein Tagebuch bedeutet ›ja tatsächlich!‹«.

*Übungen und Anregungen*

- Listen Sie spontan alle, gegenständliche oder andere, Formen auf, die Sie sich für ein Tagebuch vorstellen können. Je kühner, desto besser.
- Notieren Sie Ihre Erinnerungen an Ihr erstes Tagebuch auf ein Blatt Papier. Fangen Sie an, indem Sie einfach Satzfragmente aufschreiben. Teilen Sie die Seite in Abschnitte ein, und schreiben Sie darüber die folgende Überschrift:

  Wie sah es aus? (z.B. »schwarzer Rindsledereinband, unlinierte Seiten«; »ein weißes, auf drei Jahre datiertes Tagebuch in Ledereinband mit einem niedlichen kleinen Goldschlüssel, den ich an einer Kette um den Hals trug«; »rotes Kollegheft mit Spiralrücken«; »ein billiges Tagebuch mit einem Druck von Renoir auf der Vorderseite des Einbands«.)

  Wann haben Sie es bekommen? (»Geburtstagsgeschenk, als ich in der Mittelschule war – das Interessanteste darin ist tatsächlich, was ich jeweils zu Abendbrot aß.«)

  Warum haben Sie es bekommen? (»Im Alter von sieben Jahren erzählte ich immer Geschichten. Meine Urgroßmutter schenkte mir ein Buch mit unlinierten Seiten«; »Mit 26 Jahren reiste ich nach Frankreich. Ich schrieb alles auf, was ich wahrnahm, um später das Gefühl haben zu können, ich würde mein Leben mit meinem damaligen Freund teilen«; »Als ich 64 Jahre alt war, kaufte ich meiner Nichte zum Schulabschluss ein Tagebuch als Geschenk und beschloss, auch eines zu führen.«

Welchen guten Zweck hat es erfüllt? (»Meine Großmutter Baba sandte mir mein erstes Tagebuch zu meinem 13. Geburtstag, als ich es gerade am meisten brauchte: nach dem Ende meiner ersten Liebe wurde mein Papagei Keeto von meiner Katze getötet; Baba hatte Lungenkrebs und würde an der Krankheit sterben. Doch über 40 Jahre später führe ich immer noch ein Tagebuch. Es ist eine spirituelle Verbindung zu meiner Großmutter, die bis zum heutigen Tag hält.«)

Falls Sie das Schreiben im Laufe der Zeit aufgegeben haben: Was vermissen Sie am meisten? (»Mein Leben.«)

- Eine Prämisse und Arbeitstechnik, die in diesem Buch immer wieder vorkommt, ist die Benutzung der Rückseite einer Notizbuchseite (oder sogar einer Quittung), um die Art und Weise nachzuvollziehen, wie wir Gedanken aufspalten. Stellen Sie sich das wie folgt vor: übernommene Ansichten; neue Erkenntnisse. Schreiben Sie auf der einen Seite Ihre Gedanken auf, und notieren Sie auf der Rückseite den Kommentar dazu. (Idealerweise ist eine Seite liniert und die andere unliniert.) Bevor Sie weiterlesen, nehmen Sie sich nun einen Augenblick Zeit, um Ihre eigenen Überzeugungen über das Tagebuchschreiben aufzuschreiben. Verwenden Sie die Rückseite, um herauszufinden, welche Ihrer Überzeugungen unecht oder vererbt klingen oder blindlings von Ihnen übernommen wurden.

## 2.
# Die Erinnerung wecken

DAS TAGEBUCH IST DER IDEALE ZUFLUCHTS-
ORT FÜR DAS INNERE SELBST, WEIL ES
EINE GEGENWELT BILDET: EINE WELT, UM DIE
ANDERE IM GLEICHGEWICHT ZU HALTEN.

*Joyce Carol Oates*

Eine Frau in einem dünnen weißen Musselinkleid sitzt an einem Schreibtisch, ihre Hand liegt auf einem Notizbuch. Ihr Verehrer, der sich dafür interessiert, steht in der Nähe. »Führen Sie tatsächlich ein Tagebuch?«, fragt er. »Ich gäbe alles darum, wenn ich es mir einmal ansehen dürfte. Darf ich?« Lächelnd verdeckt die Frau die Seite. »Oh, nein«, meint sie. »Sehen Sie, es sind nur die Aufzeichnungen der Gedanken und Eindrücke eines sehr jungen Mädchens und demnach zur Veröffentlichung gedacht. Wenn es in Buchform erscheint, werden Sie hoffentlich ein Exemplar bestellen.«

Mit dieser berühmten Szene aus seiner Komödie *Die Bedeutung, Ernst zu sein* landete Oscar Wilde einen Hit. Bei der Uraufführung im Jahre 1895 lachte das Publikum, weil es sich darin wiedererkannte. Heute lacht das Publikum immer noch. Wilde macht sich lustig über das Klischee der unsicheren Tagebuchschreiberin und fügt seine Pointe hinzu – ein privates Tagebuch, das für die Öffentlichkeit *bestimmt* ist. Diese Szene bringt noch weitere Wahrheiten ans Licht: unsere Vorstellung vom Tagebuchschreiben, das Bedürfnis nach Privatsphäre, unsere Angst, dass es jemand lesen könnte, und, im Geheimen, die Hoffnung, dass das Tagebuch der Beginn bedeutender schöpferischer Arbeit sein wird.

Wildes gelassene Cecily ist eine idealisierte Figur, die sogar langjährigen Tagebuchschreibern, wie sie gestehen, als Vorbild dient und sie ruhiger werden lässt. Perri Klass, eine Romanschriftstellerin, Kinderärztin und Mutter dreier Kinder beschreibt es so: »In meinem Kopf habe ich die Vorstellung von der perfekten Tagebuchschreiberin. Tiefsinnig, nachdenklich, gemächlich sitzt sie in einem gemütlichen Raum voller Bücher. Sie füllt ein Notizbuch in Ledereinband mit ihrer gleichmäßigen, klaren Schrift und hängt ungehindert ihren Gedanken nach.« Ihre Tagebücher sind »all das, was meine nicht sind«.

Oder meine. Oder die der meisten Menschen. Vier Notizbücher datiert vom 1979 bis 1984 stehen offen, während ich das hier schreibe. Keines passt zum anderen. Wenn ich jedoch die Einbände betrachte, sehe ich, wie ich gelernt habe, ein Tagebuch gut zu führen. Dies sind die Notizbücher, in denen die Fakten stehen. Die Entwürfe.

Das Geheimnis des Tagebuchschreibens ist, die Aufzeichnungen als einen Entwurf zu betrachten, ein Sprungbrett, eine Entwicklung.

Tagebücher spiegeln in erster Linie diesen Entwicklungsprozess. Und nach einiger Zeit spiegeln sie den Entwicklungsprozess *und* sind Werke.

## Zensur, Privatsphäre und Geheimhaltung

Am Anfang kann es sein, dass wir uns wie in einem Labyrinth verloren fühlen, wenn wir schon mehr als zwei Seiten geschrieben haben. »Ich fühle mich so schuldig«, meinte eine Frau zu mir. »Da ist diese schreckliche Ironie. Tagebücher sind zwar dazu da, den Geist zu befreien, doch stattdessen verunsichern sie mich oft nur noch mehr.« Kratzen

Sie an der Oberfläche und drei Missetäter erscheinen immer: der innere Zensor (und seine Kumpanen, die Sie verrückt machen), das Bedürfnis nach Privatsphäre und die Sicherheit, die nur die Geheimhaltung bietet. Ein Augenblick sei jedem von ihnen gewidmet. Diese drei Ängste zu überwinden bedeutet, das Geheimnis zu lüften, wie man unter die Oberfläche des Bewusstseins dringt – dorthin, wo wir alle Zusammenhänge sehen und innere Freiheit finden.

Es wird angenommen, dass unser Hirn 65 000 Gedanken pro Tag verarbeitet. Ich weiß nicht, wie es Ihnen geht, aber meine internen Stimmen kommentieren, erheben Einspruch und zanken sich ungefähr in 64 000 der 65 000 Fälle. Und das an einem guten Tag. Tagebücher helfen uns, unsere Gedanken und Erfahrungen zu ordnen. Sie warten, bis wir bereit sind, angehäufte Eindrücke entweder für immer zu verwerfen oder sie gutzuheißen. Nach einiger Zeit gelingt es den Tagebüchern, die sabotierenden Stimmen zum Verstummen zu bringen – den Zensor, den Zauderer, den Perfektionisten. Diese rauben uns nicht nur unsere wahre Stimme, sondern auch das Selbstvertrauen. Eine Karikatur aus dem *New Yorker* zeigt einen Mann an seinem Schreibtisch. »Liebes Tagebuch«, schreibt er, »es tut mir Leid, dich schon wieder zu belästigen.«

## Den Zensor zensieren

Der Zensor. Er ist die treibende Kraft hinter dem Perfektionismus. Das dunkle, eiskalte Flüstern. Der Dieb, der das Selbstvertrauen stiehlt. Ich habe noch niemanden getroffen, der nicht davon überzeugt war, sein Zensor sei der strengste auf der ganzen Welt.

*Meiner* ist es. Oder war es. Bevor ich begann, Tagebuch zu führen, teilte ich die Auffassung von Thomas Mann, der meint, ein Schriftsteller sei »jemand, dem das Schreiben schwerer fällt als anderen Menschen«. Das war ungünstig, denn bei meiner ersten Arbeitsstelle musste ich schreiben. Bevor ich mich für eine Karriere als freiberufliche Schriftstellerin entschied, arbeitete ich als Literaturjournalistin und las viele Biographien, die mich zu eigenen Ideen inspirierten. Ich stellte dann eine Serie von Interviews zusammen, die ich »Schriftsteller und ihre schöpferischen Einfälle« nannte und in der ich bekannte Dichter und Romanschriftsteller nach ihren Arbeitsgewohnheiten befragte. Angeregt durch einen Freund, dessen Leidenschaft es war, Zeitungsartikel über natürliche und unnatürliche Katastrophen zu sammeln und in einem Aktenordner abzulegen, führte ich ein Tagebuch darüber, wie andere Menschen über Jahrhunderte hinweg ihren Zensor überlisteten. Instinktiv stolperte ich über die Formel: Humor, Entschlossenheit und ernsthaftes Spiel. Ich biete Ihnen einige originelle Lösungen, die aus einer großen Trickkiste stammen.

### Es ist Ihr Leben, es sind Ihre Regeln.

Erfinden Sie Regeln, die Ihnen entsprechen. Hier sind einige besondere Angewohnheiten bekannter Schriftsteller: Bevor es Computer gab, benutzte Saul Bellow zwei Schreibmaschinen. Eine war für Prosaliteratur bestimmt und die andere für Sachbücher. Balzac schrieb in einer weißen Mönchskutte und trug eine goldene Schere (zum Überarbeiten?) an einer Kette um den Hals. Truman Capote zog es vor, bei anderen Leuten zu Hause zu schreiben. Aber er konnte »keine gelben Rosen dulden – was traurig ist, da sie meine Lieblingsblumen sind. Ich kann nicht mehr als drei Zigarettenstummel im Aschenbecher ertragen ... Ich beginne nichts und beende nichts an einem Freitag.«

**Schreiben Sie mindestens zwei Mal pro Woche an verschiedenen Orten.** John Updike hat vier Zimmer in seinem Haus, jedes ist für eine spezielle Literaturform reserviert (Prosa, Sachbücher, Essays, Briefe), und in jedem stehen die jeweils dazugehörigen Utensilien (Computer, Schreibblöcke, lose Blätter). Wenn er mit einem Text nicht weiterkommt, geht er einfach in ein anderes Zimmer. Tagebücher, die man bei sich tragen kann, gehen noch über diesen Trick hinaus. Isaac B. Singer, den ich interviewte, kurz bevor er den Nobelpreis für Literatur erhielt, fing mit Lockerungsübungen an: Er machte sich zunächst Notizen in einem Café in der Nähe seiner Wohnung. (Ich dachte, er hätte den Anzug und die Krawatte für das Interview angezogen. Wie ich jedoch erfuhr, war er jeden Tag so gekleidet, um seinen Zensor einzuschüchtern.)

**Überwältigen Sie Ihren Zensor, wenn er nicht auf der Hut ist.** Schreiben Sie zu ungewöhnlichen Zeiten an noch ungewöhnlicheren Orten. Diese Woche habe ich viele Seiten geschrieben während ich:

- an der Tankstelle wartete (billiges Spiralheft, das ich in meiner Handtasche trage);
- am Telefon wartete (Karteikarten neben dem Telefon);
- in einer Warteschlange im Supermarkt stand (Rückseite eines Einzahlungsscheins).

**Lassen Sie den Zensor glauben, dass Sie nichts tun.** Die Verbindung kommt schnell und heftig zustande, wenn Sie nichts zu verlieren haben. Obwohl ich viele Dinge in Notizbücher schreibe, bewahre ich alte Briefumschläge auf, um auf ihnen herumzukritzeln. Mary Mitchells Trick ist, ihre Notizbücher oft zu wechseln. Da gibt es »ein rosafarbenes Autogrammbüchlein, Rezepte aus dem Supermarkt, ein kleines, unliniertes Buch in Kordsamteinband, schöne Tagebücher in Ledereinband, einen Memoblock in ihrer Handtasche, Aufsatzhefte«. Eine andere Tagebuchschreiberin, die billige Schreibblöcke benutzt, erzählt, dadurch hätte sie das Gefühl, in einer Hütte statt in einem vornehmen Haus zu wohnen. »Indem ich bescheiden bleibe, hindere ich mich daran, hohe Erwartungen an mich zu stellen, kann sie aber auf diese Weise erfüllen.« Wir dürfen spielen – das setzt Kreativität frei. Brahms verbrachte Jahre damit, einen Schrein für seine Lieblingskomponisten zu bauen – er komponierte nur in einem kleinen kahlen Zimmer nebenan.

## Geben Sie dem Zensor eine Stimme.

Entlarven Sie den Unsinn. Wie ein Vampir im hellen Tageslicht wird die Stimme schwinden. Übertragen Sie das Flüstern auf das Papier. Es wird sich wie ein bizarrer Lochstreifen lesen. Etwa so: *dumm, falsches Wort, furchtbar, banal, wen interessiert es?, schlecht geschrieben, finde ein anderes, ein großartiges Wort, schreib, um zu beeindrucken, sei jemand, dessen Worte man zitiert.* In dem Augenblick, als Kafka »Ablenkung, schlechtes Gedächtnis, Dummheit, Tage, die sinnlos vergehen« in sein Tagebuch schrieb, gelang es ihm, seine Schreibblockierung zu durchbrechen.

Schreiben Sie dem Zensor einen Brief. Es ist ein täuschend einfaches Rezept, das dramatische Wirkungen erzielt. Gail Godwin nennt die Kombination aus Zauderer und Perfektionisten den Beobachter, der Gedanken zu schnell verwirft und immer wieder unterbricht. Als sie es leid war, sich beim Schreiben unterbrechen zu lassen, um in die Bibliothek zu fahren und »den Namen einer Blume oder einer Schlacht im Zweiten Weltkrieg« nachzuschlagen, schrieb sie ihm endlich einen Brief. Dieser Brief half ihr, sich von ihm zu befreien.

Liquidieren Sie den Zensor. Oder feuern Sie ihn wenigstens. (Ich ziehe den Totschlag vor.) Die Kreativität, die der Zensor abwürgt, gewinnt mit dieser einfachen Übung wieder die Oberhand. Ich habe es in spannenden Kriminalgeschichten gesehen; in einer dialogreichen Gerichtsverhandlung; in Tagebucheinträgen, in denen die Verzweiflung einer ganzen Woche zum Ausdruck kam. Um mir zu zeigen, wie streng ihr Zensor war, sengte eine Frau die Kanten einer Übungsarbeit an. Zwei jetzt erfolgreiche Tagebuchschreiber konfrontierten ihren Zensor mit den folgenden Einträgen, die sie auf der ersten Seite ihres Tagebuchs einklebten:

- Du riechst nach trockenem Fisch, bist knöchern und steif. Wann bist du angekommen? Hast du den unerschöpflichen braunen Koffer voller Radiergummis, Rasierklingen und leerer Seiten getragen? Stand ich da mit offenen Armen oder geschlossenen Augen? War ich 13? Oder zehn? Oder fünf? Ich erinnere mich daran, wie ruhig du ausgepackt, dich eingerichtet hast, so als wärest du von einer langen Reise nach Hause gekommen. Sogar heute gibt es Tage, an denen du ruhig bist und nur dann auftauchst, wenn ich schreibe. Du sagst dann: »Verbrenne es! Lösch es aus! Liquidiere die Worte, die dein Leben ersticken! Sie sind wertlos, niemand wird sie mögen, niemand wird dich lieben. Komm jetzt, wirf sie weg!«

- Und: Das Schreiben lässt mich in Unsicherheit und Angst abtauchen. Ich möchte die Kontrolle wiedergewinnen und suche nach einem Ausweg. Wenn jemand einen Spanier nach dem Weg fragt, wird er ihm die Richtung weisen und ihm dann sagen: »Und solltest du deinen Ort, den du suchst, nicht finden, wird nichts Schlimmes geschehen.« Aber ich bin nicht in Spanien. Ich schreibe an meinem Schreibtisch. Auch während ich das hier schreibe, frage ich mich, ob es richtig ist. Die Stimme sagt: »Riskiere nichts. Lasse das hier aus. Es passt nicht. Es muss aber alles zusammenpassen, wie bei einem Puzzlespiel.«

Der Zensor, der vor Stolz beinahe platzt, hasst es, nicht ernst genommen zu werden. Humor ist die gefährlichste Waffe. Ein Bekannter von mir zeichnet seine inneren Stimmen sofort auf, sobald sie ihn verunsichern. Ein Tagebuchschreiber, der sich über die Regeln lustig machte, die das Gymnasium überleben und sich in Tagebücher schleichen, schrieb: »Ich (nein, nicht ich, verwende nie das Wort ›ich‹) ... Nun, (Gebrauche auch dieses Wort nicht! Es ist zu banal. Ich muss mit großartigen Worten Eindruck machen.)«

## Die Kompassnadel zeigt: Vorwärts, vorwärts

Sie sind nicht die einzige Person mit diesen Stimmen, die in Ihrem Verstand eine Heimstätte gefunden haben. Da Vinci, ein hochgradiger Perfektionist, führte 40 Jahre lang Tagebuch, um auf diese Weise seinen Zensor zu überlisten. Am Morgen notierte er seine Träume. Am Nachmittag schrieb er seine Ideen auf. Am Abend schrieb er Abschnitte aus Büchern ab, die er gerade las. Er machte alles sehr schnell, da es sein Ziel war, so viele Ideen wie möglich auf dem Papier zu entwickeln und zu überarbeiten, bevor sein Zensor ihn daran hindern konnte.

Das Folgende stammt aus einem meiner alten Notizbücher und ist es jederzeit wert, beherzigt zu werden:

> Heben Sie den Kugelschreiber nicht vom Papier. Schreiben Sie eine Seite, ohne anzuhalten. Schreiben Sie noch eine Seite. Beginnen Sie auf der folgenden Seite in der Mitte und schreiben Sie spiralförmig, d. h. von innen nach außen. Beobachten Sie, wie sich die Stimme des Zensors spiralförmig hochschraubt wie ein dunkler Wirbelsturm. »Ich war außerordentlich intolerant gegenüber der Art und Weise, wie ich mein Tagebuch führte«, erzählte mir eine Frau, »bis ich die Spirale sah mit all den versteckten Regeln meines Zensors: ›Warte – schreib nur, wenn du inspiriert bist, sei tiefsinnig oder lass es bleiben.‹ Jetzt erwische ich mich dabei, wie ich mit beinahe ausgetrockneten Kugelschreibern auf alten Broschüren kritzle.«
>
> Schreiben Sie schnell. Tun Sie, was immer Sie tun müssen, um die Geschwindigkeit zu steigern,

damit Ihre Hand schneller arbeitet als die nörgelnden Stimmen. Für die meisten Menschen ist es am einfachsten, von Hand zu schreiben. Eine Frau meint: »Ich habe mich an mein Gekritzel gewöhnt und lasse mich nicht davon beeindrucken, da das Schreiben von Hand einen eigenen Rhythmus hat, der besänftigt *und* anregt.« Ihr Mann sagt: »Meine geistige Kraft fließt leichter über die Tastatur in den Computer als in die Finger, die den Kugelschreiber halten.« Andere wiederum schwören auf altbewährtes Handwerkszeug: »Besonders feine Kugelschreiber von Pilot«, »Füllfedern von Schaffer«. (Ich liebe den Fluss der Tinte – sie verleiht der Schrift eine bestimmte kalligraphische Note –, aber zur Not schreibe ich mit allem, was mir in die Finger kommt.)

Das Fremde wird vertraut, das Vertraute fremd. Schreiben Sie auf ungewöhnliche Art und Weise. M. Elaine Mar, die in ihrer Kindheit in chinesischer Kalligraphie schrieb und später ihre Tagebücher in englischer Sprache verfasste, bevor sie ihre Memoiren veröffentlichte, stellt die Buchstaben immer noch oft auf den Kopf, um den Zensor auszutricksen. Andere Tagebuchschreiber, die ich kenne, schreiben eine Seite mit der ungeübteren Hand oder mit geschlossenen Augen. Einige kritzeln zuerst gedankenlos herum. Oder benutzen jedes Mal verschiedenfarbiges Papier.

## Diamanten in der Staubwolke

Die raffiniertesten Gewohnheiten in Bezug auf Tagebücher übernehme ich von Virginia Woolf. Der Spaziergang vor dem Schreiben. Der Geist schreitet geschmeidig im Einklang mit dem Körper. Überrumpeln Sie Ihren Verstand: Schreiben Sie, wenn Sie *müde* sind. Schreiben Sie fragmentarisch. Wenn Virginia Woolf zur Teezeit das Tagebuch auf ihrem Schoß aufschlug, schrieb sie, ohne die Feder zu heben; sie hielt auch nicht ein, um Rechtschreibung, Grammatik oder Interpunktion zu korrigieren. »Wenn es nicht schneller geschrieben wäre als mit jeder Schreibmaschine, wenn ich einhielte und nachdächte, dann würde es niemals aufgeschrieben werden«, schrieb sie. Der Verstand, das wusste sie, wird angeregt durch schnelle, lockere Assoziationen. »Der Vorteil ist«, erzählte sie ihrem Tagebuch, »dass der Verstand einige belanglose Angelegenheiten unbeabsichtigt aufkehrt, die ich weglassen würde, wenn ich zögerte. Diese aber sind die Diamanten in der Staubwolke.«

### Die Lösung im 21. Jahrhundert:

Stellen Sie das grelle Licht Ihres Computerbildschirms herunter. Schreiben Sie, ohne auf den Bildschirm zu schauen. Auch der Zensor kann nicht sehen, was Sie schreiben. Drucken Sie das Geschriebene aus, unterstreichen Sie das, was gut ist, und schreiben Sie es in Ihr Tagebuch. Auf diese Weise finden Sie einen Anfang.

## So finden Sie den richtigen Anfang

Als ich ein Kind war, schrieb ich zunächst das Datum und dann: »Nichts.« Aber die paar Mal, die ich meine Einträge mit einem anderen klischeehaften Satz – einem Satz über das

Wetter – eröffnete, geschah etwas Merkwürdiges. Ein solcher Satz löste eine Überraschung aus; er war ein unerwartetes Verbindungsstück. Über Jahrhunderte hinweg haben Tagebuchschreiber ihre Aufzeichnungen datiert oder Bemerkungen über das Wetter niedergeschrieben, nicht der Genauigkeit wegen, sondern um einen Einstieg zu finden. Am Anfang arbeiten Hand und Verstand zusammen, werden lockerer, strecken sich entspannt aus nach dem, was unter der Oberfläche darauf wartet, erforscht zu werden.

Ich habe einige Wege entdeckt, um unter die Oberfläche zu gelangen. Die Worte eines anderen Menschen abzuschreiben kann Sie schnell zu Ihren eigenen führen. »Ich schreibe immer wieder die gleiche Zeile auf, bis der Motor läuft«, meinte ein Collegestudent. »Ich schreibe Liedtexte in mein Tagebuch ab. Meistens drückt der Sänger meine Gefühle besser aus, als ich es je könnte.« Mir hilft meistens ein Zitat, um mit dem Schreiben zu beginnen. (In einem speziellen Notizbuch habe ich eine ganze Liste von Zitaten.) Die Zitate, die mir am besten gefallen, sind in sich widersprüchlich und daher ein Denkspiel für meinen Verstand. Kürzlich habe ich zwei solche Sätze des griechischen Philosophen Heraklit in mein Notizbuch übertragen: »Erwarte das Unerwartete oder du wirst es nicht finden, weil es keine Spur hinterlässt«, und »Eine wunderbare Harmonie entsteht, wenn das vermeintlich Getrennte verbunden wird«.

Oder beginnen Sie mit Teilsätzen, die Sie zu konkreten Aussagen ausbauen können: *»Wenn nur«, »Ich muss mir immer vor Augen halten«, »Du hast gesagt«, »Stell dir vor«.* Ein Tagebuchschreiber, den ich kenne, schreibt »das Alphabet an die Seitenränder des Tagebuches, ein Buchstabe pro Linie. Dann, ohne darüber nachzudenken, lasse ich mir so viele Worte wie möglich einfallen, die mit einem Buchstaben beginnen. Die seltsamen Gruppierungen, die sich daraus ergeben, regen mich zum Schreiben an.« Verzichten Sie ganz auf Worte. Joan Miller, eine Künstlerin und Kunstlehrerin, führt seit 53 Jahren Tagebuch. »Mir ist es wichtig, dass ich zunächst alles grafisch darstelle – Ideen zeichne ich als Spinnenbeine, die sich von einem Mittelpunkt aus nach außen bewegen. In der Mitte steht ein Aspekt meines Lebens, und jedem Spinnenbein sind Menschen, Orte, Einflüsse zugeordnet.«

## Privatsphäre: Andere Stimmen, andere Räume

Das sibirische Tagebuch meiner Großmutter war ihre Art, ihr Leben darzustellen. Es war aber auch eine Möglichkeit, sich zu verstecken und für andere trotzdem sichtbar zu bleiben. Zwar zeigt es sie selbstsicher in ihrer Schwesterntracht, doch es enthüllt an keiner Stelle die Geschichte, die sie verschweigen wollte: dass sie nämlich dem Roten Kreuz unter anderem auch beigetreten war, um der Armut zu entfliehen. Jeden Tag eine Uniform zu tragen ist praktisch, wenn man sich keine neuen Kleider leisten kann. Ihrem Sammelalbum vertraute sie schriftlich nichts an, sondern klebte sicherheitshalber Fotografien hinein. Wenn man die vielen Bilder betrachtet, auf denen sie in der Runde des medizinischen Personals, ihrer temporären Familie, lächelt, vergisst man beinahe ihre einsamen Jahre im Waisenhaus, über die sie nie ein Wort in einem Tagebuch aufgeschrieben hat.

Die Angst, jemand könnte das Tagebuch lesen, ist die faule Trumpfkarte des Zensors. Auf diese Weise zensiert man sich selbst, bevor er es tut. Die Privatsphäre ist von größter Wichtigkeit. Im eisigen Informationszeitalter, in dem per Tastendruck eine Lebensgeschichte ausgedruckt und damit für jeden Fremden zugänglich gemacht werden kann, ist das Tagebuch zu einem seltenen, sehr persönlichen Bereich geworden.

»Es ist äußerst wichtig, dass niemand außer einem selbst das Tagebuch lesen kann«, meint Elizabeth Berg. »Man braucht einen Spiegel, in dem man sich bis ins letzte Detail so zeigen kann, wie man ist.«

Was auch immer sie beinhalten, Tagebücher sind oft ein Trost, einfach weil sie nur für unsere eigenen Augen bestimmt sind. Auf der gleichen Seite flammt Wut auf und verlöscht wieder. Lügen werden aufgedeckt und Wahrheiten erzählt. Und dann tritt man wieder in die Welt ein. Als ich über das Tagebuch meiner Mutter stolperte, wusste ich trotz meiner jungen Jahre, dass sie es nicht im Leinenschrank versteckt hatte, damit ich es las. Also las ich es nicht.

Alice James befreite den in einer »Flasche verschlossenen Blitz« ihrer Psyche, indem sie heimlich über einen »Geysir von Emotionen, Sensationen, Spekulationen und Reflektionen« schrieb. Ihre berühmten Brüder – der Romanschriftsteller Henry und der Philosoph William – erfuhren erst nach ihrem Tod von ihrem Tagebuch. (Als sie auf dem Sterbebett lag, diktierte sie die letzten Seiten ihrer besten Freundin, die das Tagebuch zwei Jahre lang versteckt hielt.) Anne Frank legte ihr Tagebuch jeden Abend in die Aktentasche ihres Vaters. Ein verstecktes Tagebuch in einer verschlossenen Aktentasche im geheimen Hinterhaus. Über die Jahrhunderte hinweg haben Tagebuchschreiber einiges getan, um ihren persönlichen Bereich zu schützen. Im Westen der chinesischen Provinz Hunan haben Frauen 1000 Jahre lang in Nuschu geschrieben, einer geheimen Sprache, die außer ihnen niemand verstand. Da Vinci schrieb seine Tagebücher in Spiegelschrift, die nur entziffert werden konnte, wenn das Geschriebene vor einen Spiegel gehalten wurde. Samuel Pepys führte sein Tagebuch in einer codierten Schrift. Anaïs Nin führte ein »Ködertagebuch« für ihren Ehemann und baute eine falsche Wand in ihren Wandschrank ein, hinter der sie ihre echten Tagebücher versteckte. Da sie es jedoch müde wurde, ständig für jedes gerade aktuelle Tagebuch einen goldenen Schlüssel an einem Anhänger um den Hals zu tragen, deponierte sie die Notizbücher schließlich in einem Schließfach. (Sie hatte allerdings einiges zu verbergen, einschließlich Ehemänner an beiden Küsten der Vereinigten Staaten.)

Ein Tagebuch zu führen vermittelt ein Gefühl der Sicherheit, das in der Kindheit oft vermisst wurde. Robert Pfaff, der Sohn eines Umweltschützers, wuchs in einem Haus auf, in dem Schwärme von Kolibris, Falken, ein Käuzchen namens Picasso und kleine Opossums, »die an den Fingerspitzen hingen und wie Welpen rochen«, lebten. Als er ein Kind war, beobachtete er seine Mutter, wie sie exotische Tiere heilte, unter anderem auch einen kleinen Pottwal. Er schrieb über diese Umgebung in meiner Unterrichtsklasse an der Harvard Extension School, wo er sich vom Tagebuchschreiber zum Schriftsteller entwickelte und seine Memoiren schrieb:

»Als ich ein Kind war, sehnte ich mich nach einem persönlichen Bereich. In unserem Haus, das voller Leben war, gab es keinen Platz, an den man sich zurückziehen und nachdenken konnte. Mein Bruder und ich teilten uns ein Zimmer, und meine Mutter mochte es nicht, wenn wir die Türe abschlossen. Ich baute geheime Verstecke im Wald, fand Lichtungen im Dickicht, grub Tunnels im Sumpfland, in denen ich meine eigene Welt schaffen konnte. Ich kaufte mir einmal ein Buch über Dinosaurier und schrieb BITTE NICHT STÖREN auf die Vorderseite des Buchdeckels, als wäre sie eine Tür, als würden die Worte und Bilder in einer wirklichen Welt existieren. Das Buch war nicht ein weiteres Spielzeug. Es lebte tatsächlich irgendwo.

Als ich etwa zehn Jahre alt war, kaufte ich mir das erste Tagebuch. Der Einband war aus blauem Lederimitat, und auf der Vorderseite des Buchdeckels stand das Wort *Tagebuch* in goldenen Buchstaben. Es hatte ein breites Schloss mit zwei Schlüsseln. Mein neues Tagebuch barg die ganze Kraft der Häresie; ein Akt der Rebellion. Es war ein Geschenk für mich, etwas, das ich gleichzeitig genoss und fürchtete. Bis zum heutigen Tag glaube ich, dass dies meine furchtbare Handschrift erklärt. Diese rohe Energie der Selbstentdeckung, die durch den Kugelschreiber fließt, Gedanken sichtbar werden lässt, sich offenbart.

Wie das Buch über die Dinosaurier ist das Tagebuch zu einer anderen Welt geworden. Ich bewahrte meine Geheimnisse darin auf. Ich kroch hinein und lebte darin. Ich steckte einen der Schlüssel in ein Glas und begrub es im Hinterhof. Den anderen trug ich an meinem Handgelenk. Dann, eines Tages, schrieb ich einen einzigen Satz auf die erste Seite: Ich glaube, ich bin schwul.

Ich klappte das Tagebuch zu, verschloss es und legte es unter den Teppich, der unter einer Kommode in unserem Zimmer lag. Nach diesem Eintrag schrieb ich nie mehr in dieses Tagebuch aus meiner Kindheit. Das Tagebuch lag monatelang unter der Kommode, bis ich die erste Seite herausriss und wegschmiss, weil ich Angst hatte, mein Geheimnis könnte entdeckt werden.«

## Ganz geheim: Das richtige Versteck

»Ich muss zurückgezogen, verschwiegen, so anonym und unauffällig wie nur möglich sein, um schreiben zu können«, vertraute Virginia Woolf ihrem Tagebuch an. Auf der anderen Seite Londons notierte Katherine Mansfield in ihr Tagebuch: »Man versucht in die Tiefe zu gehen – zu einem geheimen Selbst zu sprechen, das wir alle in uns tragen.« »Ich weiß, dass Du unter allen Umständen ein Geheimnis bewahren kannst, komme, was wolle«, schrieb Anne Frank in ihr Tagebuch. Ganz im Geheimen vernehmen wir im Tagebuch zum ersten Mal unsere eigene Stimme, die uns durch die Welt tragen wird.

Manchmal wird die Stimme gezwungenermaßen etwas zu früh hinausgedrängt. »Es begann«, erinnert sich die Schriftstellerin Patricia Hampl, »mit einem dieser gebundenen Tagebücher in rotem Ledereinband, die auf fünf Jahre hinaus datiert sind. Es war mit einem winzigen Messingschloss verschlossen, dessen untauglichen Schlüssel ich sorgfältig in meinem Zimmer aufbewahrte. Ein Tagebuch erforderte nicht nur Geheimhaltung – es war ein Geheimnis.« Aber eines Tages »gab sich mein neugieriger und fauler Bruder nicht einmal die Mühe, nach dem kleinen Schlüssel zu suchen. Er brach das Schloss kaltblütig mit einer verbogenen Büroklammer auf und lachte sich dabei kaputt. Er war mein erster Leser.«

Die Welt ist voller sittenstrenger Schnüffler: Geschwister, Eltern, Zimmergenossen, Ehegatten. Spione im Hause der Liebe oder der Arbeit. »Nun, ich hoffe, dass dein Leben nicht *ganz so* interessant ist wie dein Tagebuch!«, sagte ein Vater unbesonnen zu seiner Tochter, die im *Teenageralter* war. Während des bitteren Scheidungsprozesses einer meiner Bekannten wurden ihre Tagebücher auf Wunsch der Gegenpartei als Beweismaterial vorgelegt. Der Schuss ging jedoch nach hinten los: die Tagebücher bestätigten nur, dass die Ehefrau eine harmonische Ehe wünschte. Das texanische Schwurgericht war jedoch empört über die Verletzung der Privatsphäre meiner Bekannten. Ihr wurde eine zusätzliche Million Dollar als Schmerzensgeld zugesprochen.

Ich fragte meine diesjährigen Studenten, die den Kurs ›Das Schreiben von Memoiren‹ besuchen: Wo verstecken Sie Ihr Tagebuch? Wie bei einer anonymen Wahlbeteiligung wurden mir kleine Zettel mit unter anderem den folgenden Antworten übergeben:

- Ich führe mein Tagebuch in einer fremden Sprache. Im Hauptfach hatte ich Französisch. Auf diese Weise übe ich die Sprache. Und halte meine Kinder vom Lesen ab.

- Ich kaufe langweilige Lehrbücher, schneide den mittleren Teil heraus und füge stattdessen das Tagebuch ein. Wer würde schon ein Buch mit dem Titel *Erbschaftssteuer* öffnen wollen?

- In einem Werkzeugkasten. Glücklicherweise ist meine Handschrift nicht zu entziffern.

- Im Computer. Geheime Dateien. Geheime Passworte.

- Auf dem Bücherregal. Auf die Vorderseite eines jeden Tagebuches habe ich *Lesen auf eigene Gefahr* geschrieben.

- Ich mache aus meinem Tagebuch eine Collage. Ich klebe Bilder aus Zeitschriften ein. Auf diese Weise schaffe ich eine Art privaten Code. Die Bilder sind Symbole. Sie stehen für Dinge, von denen ich nicht möchte, dass Fremde sie in einem Tagebuch, das meine Privatangelegenheit ist, lesen.

- Ich schreibe an öffentlichen Orten, um nicht gestört zu werden. Ich schreibe in schräger Spiegelschrift, um den bewussten Gedankengang zu blockieren.

## *Übungen und Anregungen*

- Zeichnen Sie eine Mind-Map auf ein Blatt Papier. In der Mitte des Blattes schreiben Sie das Wort »Zensor«. Ordnen Sie jede von der Mitte ausgehende Linie einer Person oder einem Ereignis zu, die Ihren Zensor wie das Monster Frankenstein ins Leben gerufen haben (etwa der Lehrer in der dritten Klasse, der erste Chef, der Ex-Mann, die Ex-Frau, usw.). Ziehen Sie von diesen Linien jeweils kleinere Linien, über die Sie das aufschreiben, was Ihnen gesagt wurde. Nehmen Sie einen roten Stift und geben Sie jedem früheren Zensor eine schlechte Note. Nun, da Sie sie haben durchfallen lassen, stellen Sie sich die ursprüngliche Szene wieder vor.
- Schreiben Sie einen Tag lang die Einflüsterungen des Zensors auf Karteikarten. Schmeißen Sie all diese Karteikarten am Ende des Tages weg.

# 3.
# Verschiedene Blickwinkel

> DAS GEDÄCHTNIS IST LEBENDIG –
> UND ES BEFINDET SICH STÄNDIG IN
> BEWEGUNG. ABER IM AUGENBLICK DES
> ERINNERNS WIRD ALLES VEREINIGT,
> UND ES LEBT – DIE ALTEN UND DIE JUNGEN,
> DIE VERGANGENHEIT UND DIE GEGENWART,
> DIE LEBENDEN UND DIE TOTEN.
>
> *Eudora Welty*

Gestern kam mit der Post eine stille Überraschung, die in unserer hektischen Zeit immer seltener geworden ist: ein richtiger Brief. Einer von denen, mit den gewellten Poststempeln und den Briefmarken auf dem Umschlag, die schief und hastig von Hand aufgeklebt wurden. Während des letzten Jahres sind mehrere Briefe pro Woche angekommen. Auch Pakete habe ich erhalten. In einem sperrigen, gepolsterten Umschlag finde ich Auszüge aus einem Traumtagebuch und eine veröffentlichte mathematische Abhandlung, deren erster Entwurf im Tagebuch entstand. Ich erhalte per Post auch mehrere Seiten, die aus einem Kriegstagebuch abgeschrieben wurden, fotokopierte Reisetagebücher und ins Reine getippte Einträge einer einst obdachlosen Frau. Ein Lehrer, der in der Umgebung von Berkeley an einer High School unterrichtet, schickt mir das Handbuch zu einem Computerprogramm, das er entwickelt hat. Er wollte die Trägheit seiner Klassen nicht länger dulden und erfand eine Software für Tagebücher, die die Schüler zum Arbeiten motivierte. (Mein Ehemann, der die Zustellzettel wegschmeißt, ist überrascht über die Post, die ich erhalte. Er fragt sich, wie eine so private Beschäftigung wie das Führen eines Tagebuches so viele Menschen dazu bewegen kann, über Tagebücher zu sprechen. Aber mittlerweile weiß er, dass die Geschichten nur so aus den Menschen heraussprudeln, sobald das Tagebuch zum festen Bestandteil des Lebens geworden ist.)

Die Handschrift der Briefschreiberin erkenne ich sofort. Die Schrift weist die gleiche Neigung nach rechts auf wie die letzte Notiz, die die Schreiberin in mein Gästebuch schrieb, das ich auf meiner Lesereise durch das Land mitgenommen hatte. Nach den Lesungen oder Workshops konnten Zuhörer und Teilnehmer ein paar Zeilen in mein Gästebuch schreiben, wenn sie wollten. Abends las ich dann die Einträge in diesem kollektiven Tagebuch. Manche Menschen erzählten mir, der Gedanke, dass dieses Tagebuch ein Geschenk der Romanautorin Alice Hoffmann war, gefiele ihnen. Oder sie meinten, sie wären erleichtert zu hören, dass es auch mir schwer fiele, in ein so schönes Tagebuch zu schreiben. Andere wiederum hatten keine Schwierigkeiten, etwas hineinzuschreiben. Das Gästebuch ist mittlerweile beinahe voll geschrieben.

Eine Frau aus San Francisco meinte: »Meine Tagebücher erfahre ich als einen Zugang zu einer Art von Weisheit, einem unbeirrbaren Gespür für das eigene Selbst, das im fragmentarischen Alltag meines Lebens nicht vorhanden ist. Wenn ich einmal zurückblicke, möchte ich wissen, wer ich wirklich war. Ich möchte nicht das Faksimile sein, das ich geschaffen habe und mit mir in meiner gegenwärtigen Vorstellung herumtrage.«

Mit der gestrigen Post kam der erwähnte Brief von ihr, in dem sie dieser Aussage noch ein paar Einzelheiten hinzufügt: »Vor vielen Jahren erlaubte ich meiner älteren Tochter, meine Tagebücher aus meiner Schulzeit zu lesen. Über sechs Monate hinweg las sie die Tagebücher immer wieder und fragte mich vieles über mein damaliges Leben als Schülerin an der High School. (Für sie hatte gerade derselbe Lebensabschnitt, diese elende Pubertät, begonnen.) Dann kam es zum Streit zwischen uns. Sie wusste, dass sie mich sehr tief verletzen würde, wenn sie meine Tagebücher zerstörte. Und genau das tat sie. Ein unersetzlicher Teil meines Lebens ging verloren, so viele meiner Fotos, meiner Andenken und meiner Einträge. Ich wünschte, ich könnte all das wieder zurückhaben. Vor allem aber sprach ich damals als Schülerin mit einer Stimme, die ich heute nicht mehr besitze.«

Für diese Frau sind die Jahre zwischen 1946 und 1951 verloren. Ich weiß, dass sie seit sehr langer Zeit ein Tagebuch führt. Sie weiß, dass sie einen großen Teil ihrer zukünftigen schriftstellerischen Arbeit diesen Büchern entnehmen wird. Aber was kann man ihr über die verlorenen Tagebücher sagen? Kann man ihr erzählen, wie Hemingways erste Frau den Koffer verlor, in den sie den Entwurf seines ersten Buch gelegt hatte? Er meinte, dieser Verlust sei das Beste, was ihm hätte passieren können. Jetzt hätte er die Möglichkeit, das Buch auf anständige Art und Weise wieder zu schreiben. (Gut, das war Hemingway. Was hätte er sonst sagen sollen?) Oder kann man ihr erzählen, wie Mary Laub sogar in den Gerichtspausen einfach weiterschrieb, während eines Prozesses, bei dem ihre zwischen 1984 und 1995 geschriebenen Tagebücher als Beweismittel vorgeführt wurden?

Das Leben ist voll von kreativen Plünderern: Tolstoi fand die Idee zu seinem Werk *Krieg und Frieden* und sogar den Namen seiner Heldin Natascha in einer Geschichte, deren Entwurf er im Tagebuch seiner zukünftigen Frau gelesen hatte. Die Kritiker nahmen Raymond Radiguets Roman *Den Teufel im Leib* begeistert auf, nur um Jahrzehnte später zu erfahren, dass er die Passagen, die ihnen am besten gefallen hatten, aus dem Tagebuch seiner Geliebten abgeschrieben und nicht weiter überarbeitet hatte. Wahrscheinlich glaubten die Tagebuchschreiber jener Zeit, ihre Lebensgeschichten – und Tagebücher – seien zum Sterben langweilig.

Doch andere Menschen sehen in Tagebüchern konkrete Einzelheiten, Muster, die sich wie ein roter Faden durch ein Leben ziehen, ein Individuum, das sich seiner eigenen Geschichte nicht bewusst ist.

Wie kann man also von Anfang an ein Tagebuch aus einem anderen Blickwinkel sehen? Wie kann man das Archiv der Erinnerung aufschließen (oder wieder erschaffen)? Der Anfänger ist hier im Vorteil, aber ich hoffe, dass auch Tagebuchschreiber, die schon länger Tagebuch führen, erwägen werden, ihre Aufzeichnungen mit neuen Augen zu sehen. Denn im Mittelpunkt dieses Kapitels, zu dem mich die zerstörten Tagebücher aus der Schulzeit inspiriert haben, steht die Frage, wie man am besten seine Erinnerungen in ein erfolgreich geführtes Tagebuch umwandelt.

## Erinnerung und Sinn

Die meisten Tagebücher werden aus Langeweile aufgegeben. Oder weil man nicht weiß, worüber man schreiben soll. Oder weil man befürchtet, das Geschriebene sei schlecht. Haben Sie Mitleid mit berühmten Menschen! Weil die Nachwelt von ihnen fordert, dass sie Tagebücher hinterlassen, verbergen sie ihre Ängste hinter banalen Tatsachen. Die berühmtesten Tagebücher der Geschichte zeugen ganz offensichtlich von wenig Geist. Königin Victorias Tagebücher, die sie sechs Jahrzehnte lang schrieb (sie wurden von ihrer Tochter umgeschrieben), sind eine endlose Litanei über Teegesellschaften in der heißen Sonne der Kolonien und im Nieselregen Englands. Zar Nikolaus II., der den Ereignissen, die zur Russischen Revolution führten, gegenüber blind war, ließ sich in seinem Tagebuch über Wolkenformationen, feinste Wetterveränderungen und das Sinken des Luftdrucks aus. Am 14. Juli 1789, dem Tag, als der Pöbel die Bastille stürmte, vermerkte Louis XVI. nur ein Wort in sein Tagebuch: »*Rien!*« (Nichts!) Jede dieser historischen Figuren war der festen Überzeugung, ein Tagebuch sei nichts weiter als eine Art Protokoll des täglichen Lebens.

Wenn wir ein Tagebuch führen, treffen Erinnerung und Sinn aufeinander; an diesem Punkt entsteht ein Leitbild, das uns hilft, die wichtigen Verknüpfungen im Leben zu erkennen. Aber um dahin zu gelangen, sollten Sie fünf wichtige praktische Ratschläge berücksichtigen, die sich wie ein roter Faden durch dieses Buch ziehen:

- Wie ich schon erwähnte, verwerfen Sie Ihre Vorstellungen darüber, wie ein Tagebuch auszusehen hat oder wie oft Sie schreiben sollten.
- Schreiben Sie so, wie Sie einem Freund, dem Sie offen und ehrlich gegenüber sind, schreiben würden (das können Sie selbst sein oder, wie in Anne Franks Fall, ein idealisierter Leser, der Ihrer Phantasie entsprungen ist).
- Verwenden Sie verschiedene Tagebücher, um produktiver zu werden.
- Teilen Sie nach einiger Zeit jedem Tagebuch einen bestimmten Zweck zu.
- Spielen Sie, aber betrachten Sie jede geschriebene Seite zunächst einmal als einen Entwicklungszustand. Jeder Eintrag sollte wie ein Polaroidfoto sein: einfach aufzunehmen, einfach wegzuwerfen, doch es zeigt Ihnen, welchen Schritt Sie als nächsten tun sollen.

All das wird geschehen, wenn Sie zulassen, dass ein beiläufiges Ereignis oder eine einzige Erinnerung zu einem wirklichen Anfang führt. Wie auch immer Sie bisher Ihr Tagebuch geführt haben, probieren Sie eine Technik aus, die Sie zwar in der Gegenwart mit dem Schreiben beginnen lässt, jedoch so angelegt ist, dass Ihre Erinnerung angeregt wird und Sie am Ende Geschichten schreiben, die in Ihrem Gedächtnis verankert sind. Das Leben ist voller Details, die ewig wandelbare Möglichkeiten eines jeden Menschen sind. Ein Tagebuch zu führen scheint einfach zu sein: Man beginnt mit seinem Leben. Aber wo? Wie? Bei der Geburt? Der Scheidung? Dem ersten Tag im Ruhestand?

Den Stoff zu suchen oder ihn auszulesen entmutigt viele. Eine einfache Lockerungsübung, wie etwa eine Liste machen, kann die innere Behinderung aus dem Weg räumen. Listen lassen den Verstand flexibler arbeiten, sie konzentrieren den Stoff, greifen tief ins Unbewusste und enthüllen dabei die versteckten Anliegen. Ich mache oft Listen, wenn ich Schnupfen habe. Sie verhelfen mir sofort zu einem klaren Kopf.

Machen Sie drei Spalten. In der ersten listen Sie wahllos zehn einzelne Jahre Ihres Lebens auf. In der zweiten zehn Orte und in der letzten zehn Personen. Gehen Sie die Spalten durch, ohne über das Notierte nachzudenken, und kreisen Sie in jeder Kategorie vier Begriffe spontan ein. Nun machen Sie nur aus den eingekreisten Begriffen Spalten. Danach wählen Sie einen Begriff aus jeder Spalte und setzen ihn auf eine letzte Liste. Mit dieser schaffen Sie den Einstieg. Vor Ihnen liegt die wichtigste Liste; sie ist eine Art Code Ihres Gedächtnisses, und Ihre Aufgabe ist es, ihn zu dechiffrieren. Vertrauen Sie Ihrer Intuition. Wie ein Magnet hat Ihre Hand einfach die Brennpunkte, wie ich sie nenne, unter den aufgelisteten Einzelheiten herausgegriffen. Schreiben Sie nun schnell auf, aus welchem Grunde Sie diese drei Begriffe ausgewählt haben.

Am besten beginnen Sie mit einer Methode, die ich lange Zeit unbewusst benutzt habe. Schreiben Sie kleine narrative Episoden – Schnappschüsse – auf, die von einem kurzen Abschnitt bis zu zwei Seiten reichen können. Indem ich auf eine Liste zurückgriff, schrieb sich jede Geschichte schnell und beinahe von selbst. So etwa inspirierte mich die aufbewahrte Eintrittskarte für ein Museum, die als Begriff auf einer Liste stand, zu einer Geschichte über einen Sommer in Italien. Damals lernte ich jemanden kennen, der mir seine Wohnung überließ. Nach einer gewissen Zeit fiel mir eine Reihenfolge auf: Angefangen bei einem Gegenstand über einen Ort bis zu einem Ereignis gelang es mir, eine Geschichte zu schreiben. Die Entwürfe wurden zu Baublöcken, eine Ausdehnung, die wie das Gedächtnis funktioniert: beiden dienen konkrete Einzelheiten oder starke Sinneswahrnehmungen als Basis, von der alles ausgeht. Meine Listen waren der Auftakt, sie lieferten die Samen, die zu Geschichten heranwuchsen. Die Schnappschüsse verknüpften Erinnerung und Sinn, indem sie mir viele in meinem Gedächtnis verankerte – und deswegen wichtige – Bilder zeigten.

Das Schreiben von Schnappschüssen war eine Offenbarung und eine nie versiegende Quelle der Inspiration. Ich hörte auf, mir Sorgen darüber zu machen, ob ich über den Tag auch anders als bloß im Telegrammstil schreiben sollte. Ich kam zur Einsicht, dass es leichter fällt, mit dem Führen eines Tagebuches zu beginnen, wenn man von der kühlen, schattigen Nische des Gedächtnisses aus schreibt. Durch mehrere gelenkte Zufälle erkannte ich den Sinn meiner Aufzeichnungen. Die Gegenwart offenbarte sich am besten durch das Eintauchen in die nahe oder auch manchmal ferne

Vergangenheit, wie es etwa die Kindheit ist. (Jedermann, der befürchtet, das Elend seiner Kindheit wieder zu erwecken, sollte nur eine Seite aus Frank McCourts *Die Asche meiner Mutter* lesen, um zu verstehen, wie sich der Schmerz in das Gedächtnis eines Erwachsenen eingraben kann. Gleichzeitig wird aber durch das Schreiben, wenn es von Herzen kommt, ein Gefühl der Freude freigesetzt, an das man sich gerne erinnern wird.)

## Beschreiben Sie einen Gegenstand!

Im Sommer, als ich acht Jahre alt war, besuchte ich im August einen Kurs in Zeichnen und Malen. Während mein Bruder Baseball spielte, saß ich mit anderen Drittklässlerinnen in einem Raum. Die Fenster schienen immer geschlossen zu sein. Die Lehrerin litt ständig an Kopfschmerzen. Während sie auf die Wirkung des Aspirins wartete, erfand sie Aufgaben für uns, die wir still ausführen konnten. Wir mussten Gegenstände auf einem Tablett beobachten, um unser Gedächtnis zu trainieren. Diese Übung war wohl erfolgreich, denn sie ist die einzige, an die ich mich erinnere. Ich starrte die eigenartigen Gegenstände angestrengt an und schloss meine Augen, um zu beobachten, wie sie in meinem Gedächtnis umhertrieben: ein Vergrößerungsglas, eine Eichel, zwei Hausschlüssel. Auf dem Heimweg stellte ich jedoch fest, dass ich auch über die anderen Gegenstände, die sich auf dem Tablett befanden, nachdachte: der Flaschenkürbis, der wie ein Hirn aus Kieselsteinen aussah; die Münzen, welche die Lehrerin verstreut hatte und die klein schienen, verglichen mit denen, die mein Vater jeden Abend auf seinen Schreibtisch warf. (In jenen Tagen dachte ich, dass die Münzen, die er abends aus seinen Taschen nahm, das Geld waren, das er am Tag verdient hatte.)

Viele Jahre später verstand ich die wirkliche Lektion, die ich beim Beobachten der Gegenstände auf dem Tablett gelernt hatte: Gegenstände enthalten Lebensgeschichten. Sie sind voller unerforschter Erzählungen. Gegenstände erinnern uns an all die Dinge, die wir ins Tagebuch hätten eintragen sollen, aber nie getan haben. Den ganzen Tag umgeben wir uns mit Gegenständen, die uns daran erinnern, wer wir oder wer andere sind. Alles, was seinen festen Platz auf unserem Schreibtisch hat, alles, was wir mit uns nehmen, wenn wir das Elternhaus verlassen, und alles, was wir in einem Wandschrank verstecken, von dem wir uns aber nie trennen würden, strotzt vor Geschichten. Nur schon ein Blick auf einen bestimmten Gegenstand löst unzählige Assoziationen aus – mit wem wir wann, wo und warum zusammen waren. Solche Gegenstände können ein Schnellauslöser unserer Inspiration sein.

Beginnen Sie mit einem einzigen Gegenstand, etwas, das Sie mindestens seit sechs Monaten besitzen. Es kann sich dabei um ein einfaches Foto handeln oder ein billiges Souvenir – oder um etwas, das in den Augen anderer Menschen keinen erkennbaren Wert besitzt: eine aufbewahrte Theaterkarte, ein seltsam geformter Stein. Es kann auch ein Gegenstand sein, der in einem Schrank steht und nur gelegentlich hervorgenommen wird, oder einer, den wir im Falle eines Brandes als ersten retten würden. Nehmen Sie sich zehn Minuten und beschreiben Sie auf einem Blatt Papier diesen Gegenstand präzise in allen Einzelheiten. Wie würden Sie ihn einem Fremden beschreiben? Stellen Sie sich vor, dass eine andere Person Sie dabei unterstützt und Ihnen gleichzeitig hilft, dem gröbsten Fehler, der sich in Tagebücher einschleichen kann, entgegenzuwirken: dem Hang zu unklaren, trostlosen Abstraktionen. Schreiben Sie eine Seite. Legen Sie sie für einen Tag weg. Wählen Sie dann aus dieser Seite vier oder fünf wichtige Einzelheiten aus, und schreiben Sie auf, aus welchem Grunde Sie diesen Gegenstand gewählt haben. Beginnen Sie nun die Geschichte aufzuschreiben, die Sie schon lange in sich tragen.

Bilder und Geschichten werden plötzlich freigesetzt. Suchen Sie die Widersprüche, das Absurde, die etwas schrägeren Einzelheiten. Sie weisen auf die Stellen hin, an denen das Gedächtnis die tiefere Bedeutung der Dinge verbirgt. Und sie werden Sie zu denjenigen Geschichten führen, die Sie sich selbst erzählen wollen. In verschiedenen Tagebüchern habe ich Folgendes gelesen: Ein Diamantring in einer samtenen Ringschachtel. Ein Detail – eine dünne Umrisslinie, auf der satinierten Innenseite der Schachtel so »zart wie ein Wasserfleck« – wies auf die Änderungen hin, die sich allmählich in einer Ehe bemerkbar machten. Ein blauer »hauchdünner Babykamm aus Plastik. Wenn ich mit den Fingern darüber streiche, höre ich ein zischendes Geräusch.« Der Kamm rief einen seltsamen Reisetag in Erinnerung, an dem ein Kind adoptiert wurde. Der sanfte Druck eines silbernen Armbands auf der Haut rief einem Mann die Rüstungen in Erinnerung, die er als Kind im Museum bewundert hatte. Er musste aber auch an die Rüstung denken, die er heute täglich in seinem Beruf als Anwalt trägt, die jedoch für seine Umwelt unsichtbar ist.

Cynthia Thompson erinnerte sich in der Mitte ihres Lebens an eine Geige, die sie an eine bewegende Geschichte aus ihren Kindertagen denken ließ: »Die Geige roch nach altem

Holz, Schweiß und Harz und sah aus wie andere Geigen: sie war braun, der Korpus hatte die Form einer Ziffer Acht mit ausladenden Kurven. Auf der Oberfläche waren zwei Löcher eingeschnitzt, die wie der Buchstabe ›f‹ einer alten Schriftart aussahen. Kinnstütze, Schnecke und Griffbrett waren aus Ebenholz und wurden von den Metallsaiten zusammengehalten, die über den Steg gespannt waren.« Vier Sätze in einem Tagebuch weckten Cynthias Erinnerung: Ihr fiel ein, wie ein Dieb in Philadelphia ihre Geige, die sie seit ihrer Kindheit besessen hatte, stahl und wie ihr Vater daraufhin mit ihr aufgebrochen war, um eine neue Geige zu suchen, die den gleichen vollen Ton erzeugen konnte wie die alte. Am Ende erinnerte sie sich daran, wie ihr Vater ihr eine neue Geige schenkte.

Der Schnappschuss, den sie in ihr Tagebuch schrieb, entwickelte sich aber in eine andere Richtung. Mit der neuen Geige betraten ihr Vater und sie das Krankenzimmer ihrer Mutter. Cynthia stand auf dem alten Linoleumboden des Krankenhauses und spielte Schubert. Ihre Mutter, die früher Musiklehrerin und begabte Pianistin gewesen war, hatte das letzte Stadium einer schweren Krankheit erreicht und würde bald sterben. Die Musik ihres Lieblingskomponisten zu hören wirkte tröstend und beruhigend auf sie. Sie hörte zu, und »ihr Atem, der durch einen Schlauch in ihrem Hals kam, klang rau vor Aufregung«. Dieses bewegende Erlebnis ließ Cynthia die tiefere Bedeutung des Schnappschusses, den sie aufschrieb, verstehen: dank der neuen Geige konnte eine Tochter ihrer Mutter, der nur noch wenig Zeit blieb – einer Mutter, »mit der sie sich niemals hatte messen wollen« –, etwas Lebensfreude schenken. Der Schnappschuss im Tagebuch fing für immer die Dankbarkeit von Cynthias Mutter in diesem Augenblick ein.

## Trauen Sie Ihren Sinnen!

Unsere frühesten Erinnerungen beziehen sich auf Orte: die vielen Küchen, in denen wir saßen, geschützte Sommerveranden, die der Nachtwind umwehte. Der Dachboden der Großeltern, der nach alten Zeitungen, Wolle und Mottenkugeln roch. Alte Stadtbibliotheken. Hinterhöfe. Wenn wir an Orte zurückdenken, fallen uns zuallererst die Eindrücke ein, die wir über die Sinne wahrgenommen haben und an die wir uns deshalb besonders gut erinnern. Wir erfahren die Welt durch unsere Augen, Ohren, Geruch, Tastsinn. Bevor ich beginne, über einen Ort zu schreiben, erforsche ich durch eine einfache Übung meine Sinneswahrnehmungen in bestimmten Situationen. Während einer langweiligen U-Bahnfahrt kann es die Stimmung heben, wenn wir die gleiche Freude empfinden können, die E.B. White verspürte, als er an ein Seeufer in Maine zurückdachte, das er aus seiner Kindheit kannte. Er erinnerte sich an den Geruch des Schlafzimmers; »es roch nach dem Holz, aus dem es gebaut war, und nach den feuchten Wäldern, deren starker Duft durch die Wände drang«.

Denken Sie an einen Ort, an den Sie gerne – wenn auch nur in der Erinnerung – zurückkehren möchten, wenn Sie sich müde fühlen. Schreiben Sie auf einem Blatt Papier alle fünf Sinne auf. Knüpfen Sie sie spontan an Ihre Vorstellungen.

- An welche Gerüche erinnern Sie sich (Rosen und Mehltau; der stechende, trockene Geruch von eingelagertem Segeltuch)?
- An welche Geräusche (Eulen in einer Winternacht)?
- An welche Berührungen (ein steifer gestärkter Bettüberwurf aus Chenille)?

- An welchen Anblick (Rost unter dem Wasserhahn)?
- An welchen Geschmack (der erste Pfirsich des Sommers)?

Diese Art von Sinneswahrnehmungen schrieb Joan Didion in ihren Notizbüchern auf, bevor sie sie in *Goodbye to All That* verwendete, einer bitteren Liebeserklärung an die acht Jahre, die sie vor ihrer Heirat in New York verbracht hatte. Sie schreibt, wie sie einen Pfirsich im Stehen isst, wie die warme Luft aus dem U-Bahn-Schacht um ihre Beine weht. Sie erwähnt, wie sie *Time Life* über dem Rockefeller Center blinken sieht, während ihr junges Leben »mit der gleichen trügerischen Leichtigkeit vergeht, mit der ein Film überblendet wird«.

Sinneswahrnehmungen lassen uns an Orte aus unserer Vergangenheit zurückdenken, aber sie verwurzeln uns in der Gegenwart. Nun müssen wir nicht mehr unseren Katzenjammer (»Warum verschwende ich mein Leben?!«) in unseren Tagebüchern festhalten, sondern können die Schnappschüsse aufschreiben, die subtilere Höhepunkte bieten: Augenblicke der Erleuchtung. »In dem Jahr, als ich 28 wurde«, schreibt Didion, »entdeckte ich, dass alles trotz allem Sinn macht. Jedes Ausweichen, jedes Zögern, jeder Fehler, jedes Wort, alles ... und alles hat Konsequenzen.« Indem wir das Gedächtnis diejenigen Einzelheiten auswählen lassen, die wir früher übersehen haben, erzählen unsere Schnappschüsse über Orte etwas aus der Vergangenheit, während wir in der Gegenwart leben.

## Beschreiben Sie ein einzelnes Ereignis!

Ich bin mir sicher, dass Sie es bemerkt haben: wie ein Entwurf, in dem es um einen Ort geht, plötzlich zu viel Stoff beinhaltet; wie sich Personen einschleichen; wie Gespräche in Gang kommen. Gesichter, die man am späten Abend flüchtig hinter Treppengeländern oder an Tischen gesehen hat, erregen die Aufmerksamkeit. Ereignisse – Kränkungen, Erfolge, Eifersucht – spielen sich plötzlich sehr lebhaft ab. Es gibt jedoch einen Weg, um die plötzliche Flut an Erinnerungen zu begrenzen und sich nicht davon überwältigen zu lassen: der Schnappschuss, den Sie im Tagebuch aufschreiben, sollte von einem einzigen Ereignis, an das Sie sich erinnern, umrahmt sein. Es hilft, sich das Ganze als einen Einakter vorzustellen und den Schnappschuss auf einen Tag und einen Ort zu begrenzen. Versuchen Sie, sich nur auf sich selber und eine weitere Person zu konzentrieren. Einst wurde Tschechow gefragt, ob die Romanliteratur eine Zukunft hätte. Er antwortete: »Solange es ein ›er sagt‹ und ›sie sagt‹ gibt.« Dasselbe gilt für Tagebücher.

Denken Sie an einen bestimmten Vorfall in Ihrem Leben, der etwas in Ihnen veränderte, obwohl es Ihnen damals vielleicht gar nicht bewusst war: In dem Augenblick änderte sich Ihre Perspektive und Sie begannen die Welt mit anderen Augen zu sehen. Vielleicht lief nicht alles so, wie Sie es sich vorgestellt hatten, aber das Ereignis führte dazu, dass Sie sich in einem besseren Licht sahen oder mehr Selbstbewusstsein entwickelten. Um aus einer solchen Situation einen Schnappschuss zu schaffen, können Sie sich ein Ereignis in Erinnerung rufen. Es sollte sich um einen Vorfall handeln, bei dem Sie von einer anderen Person schlecht behandelt wurden – etwa als der Lehrer Sie schalt oder als Ihre erste Liebe Sie sitzen ließ. Schreiben Sie die Begebenheit, als Einakter, so präzise wie möglich auf einem Blatt Papier auf.

## Erfinden Sie Situationen!

In jedem beliebigen Fotoalbum sind die interessanten Bilder diejenigen, die fehlen. Es gibt zum Beispiel Dutzende von Fotografien meiner Großmutter in Schwesterntracht, aber kaum eines, auf dem sie vor ihrem 17. Lebensjahr zu sehen ist. Die gleiche Wahrheit trifft auf die Erinnerungen in Tagebüchern zu. Dort, wo Lücken und Auslassungen sind, stecken die eindrücklichsten Geschichten. Um aufzudecken, was sich im Gedächtnis verbirgt, mache ich häufig einen einfachen Schnappschuss, indem ich über eine Fotografie schreibe, die es nicht gibt, *von der ich aber wünschte, sie wäre vorhanden.* Oft fehlt mein Vater auf Fotos, die Familienmitglieder zeigen, weil er sie gemacht hat. Aber in meinem Tagebuch entwickeln sich Schnappschüsse aus meiner Erinnerung: Ich wünschte, es gäbe ein Bild, auf dem man sieht, wie er mir das Laufen beibringt. Oder ein Foto, das uns in jenem Augenblick zeigt, als er meine Hände loslässt und ich zum ersten Mal fest auf meinen eigenen Beinen stehe.

Auf Della Graysons Nachttisch steht eine Fotografie in Normalformat. Es steht neben einer Schale, in die sie jeden Abend ihre Armbanduhr legt, so dass sie das Foto am Anfang und am Ende eines jeden Tages sieht. »Es müsste ein Bild – viele Bilder – nach diesem Foto geben, doch es gibt keine.« Das Foto, das 1977 aufgenommen wurde, zeigt ihre beiden Töchter, die damals 19 und 24 Jahre alt waren. Sie stehen auf der Veranda und lächeln. »Natürlich lächeln sie: Der Anlass ist ein Empfang nach der Hochzeit der jüngeren Tochter Patty und ihrer Jugendliebe. Es ist ein typischer Tag in San Diego: heiß in der Sonne, kühl im Schatten. Die leichte Brise weht den Duft von frisch gemähtem Gras und brutzelnden Hühnchen auf dem Grill (der auf dem Foto nicht sichtbar ist) herüber. Pattys Haut sieht kühl und ebenmäßig aus; Donnas Haut ist röter, als hätte sie die Wärme oder die Aufregung erhitzt.«

Diese reale Fotografie erinnert Della an eine Ehe, die immer noch blüht. Doch auf dem unsichtbaren Foto in ihrem Tagebuch »fehlt – buchstäblich – die Tochter Donna«. Sie lebt noch, doch seit 1991 hat niemand etwas von ihr gehört. Della weiß nicht, wo sie ihre Tochter erreichen kann, die nach jahrelanger medizinischer Behandlung manchmal vergisst, ihre Medikamente einzunehmen.

»Es ist ihr Recht, unerreichbar zu bleiben; die gesetzliche Regelung über die Privatsphäre erlaubt es ihr.« In der Zwischenzeit füllt sich Dellas Tagebuch mit Schnappschüssen: Hoffnung keimt auf, nachdem Donna in Los Angeles gesehen wurde; da ist »ein Freund, der zu Weihnachten anonym anruft, um mitzuteilen, dass es ihr gut geht«. Die Telefonnummern der Familie sind im Telefonbuch zu finden – »solange sie sich an unsere Namen erinnern kann, wird sie uns finden können«. Bis dahin füllt Della das Tagebuch mit Schnappschüssen – und wartet auf den Tag, an dem die Tochter zurückkommt.

## Beschreiben Sie andere Menschen!

In unseren Tagebüchern geschieht etwas Seltsames, das Ihnen sicher schon aufgefallen ist: Menschen, die uns wichtig sind, tauchen auf den Seiten auf, ihre Geschichten wetteifern miteinander und stellen sogar unsere eigene in den Schatten. Wenn man die unvertraute Fülle der eigenen, inneren Welt wachruft, erscheinen stets viele andere Personen, die in groben Zügen dargestellt werden müssen. Sonst wird es schwierig, die eigene Geschichte von der anderer zu unterscheiden. Es sind einfach zu viele Einzelheiten aus dem Leben anderer Menschen vorhanden. Was nehmen Sie in das Sammelbecken der Einzelheiten auf, was lassen Sie aus? Wie geben Sie Ihrer Geschichte eine klare narrative Form?

Die folgende Aufwärmübung ist eine Variante der Aufgabe »Gegenstände auf dem Tablett«.

> Listen Sie zunächst sechs Gegenstände auf, die Sie mit einem bestimmten Menschen assoziieren. Listen Sie dann zwei weitere auf, die nicht zu dieser Person passen. Leeren Sie Ihre Handtasche und Ihre Hosentaschen, öffnen Sie Schubladen, Schränke, Truhen. Notieren Sie, was Sie sehen. Da es nur in Ihrer Phantasie geschieht, können Sie schamlos starren und alles durchwühlen. Warten Sie dann ab. Vielleicht dauert es Wochen oder sogar Monate, aber schließlich werden langsam Schnappschüsse entstehen. Sobald Sie über einen anderen Menschen schreiben, fertigen Sie ein Doppelporträt an: Das eine Bild stellt die andere Person dar, das zweite Bild zeigt Sie, während Sie sich an sie erinnern. Zu sehen, wie die Porträts sich langsam ineinander fügen, braucht seine Zeit.

Im Augenblick habe ich eine solche Liste bei mir. Auf ihr stehen drei Gegenstände, die ich aus dem Schrank meines Vaters genommen habe: achteckige Manschettenknöpfe aus Onyx, eine graue Weste aus Baumwolle, sein rot karierter wollener Hausmantel, an dem immer noch feine Hundehaare zu sehen sind. Kurz nachdem mein Vater gestorben war, nahm ich diese Sachen mit zu mir nach Hause. So blieb ein Stück von ihm bei mir. Ich wusste damals, dass diese Gegenstände irgendwie miteinander verbunden sind, dass sie etwas über seine stille Anwesenheit aussagen. Ich warte immer noch auf die Anhaltspunkte, die auftauchen werden. Die Muster sind vorhanden. Und die Geschichten auch. In der Zwischenzeit warte ich und weiß, dass ich ein vollständiges Bild von ihm haben werde, wenn die Verknüpfungen endlich hergestellt sind – so wie er war und wie er ist, eingebunden im Übergang der lebenden Erinnerung.

## *Übungen und Anregungen*

- Falls Sie schon seit langem ein Tagebuch führen, lesen Sie es wieder. Wählen Sie zehn Einträge, die Sie besonders mögen und deren Verlust Sie am stärksten träfe, wenn Sie Ihr Tagebuch verlieren würden oder es Ihnen gestohlen würde.
- Falls Sie gerade begonnen haben, ein Tagebuch zu führen, welche drei Ereignisse würden Sie am meisten bedauern, nicht aufgeschrieben zu haben?
- Denken Sie an einen Raum, in dem Sie oft waren, während drei wichtigen Phasen Ihres Lebens. Wie hat sich dieser – und auch Sie – im Laufe der Zeit verändert?
- Beschreiben Sie Ihren Körper zu verschiedenen Zeiten Ihres Lebens. Er ist ebenfalls ein Raum. Machen Sie ein paar Schnappschüsse: das steife Gefühl neuer Hosen; das Kratzen einer neuen Schuluniform; das Gefühl, mitten in der Nacht Ihre Socken auszuziehen und die Füße unter das Laken zu legen. Erinnern Sie sich daran, wie es war, im Alter von 10, 19, 30 und 60 Jahren am Küchentisch zu sitzen? Es handelt sich dabei um den gleichen Menschen, doch um einen anderen Körper.

# 4.
# Die sichtbare Welt beobachten

> Sehen bedeutet natürlich in aller erster Linie, etwas in Worte zu fassen. Solange ich meine Aufmerksamkeit nicht darauf richte, was vor meinen Augen geschieht, werde ich es einfach nicht sehen können ... Es hängt alles davon ab, ob man die Augen offen hält.
>
> *Annie Dillard*

Jeden Samstagmorgen haben wir gewartet. Es war eine kurze Pause an einem Tag, an dem viel los war. Wir saßen auf einer Holzbank, in deren Oberfläche viele Initialen ehemals verliebter Paare, die schon lange den Namen des anderen vergessen hatten, geritzt waren. Ein Spaziergänger hätte wahrscheinlich dieses Bild gesehen: eine rundliche, dunkelhaarige ältere Frau in bequemen Schuhen, die auf den Bus Nr. 11 wartete. Neben ihr saß ein Mädchen, wahrscheinlich neunjährig, etwas staksig, mit unregelmäßig geschnittenen Stirnfransen. Ein Strumpf war an ihrem Bein hinuntergerutscht.

Was ein Passant nicht hätte sehen können, als meine Großmutter und ich an der Bushaltestelle saßen, war der Inhalt der schwarzen Ärztetasche, die auf ihrem Schoß lag. Nur ein Röntgenapparat hätte den Inhalt, den ich kannte, zeigen können: Ausschnitte aus Tageszeitungen, die von einem Gummiband zusammengehalten wurden; verschiedene Arzneipulver; Verbandsmaterial aus Gaze; ein Schraubenzieher. Als äußerst praktische Person war meine Großmutter auf jede Situation vorbereitet. Man hätte auch meinen Verstand röntgen müssen, um zu erkennen, dass ich langsam begann, die Welt zu verstehen, wie ich so da saß.

Meine Großmutter hatte scharfe Augen. Das war der Preis für eine Kindheit als Waise. Sie wusste, was Sicherheit bot. Aber auch, wo die Gefahren lauerten. Sie konnte intuitiv Unstimmigkeiten erkennen. Sie beobachtete die Menschen, die sich an der Bushaltestelle versammelt hatten: einen Mann, der nicht wusste, dass das Etikett seines Pullovers wie ein Preisschild herausragte; eine rothaarige Frau, deren gefärbtes Haar sich in der Sommersonne aufgehellt hatte und nun nach dem Nachmittagsschlaf hinten platt anlag. Nachdem meine Großmutter einmal ihre Lektion gelernt hatte, mied sie instinktiv Frauen, die ihre Handtaschen fest gegen die Brust pressten, rücksichtslose Ellbogenmenschen und jeden, der noch im Mai mit Pailletten verzierte Weihnachtskränzchen am Revers trug. Ich richtete meinen Blick zur Seite und beobachtete aus den Augenwinkeln einige Mädchen, von denen ich dachte, ich könnte barfuß schneller rennen als sie.

Wie so oft habe ich auch heute an meine Großmutter gedacht, als ich mein Notizbuch – das kleine, das ich in meiner Brieftasche aufbewahre – aufschlug. Ich schrieb. Schon auf einer kurzen Strecke von etwa einem halben Kilometer sah ich Schwärme von Mädchen in den karierten Schuluniformen der Konfessionsschule, wie sie schnell und geschmeidig über eine dicht befahrene Straße huschten. Ich sah einen Mann, dessen Pullover falsch zugeknöpft war und deshalb auf einer Seite in sich zusammenfiel. Ich sah ein Kind, das mich Mama nannte. Ich sah eine Politesse auf der gegenüberliegenden Straßenseite, die einen Strafzettel ausfüllte und eine violette Kobra genau über ihren schweren braunen Stiefeln eintätowiert hatte. Ich sah in der Nähe einen Hund mit einem teuren Hundehalsband, aber keinem Hundebesitzer. Am Mittag roch die Stadt wie ein Bouillonwürfel.

Die voll gestopfte Tasche meiner Großmutter enthielt alles außer einem Notizbuch. Rezeptblöcke waren da zu finden, jedoch keine Tagebücher. Da sie kein Bedürfnis hatte, über ihre geheimnisvolle Kindheit zu schreiben, vertraute meine Großmutter dem Papier nie diejenigen Dinge an, die meine Tante gerne gewusst hätte und zu denen sie Fragen in ihr Tagebuch aufschrieb: Wo stammt dieser Nachname her? Welcher Konfession gehörte sie an? Wie viele Jahre verbrachte sie im Waisenhaus? (Diesen Fragen begegnete meine Großmutter mit dem gleichen starren Blick, mit dem sie auch ihre griesgrämigen Patienten anschaute: die stille Macht der Verweigerung.) Mit der Zeit enträtselte ich die Geschichte meiner Großmutter. Bevor es allerdings so weit war, gab sie mir meinen ersten Unterricht über Tagebücher und über das Schreiben. Jene Tage, an denen meine Großmutter und ich uns morgens in die Stadt begaben, weckten in mir eine große Zuneigung für die Menschen und das Geschehen in meiner Umwelt. Es ist eine große Erleichterung, über etwas anderes als nur über sich selbst zu schreiben. Zu jener Zeit erzählte mir meine Großmutter ein Geheimnis: um das eigene Innenleben kennen lernen zu können, muss man zunächst einmal die Welt beobachten.

Das Territorium des Tagebuchschreibers ist die innere und die äußere Welt. Und Ihre innere Welt öffnet sich wie durch Zauberhand, wenn Sie zuerst einmal die äußere wahrnehmen und sie in sich aufnehmen können. Für die meisten von uns verschmilzt alles in einem Notizbuch; es ist die alptraumhafte Parodie auf das Chaos, dem jeder entfliehen möchte, das jeder aber gleichzeitig zu ordnen sucht.

Machen Sie sich also Notizen. Es ist ein Text, den Ihnen die Welt diktiert; es sind Neuigkeiten.

Versuchen Sie ein paar Wochen lang neben Ihrem jetzigen Tagebuch noch ein zweites zu führen, in dem Sie nur das aufschreiben, was Sie in Ihrer Umwelt beobachten. Nutzen Sie auch Zeiten, in denen Sie sonst nichts tun, zum Schreiben: wenn Sie in einer Warteschlange in der Bank stehen oder im Verkehrsstau stecken. Sie können auf diese Weise viel erreichen. Es ist eine Möglichkeit, um erfrischt zu uns selbst zurückzukehren.

## Schärfen Sie Ihren Blick!

»Ich schreibe ausschließlich, um herauszufinden, was ich denke, was ich beobachte, was ich verstehe und was es bedeutet«, schreibt Joan Didion. Ihr gelingt das oft, indem sie ein scheinbar zufälliges Ereignis oder eine beliebige Beobachtung in ihr Notizbuch einträgt. Sie schreibt über heikle Angelegenheiten: 720 t Ruß fallen jährlich auf die Stadt New York. Oder: An einem späten Morgen sitzt eine Frau in einem Bahnhofscafé. Sie trägt ein kariertes Seidenkleid, dessen Saum aufgegangen ist. Warum sollte man darüber schreiben? Warum sollte man sich die Mühe machen, es aufzuschreiben und aufzubewahren? Der Grund ist das Prinzip des verborgenen Sparkontos. »Eines Morgens, wenn ich das Gefühl habe, auf der Erde geschähen keine Wunder mehr«, meint Didion, »eines Tages, wenn ich meine Arbeit – also das Schreiben – nur noch automatisch erledige ... ja, an diesem kaputten Morgen werde ich einfach mein Notizbuch öffnen und da ein vergessenes Bankkonto finden, auf dem sich die Zinsen angehäuft haben und mir eine Reise zurück in die Welt ermöglichen.«

Diese Schnappschüsse, in denen es ausnahmslos um Dinge geht, die Sie beobachten und in einem einfachen Notizbuch sammeln, besitzen eine eigenartige Eigenschaft: sie arbeiten auch dann weiter, wenn Sie es nicht tun. Wie Edelsteine, die zu einer Kette aufgezogen werden, reiht sich in Tagebüchern ein Detail ans andere. Über Nacht verdichten sie sich. Unserem Gedächtnis gibt es neuen Auftrieb, sie in Notizbüchern wieder zu entdecken, und sie führen uns zurück zu jenem Augenblick, als wir zum ersten Mal bewusst sahen. »Wie es sich anfühlte, ich zu sein«, schreibt Didion, »das bedeutet, der Wahrheit über ein Notizbuch näher zu kommen.«

Den Weg aus der inneren Befangenheit zu einer *Art Transparenz* zu finden ist die bedeutsame Veränderung, die hier geschieht. Der Blick nach außen statt nach innen. Er ist eine wesentliche Stufe, auch wenn Ihr Tagebuch in erster Linie der Selbstreflektion dient. Elizabeth Freke, eine Hausfrau, die im 18. Jahrhundert lebte, führte ein Tagebuch, nur um darin über ihre unglückliche Ehe, die 42 Jahre lang dauerte, zu klagen. Dagegen hören Millionen von Menschen auf zu schreiben, weil ihre Tagebücher eine freudlose Kollektion bitterer Klagen sind. Wenn man aber seine Umwelt beobachtet, entwickelt sich das Tagebuch vom beschlagenen Spiegel zum Fenster mit Aussicht. Ein Tagebuch, in das der Schreiber nur seine Klagen und sein Gejammer niederschreibt, macht ihm nicht viel Freude. Damit ein Tagebuch aufbauend wirken kann, muss es sowohl Freude als auch Entwicklungsmöglichkeiten bieten.

Letzthin hat eine meiner Bekannten etwas getan, was ich Ihnen auch raten möchte. Vor einiger Zeit erklärte ich ihr, der erste Schritt zu einem erfolgreichen Tagebuch sei, ihm einen besonderen Zweck zu geben. Jetzt führt meine Bekannte ein weiteres Tagebuch, dessen Überschrift *Spleen* lautet und »eine spektakuläre, zufrieden stellende Sammlung von Klagen enthält, die nicht länger meine anderen Tagebücher vergiften«. Die erfolgreichen Tagebücher überwinden den toten Punkt der nach innen gerichteten Besessenheit. »Ich möchte mich von mir entfernen und auf die Welt zugehen«, meint

Elizabeth Berg und stellt sich einen zukünftigen Tagebucheintrag vor als »die Farbe eines Sonnenuntergangs; den Geruch eines gemütlichen Cafés an der Ecke; die Struktur einer Blume; Gesprächsfetzen, die ich mit anhöre; Kleider, die ich sehe; der Ausdruck auf verschiedenen Gesichtern; Hunde mit großen Ohren; Dächer, die sich stromlinienförmig aneinander reihen. Ein Tagebuch mit diesem Inhalt würde ich mit Freude wieder lesen. Denn die äußere Welt ist trotz vieler Schwierigkeiten sehr spannend.«

Wenn man aufhört, selbstzentrierte Einträge ins Tagebuch zu schreiben und stattdessen über Sinneserfahrungen berichtet, erwacht die gleiche freudige Erregung, die der Tagebuchschreiber empfindet, wenn er sich zum ersten Mal einem kreativen Projekt zuwendet und aus dem »ich« ein »sie« oder »er« schafft. Zu dieser Reise meint Gail Godwin: »In meiner Jugend erdrückte ich mein Tagebuch mit meiner Schwermut und Schicksalhaftigkeit. Etwas später vergeudete ich seine Seiten darauf, die jungen Männer zu katalogisieren, die meinen Reizen erlagen oder ihnen widerstanden. Als ich Mitte zwanzig war, ging das Tagebuch beinahe ein vor Langeweile, die ich ihm durch meine endlosen Listen voll guter Vorsätze, Budgetaufstellungen und erfolglosen Pläne für ›die Zukunft‹ bescherte.

Ich war schon gut über dreißig und arbeitete seit längerer Zeit als Romanschriftstellerin, als ... ich mit einem neuen Respekt zu meinem Tagebuch zurückkehrte. Ich erzählte ihm, wenn sich Gutes ereignet hatte, und teilte ihm auch Ideen für meine zukünftige Arbeit mit.«

Stellen Sie sich eine Woche lang einen Reisepass in die ganze Welt aus. Jede Tagebuchseite stellt eine Art Visum dar. Es erlaubt Ihnen zu reisen und alles aufzuzeichnen, was sich vor Ihren Augen abspielt. Beobachten ist ein sündhaftes Vergnügen. Es entwaffnet sofort den Zensor, der meint, Sie würden zögern, und gibt dem Zauderer in Ihnen einen Tag lang Arbeit. In Wirklichkeit werden Sie außerordentlich produktiv sein und die vergeudete Zeit des Tages, die Sie wartend verbringen, gut nutzen. (Auf der Bushaltestelle machte sich meine Großmutter im Geiste Notizen über Patienten und geplante Abendessen; sie betete, zählte das Wechselgeld nach, klebte Briefmarken auf Rechnungen.)

Zusammen mit den Schnappschüssen des vorhergehenden Kapitels wird das Notizbuch, in dem Sie Ihre Beobachtungen aufschreiben, eine Grundlage für ein erfolgreich geführtes Tagebuch sein. In weniger als zwei Wochen werden Sie genug Stoff haben, um ein ganzes Jahr lang beschäftigt zu sein.

Gehen Sie wie folgt vor: Machen Sie eine Pause. Setzen Sie sich irgendwohin – in die U-Bahn, das Büro, das Café, die Bibliothek. Beobachten Sie drei Personen. (Aber starren Sie sie nicht so intensiv an, dass Sie unangenehm auffallen und verhaftet werden.) Sie haben zehn Minuten. Machen Sie sich Notizen wie ein Reporter, d. h., listen Sie nur Einzelheiten auf. Schreiben Sie keine ganzen Sätze. Notieren Sie stattdessen alles, was Ihnen besonders auffällt. Falls ein Mann nur noch wenig Haare hat, wie sieht sein Haar aus? Lichtet sich das Haar u-förmig auf der Kopfmitte? Oder hat er einen dünnen Haarkranz am Hinterkopf, der an die Tonsur eines Mönches erinnert? Beobachten Sie charakteristisches Verhalten: wie ein Jugendlicher an einer Haarsträhne zupft und die gespaltenen Haarenden anstarrt; wie ein

Büroangestellter die Finger aneinander reibt, als würde er einen unsichtbaren Bleistift festhalten.

»Ich glaube nicht, dass ich jemals ohne Notizbuch zum Arzt oder Zahnarzt gegangen bin«, meint Patricia Hampl. »Ich scheine diesen Begleiter überall in der Öffentlichkeit zu brauchen und deshalb auch an wahrscheinlich etwas seltsamen Orten wie in Museen, Cafés, Garagen, wo auch immer ich warten muss.« Supermärkte sind gut. Einkaufszentren sind sogar noch besser. Für viele sind Flughäfen der ideale Ort – »im Schwebezustand zwischen Abflug und Ankunft«, sagt Samantha Harvey dazu.

Machen Sie Ihre Listen. Öffnen Sie am nächsten Tag das Notizbuch. Wählen Sie zehn Einzelheiten aus, die Ihnen am Vortag an einer Person aufgefallen sind und Ihnen besonders gut gefallen haben. Notieren Sie sie zuoberst auf einer neuen Seite. Stellen Sie sich nun eine Szene aus dem Leben dieser Person vor, die geschah, nachdem Sie weggegangen waren. Schreiben Sie diese Szene auf einer einzigen Seite auf. Denken Sie über die Frau nach, die so sorgfältig an einem Take-Away-Stand eine Mahlzeit für eine Person ausgewählt hat. Wählen Sie eines der vier Mädchen, die ihr Kleingeld zusammenlegten. Denken Sie an den Teenager, der das neue Piercing in seiner Zunge erforschte.

Auf diese Weise schärfen Sie Ihre Beobachtungsgabe und lernen darüber hinaus noch zu schreiben. Dabei werden Sie insbesondere drei Schreibtechniken üben: *Aufzeichnung, Beschreibung* und *Erzählung*. Wenn Sie Einzelheiten und

Begriffe auf eine Liste setzen, wird Ihre Intuition für das Konkrete und Reale gestärkt.

> Wenn Sie das nächste Mal hinausgehen, beschreiben Sie in einem Abschnitt, was Sie sehen. Schauen Sie sich einen Gegenstand, wie etwa einen kunstvoll geschwungenen Barhocker in einer Eisdiele, genau an. Schildern Sie ihn so, wie Sie ihn einem Fremden beschreiben würden. Nun fügen Sie der Szene eine Person hinzu. Zum Beispiel das Mädchen hinter der Theke, das nicht lächelt, weil es Angst hat, jemand könnte seine neue Zahnspange sehen. Bleiben Sie bei jeder neuen Stufe, über die Sie schreiben und der Szene hinzufügen, bei konkreten Einzelheiten. Versuchen Sie, den Gebrauch von Adjektiven einzuschränken, lassen Sie jedoch nicht Ihren Zensor herein. Falls Sie etwa das Wort »traurig« schreiben, versuchen Sie einen besseren Ausdruck zu finden. Wie sah die Person tatsächlich aus? Sie werden es sehen: Die Mundwinkel bogen sich nach unten, die Hände lagen kraftlos im Schoß.

»Je weniger ich mich in der Welt meiner Launen verlor«, erinnert sich Gail Godwin, »desto mehr schrieb ich über die greifbare Welt. Im Allgemeinen jammere ich weniger und beschreibe mehr. Ich versuche sogar meine Klagen in denkwürdigen Beschreibungen wiederzugeben.«

> Eine gute Übung: Schreiben Sie einen Tag lang, ohne das Wort »ich« zu gebrauchen.

Nach jedem Ihrer Ausflüge werden Sie mit einem kleinen Schatz nach Hause (oder zurück an Ihren Schreibtisch) kommen. Als die Romanautorin Margot Livesey und ich uns vor kurzem zum Kaffee trafen, tauschten wir bizarre Einzelheiten aus, die wir gesammelt und später in unsere Arbeit hatten einfließen lassen (ihre bleiben oft jahrelang unbenutzt in bunt scheckigen Aufsatzheften liegen). Und hier ist, wonach Sie Ausschau halten sollten: ungewöhnliche Gegensätzlichkeiten, Sinneskontraste – also diejenigen Dinge, wegen denen ich meine Großmutter in die Seite stieß, wenn ich sie bemerkte. Dazu gehörten etwa aufgemalte Augenbrauen, die eher betonen, dass eigentlich gar keine vorhanden sind. Oder die sanfte Abkühlung des ganzen Körpers, nachdem man während eines Konzerts einen Schuh abgestreift hat. Oder das leichte Öffnen des Mundes einer Frau, die sich gerade die Wimpern tuscht.

Wenn die Widersprüche des alltäglichen Lebens beginnen, Ihnen aufzufallen, eröffnet sich Ihnen eine weitere Möglichkeit, Ihr Tagebuch zu benutzen. Anne Dillard, die Gewinnerin des Pulitzer-Preises ist, meint: »Schreiben Sie über den Winter im Sommer. Beschreiben Sie Norwegen, wie es Ibsen von einem Schreibtisch in Italien aus tat. Oder erzählen Sie über Dublin, wie es James Joyce von seinem Schreibtisch in Paris aus sah. Willa Cather schrieb alle ihre Romane, die in der Prärie spielen, in der Stadt New York.«

Die Welt bietet oft ihre eigenen Inspirationen und Anregungen. »Ich fand eine Einkaufsliste auf dem Bürgersteig, auf der Gegenstände aufgelistet waren, die ziemlich genau auf den Charakter des Besitzers schließen ließen«, sagt Cindy Riede. »Ich klebte die Liste in ein Notizbuch und fügte weitere Notizen über den Charakter hinzu.«

Stöbern Sie herum. Sammeln Sie die Bilder auf, die Menschen haben fallen lassen: eine orange Sonnenbrille, die in einem Taxi vergessen wurde; ein ausländischer Briefumschlag, der an

> eine fremde Person adressiert ist. Warten Sie die Dürreperiode ab, die jede schöpferische Arbeit hin und wieder unterbricht. Öffnen Sie dann das Notizbuch. Und erfinden Sie eine Szene.

Man »sitzt nicht herum und wartet auf Inspiration«, meint der Dichter David Lehman. Sie kommt, wenn man sie einlädt. Er hat sie zwei Jahre lang eingeladen. Im Januar 1996 begann er ein Experiment. Er schrieb jeden Tag ein Gedicht und war immer offen für die Unmittelbarkeit seiner ereignisreichen Welt. Zu dieser Zeit lebte er in New York, »wo jede Straße ein Abenteuer zu versprechen scheint«, reiste aber oft, da er Redakteur der Serie *The Best American Poetry* war. Angeregt von Zeitungsartikeln oder dem Wetter, der Liebe, Kinofilmen oder Jazz, schrieb er Gedichte, »während ich telefonierte, in einem Restaurant auf den Nachtisch wartete ... Und ein paar Sachen dichtete ich, als ich im Auto über die Autobahn fuhr.« Einige Gedichte waren auch als E-Mails entstanden, »Briefe aus dem Cyberspace«. Die »Geschwindigkeit des Dichtens« bewirkte mehr als nur eine Steigerung der Produktivität. Sie erzeugte den »Willen, etwas zu riskieren«. Lehman öffnete sich der Welt, die er beobachtete. Er übte sich darin, »die täglichen Gedichte so aufrichtig wie möglich zu schreiben, indem er sie gezielt und beharrlich in die Einzelheiten des täglichen Lebens tauchte«. Das tägliche Üben »so anspruchslos wie jeder beliebige Eintrag ins Tagebuch, erlaubt dem Dichter, zur Gegenwart zu sprechen«. Wenn »ich mehrere Gedichte« aussuchte und »sie zu einem einzigen verschmelzen ließ, hatte ich das großartige Beispiel von Thoreaus *Walden* vor Augen«. Lehmans äußerst tiefsinniges Werk *The Daily Mirror: A Journal in Poetry* »bietet ein Hilfsmittel, um die Beständigkeit im eigenen Leben zu erkennen«.

## Der Blick aus dem Fenster

Ein Notizbuch, in das wir Beobachtungen notieren, ist ideal für jeden, der abgestumpft ist durch Arbeit, Meetings, Fahrpläne, die Wiederholungen des alltäglichen Lebens. Es ist ein Katalysator, der uns mit dem Leben konfrontiert, das wir nicht sehen können, weil wir zu beschäftigt sind.

Ich vergleiche Abstumpfung, die das tägliche Leben mit sich bringt, mit einem Verstand, der von Gefrierbrand befallen ist. (Haben Sie jemals ein stark gefrorenes Hühnchen gesehen, dessen Enden eisig weiß waren? So stelle ich mir einen über alle Maße beanspruchten Verstand vor.) Um ihn aufzutauen, können Sie zu folgendem Mittel greifen:

> Schreiben Sie fünf Minuten lang in Stichworten auf, was Sie vor Ihrem Fenster sehen. Konzentrieren Sie sich zwei Minuten lang auf Ihre Sinne: den scharfen Geruch der Winterluft im Haus; die Geräusche eines alten Kühlschranks. Wie fühlt sich Ihr Körper an? Die Füße bequem in alten Schuhen, die Hände ruhen entspannt im Schoß. Sie lernen, auch andere als nur traurige Gefühle wahrzunehmen.

Für nichts eignet sich so ein Tagebuch voller Beobachtungen besser, als um die ersten zwei Jahre eines Kindes aufzuzeichnen. Wie Hunderte von anderen jungen Müttern führen Zoe Nierenberg und Elizabeth Searle diese Tagebücher äußerst genau. Die Hand des Babys bewegt sich wie ein Seestern. Erste Worte. Ungekünstelte Geschichten. »Ich gehe davon aus, dass ich diese Tagebücher eines Tages meinem Sohn und meiner Tochter zeigen werde«, meint Nierenberg. »Meine eigenen Tagebücher, für die ich nur jeden dritten Tag Zeit habe, sind meine Privatsache. Anderen ist der Zutritt verboten.«

Tagebücher versetzen uns in Erstaunen, wenn wir uns erlauben, über die Welt zu staunen. Lassen Sie die Welt ein. Denn, wie Proust meinte, »die wahre Entdeckungsreise ist keine Suche nach neuen Landschaften, sondern der Wunsch, mit neuen Augen zu sehen«.

## *Übungen und Anregungen*

- Nehmen Sie sich einen Moment, um die ungenutzten Momente des heutigen Tages aufzulisten – all die Augenblicke, die unverhofft vergeudet wurden. Schreiben Sie die Zeiten auf, zu denen Sie Einträge in Ihr Tagebuch machen könnten, während Sie irgendwo warten:
  in der U-Bahn;
  vor einem Meeting;
  im Auto, bevor Sie die Kinder abholen;
  während Sie am Telefon warten;
  während des Kochens;
  während Ihr Baby schläft.

- Beschreiben Sie in einem kurzen Abschnitt eine einzige Szene, die Sie kürzlich erlebt haben, auf mehrere Arten und aus verschiedenen Perspektiven. Zum Beispiel wie eine Frau von jemandem angerempelt wurde, der versuchte in den Bus einzusteigen, während sie im Begriff war auszusteigen.

- Benutzen Sie Verben für Ihre Beschreibung (anrempeln, zusammenstoßen, sich durchdrängeln, ausweichen, beschimpfen, schlagen).

- Verwenden Sie Substantive (Blondine, dicke Brillengläser, zwei große Einkaufstüten).
- Stellen Sie sich die Szene aus zehn verschiedenen Perspektiven vor, die von unterhaltend bis zu verärgert reichen (zwei Frauen, die dasselbe Kleid tragen; eine Frau, die zum ersten Mal zufällig die neue Ehefrau ihres Ex-Mannes trifft; eine Frau, die merkt, dass die Frau, die im Bus angerempelt wurde, sie am vorhergehenden Tag bei einem Vorstellungsgespräch interviewt hatte; eine Frau, die sich daran zu erinnern versucht, wo sie eine andere schon gesehen hat – im Wartezimmer beim Zahnarzt, im Kinderhort, etc.)

# 5. Das zweckgerichtete Tagebuch

Ich verreise nie ohne mein Tagebuch. Jedermann sollte auf einer Zugfahrt etwas Sensationelles zu lesen haben.

*Oscar Wilde*

Während ich gestern wartete, schrieb ich Folgendes auf: Sogar beim Segeln kritzelte Einstein Bemerkungen und Formeln in ein kleines Reisetagebuch. An Bord der *Beagle* füllte Darwin fünf Tagebücher mit Eindrücken über seine Reisen, die ihm als Grundlage für seine Evolutionstheorie dienten. Da Vinci hielt seine Ideen über den modernen Helikopter und das U-Boot in Tagebüchern fest, die er täglich führte. Elias Howe erfand die Nähmaschine, nachdem er sie in einem Traum gesehen hatte, den er am folgenden Morgen notierte. Der Dichter und Physiker William Carlos Williams schrieb zwischen Patientenbesuchen Tagebucheinträge und Gedichte auf Rezeptblöcke. Emerson trug die Gespräche mit seinem Freund William Channing in ein eigens dafür bestimmtes Notizbuch ein; viele seiner schöpferischen Einfälle stammen daraus.

Ich weiß, was Sie denken: Genies, alle zusammen. Das ist wahr. Doch Tagebücher waren der Katalysator für ihre außerordentliche Produktivität. Sogar Einstein konnte schon einmal etwas vergessen. Wenn er all die x und π nicht irgendwohin kritzelte, verflüchtigte sich die mathematische Inspiration. (So erging es dem Chemiker Friedrich August Kekulé von Stradonitz, den ein Traum die Ringstruktur des Benzols entdecken ließ. Er schrieb diesen Traum jedoch nicht auf und musste daher warten, bis ihm die Ringe erneut im Traum erschienen. *Diesen* Traum schrieb er dann allerdings auf.)

Denken Sie jetzt zurück an die Menschenmengen, die Sie gestern beobachteten, als Sie Ihr Mittagessen im Freien einnahmen. Dutzende von Lebensgeschichten strömten vorbei, während Sie in Ihrem Tagebuch Ihre Beobachtungen festhielten. Da war eine große Brünette, eine Touristin, die eine Zwiebelsuppe an einem Stand bestellte. Ein glatzköpfiger Mann schritt zwei Mal hintereinander durch die rotierende Drehtür. Eine alte Frau winkte mit ihrem Spazierstock ein Taxi herbei. Von den vielen Menschen, die an Ihnen vorbeigingen, führt eine überraschend große Anzahl ein zweckgerichtetes Tagebuch.

Ich weiß es. Ich habe Hunderte davon gesehen. Die vielen Arten von Tagebüchern sind ebenso verschieden wie die Menschen, die sie führen: Reisetagebücher; Tagebücher über Ahnenforschung; Traumtagebücher; Familienchroniken; Notizbücher über die Gartenpflege und das Wachstum der Pflanzen; Skizzentagebücher, die Künstler führen; Naturtagebücher; spirituelle Tagebücher; elektronische Tagebücher, die zusammen mit anderen Menschen in Form von E-Mails geführt werden; aus Briefen zusammengesetzte Tagebücher, die die Meilensteine des Lebens kennzeichnen.

Wie Einstein und Emerson sind diese Menschen auf den Gedanken gekommen, ihr Tagebuch einem besonderen Zweck zu widmen. Der Schreiber muss nicht das zentrale Thema seines Tagebuchs sein. Ebenso gut kann seine Arbeit oder das Leben anderer Personen im Mittelpunkt stehen. So kann man etwa ein Tagebuch führen über einen kranken Menschen, dem man während seiner Krankheit beisteht, oder über die Zeit vor der Geburt eines Kindes. Vom Chefkoch aus San Francisco, dessen Tagebücher voller Rezepte und Menüs sind, bis zu den unzähligen Patienten, die ihre Krebskrankheit unter anderem dank Konzepten, die sie sich beim Schreiben ausdachten, überwinden konnten, haben Menschen unendlich viele verschiedene Wege gefunden, um Spuren zu hinterlassen.

Manche dieser Möglichkeiten biete ich Ihnen in Form von Ideen, die Sie zum Schreiben anregen sollen, andere als kurze Auszüge aus Lebensgeschichten.

## Reisetagebücher

Als ich Mitte zwanzig war, hatte ich zwei Erlebnisse, die sich im Nachhinein als sehr gut für mich erwiesen haben: Ich konnte in einem kleinen italienischen Dorf keinen Film finden. Und ein paar Monate später wurde mir mein Fotoapparat gestohlen. Auf diese Weise entdeckte ich das Vergnügen, Reisetagebücher zu führen, die ich heute zu meinen gelungensten zähle. Wenn ich aufs Geratewohl eine Seite aufschlage, kann ich mich an heiße Nachmittage in Rom erinnern, an einen verschneiten Winterabend im Pariser Quartier Marais, an enge Landstraßen in abgelegenen Gegenden von Nordwales. Ein einziges Tagebuch führt mich unverzüglich zurück in helle Wüsten, zu Seen im Sommer, versteckten Weinbergen.

Was als Zeitvertreib begann, wenn ich alleine zu Tisch saß in fremden Ländern, wurde bald zum Rahmen für alle meine Erlebnisse. Meine Tagebücher erwiesen sich als weit zuverlässiger als jeder Fotoapparat. Die Reisen schärften nicht nur meine Beobachtungsgabe, sondern verbesserten auch meine Schreibfähigkeit. Beinahe von Anfang an erwiesen sich meine Reisetagebücher als eine ergiebige Quelle für umfassende Essays, die ich veröffentlichen konnte. Meine Notizen, die als Schnappschüsse auf Sinneswahrnehmungen beruhten, waren das Fundament, auf dem Spezialartikel oder Essays aufgebaut wurden.

»Eine Reise«, meint Patricia Hampl, »hat die Ordentlichkeit und die beruhigende Form der Kunst: man reist ab, man erlebt, man kehrt zurück. Anfang, Mitte, Ende. Es scheint, als sei im Reisetagebuch nichts überflüssig.« Diese Struktur verwandelt die Reise – und das Leben – augenblicklich in eine Erzählung. Die Struktur teilt Tage in Szenen auf, aus einer Reise entsteht eine Handlung. Auf diese Weise kann der Schreiber sein deskriptives Können anwenden, das sich ganz natürlich aus der Beschreibung seiner Beobachtungen ergibt.

Führen Sie ein Reisetagebuch auf eine Art und Weise, als würden Sie einem nahen Freund einen langen Brief schreiben. Indem Sie ihn für jemand anderen schreiben, müssen Sie einen Zusammenhang schaffen – Ortsnamen, Sehenswürdigkeiten, interessante regionale Informationen. (Heimzukehren und dann Bemerkungen wie »schöne Aussicht« und »ländliche Stadt im Mittleren Westen« im Tagebuch zu finden ist ebenso unsinnig wie überbelichtete Fotografien der »schönen Aussicht«.) Das Reisen machte aus der Künstlerin Mary Jo McConnell eine Amateur-Anthropologin. Sie schrieb Briefe über regionales Kunsthandwerk indonesischer Stämme an ihre Mentorin Evelyn Bartlett, die mit 97 Jahren aufgehört hatte zu reisen. Aus den Briefen entwickelten sich McConnells Reisetagebücher, die sie nach einiger Zeit Evelyn Bartlett zu senden begann. Die Tagebücher enthielten lebhafte Beschreibungen – etwa wie McConnell bei ihrer Erforschung der regionalen Stammesbräuche und des Kunsthandwerks im Dschungel unter Lebensgefahr übernachtete.

Während ihrer Zeit im College stellte Melinda Papowitz, die im Hauptfach Politik und Religion studierte, eine ausführliche Dokumentation über ihre Reise in Indien und Pakistan zusammen. Die wöchentliche Serie ihrer Briefe »Die Erzählungen einer widerwilligen Abenteurerin«, die sie nach Hause geschickt hatte, beschwor für ihre Familie und ihre Freunde in Amerika eine außergewöhnliche, exotische Welt herauf: unter Drogen gesetzte Eidechsen in den Basaren; Moscheen zur Mittagszeit; ein Interview, bei der sich die Parteien über eine arrangierte Ehe einigen; die zukünftige Braut, deren Haut »die Farbe von Tee mit Milch hat«, meinte seufzend: »Mein Herz ist beunruhigt.« Aus den Briefen, die Familie und Freunde aufbewahrt hatten, kreierte Melinda ein Reisetagebuch.

Reisen kann den einsamen Weltenbummler zum Schreiben bewegen, doch stammen oft die originellsten Reisetagebücher von Paaren. Ein pensioniertes Ehepaar aus Chicago stieg vor kurzem von ihren tiefsinnigen Tagebucheinträgen und seinen sachlichen Notizen auf ein gemeinsames Reisetagebuch um. Der Ehemann illustrierte die Seiten, und die Ehefrau schrieb Kommentare zu den Zeichnungen an den Rand. »Es gab uns ein gemeinsames Ziel. In späteren Ehejahren können sich Menschen, die getrennt in den Urlaub fahren, auseinander leben. Oder sie machen zusammen Fotos, reden aber nicht miteinander.« Wenn es ruhiger wurde oder sie sich ausruhten, vereinigten sie ihre Kräfte und zeichneten oder schrieben. »Ein gemeinsam geführtes Reisetagebuch ließ uns wieder erkennen, warum wir überhaupt geheiratet hatten. Wir hatten vergessen, dass wir sehr abenteuerlustig waren und gerne ungewöhnliche Wege gingen. Wir hatten vergessen, wie heiter und anregend der andere ist.«

Die Planung eines Reisetagebuches wird Ihre Reise nur noch schöner machen.

Heften Sie Ihren Reiseplan auf die Innenseite des Buchdeckels, bevor Sie sich auf den Weg machen.

Kleben Sie eine zusammenfaltbare Landkarte auf eine Seite (oder kopierte Ausschnitte aus der Landkarte auf mehrere Seiten), und markieren Sie Ihre Reiseroute mit einem Leuchtstift.

Benutzen Sie auf Ihrer Reise Leuchtstifte in verschiedenen Farben, um ungeplante Reiseziele, die von Ihrer Hauptroute abweichen, einzuzeichnen.

Reservieren Sie mehrere Seiten in der Mitte Ihres Tagebuches für Ansichtskarten, Eintrittskarten für Museen und Speisekarten, auf denen Sie Gerichte und Weine mit Leuchtstift hervorgehoben haben.

Zur späteren Erinnerung sollten Sie noch am gleichen Tag neben Ihre Aufzeichnungen die Kommentare dazu (Lieblingskunstwerke, Standort eines kleinen Restaurants) aufschreiben.

Notieren Sie in einem eigens dafür vorgesehenen Abschnitt Sehenswürdigkeiten und Ortschaften, die Sie nicht sehen konnten, aber bei einem nächsten Besuch gerne besuchen würden.

Mehrere Ehepaare, die ich kenne, planen ihre Reisen – ob nach Griechenland oder in den Südwesten der USA – um die Tagebücher, die sie unterwegs anfertigen werden. Wenn sie nach Hause zurückkehren, haben sie anstatt der unvermeidlichen Dias abwechslungsreiche, sehr persönliche Tagebücher vorzuweisen. Ich habe Tagebücher mit ausfaltbaren Seiten gesehen, andere, die einem bestimmten Thema gewidmet sind (Architektur, wild lebende Tiere, Nationalparks, Schlachtfelder des amerikanischen Bürgerkriegs). Das Reisen selbst erweitert oft die Grenzen eines Projekts, das man sich vorgenommen hat. Mary Jo McConnells illustrierte Briefe und Reisetagebücher werden unter dem Titel *Dear Mrs. Bartlett: Letters from the Field* veröffentlicht werden. Trotz schwieriger Reisebedingungen schaffte sie es, ihre Tagebücher unversehrt nach Hause zu bringen. Dabei beachtete sie drei Regeln:

- Tagebücher nie in einen Koffer legen (sie könnten verloren gehen);
- Tagebücher immer in verschließbaren Plastiktüten aufbewahren (um wetterbedingte Schäden zu vermeiden);
- nur Tagebücher verwenden, deren Seiten aus säurefreiem Papier bestehen (das gewährleistet die Langlebigkeit).

Der französische Maler Delacroix führte unterwegs die schönsten Skizzentagebücher, die ich je gesehen habe; die matten Bleistiftzeichnungen, die aus sanften, verwischten Linien bestehen, stellen nordafrikanische Dörfer und Märkte dar. Neben jedem Bild hat der Maler einen Kommentar hingeschrieben. Aber auch eine ungeübte Hand kann Skizzen auf weiße Tagebuchseiten zeichnen. »Während eines langen Sommers in Rom«, erzählt Samantha Harvey, »nahm ich mein Skizzentagebuch jeden Tag mit in die Borghese Gärten. Es war eine meditative Art, um den Ort tiefer zu erkunden, ein Weg, um die Bilder zu verankern. Letzten Sommer entdeckte ich in der Nähe von Venedig ein Steinrelief, auf dem zwei Pfauen dargestellt waren, die unter drei verschlungenen Ästen Körner pickten. Am Ende erwiesen sich die Stunden, in denen ich an diesem friedlichen Ort neben einer alten Kirche zeichnete, als die wichtigsten Augenblicke einer sehr hektischen Reise.«

## Naturtagebücher

Ihr Leben lang beobachtete meine Cousine Susan, wie ihre Mutter – meine Tante – Tagebücher führte. Es dauerte eine Weile, bis Susan, die von Beruf Zoologin ist, ihre eigene Form des Tagebuchschreibens entdeckte: das Naturtagebuch. Dieses Tagebuch regelmäßig zu führen ist inzwischen ein hochgeschätztes Hobby der ganzen Familie, dem Susan, ihr Mann und ihre beiden Kinder jede Woche nachgehen. Sie wandern, unternehmen längere Autofahrten auf Nebenstraßen oder sitzen im Sommer auf einer Veranda und beobachten die Sterne. Sie haben Nachbarn dazu angeregt, Naturtagebücher zu führen. Menschen, die vielleicht gerade noch die Rasse ihres Hundes kannten, entwickeln schnell ein gutes Auge für das Reich der Natur.

Naturtagebücher verbinden uns nicht nur mit einem Ort, sondern veranlassen uns auch, langsamer zu werden. Sie schulen uns, sogar auf kleinstem Raum ein Universum zu sehen. Beinahe jedes Fleckchen Erde ist dafür geeignet: Wald oder Stadtpark, Hinterhof oder Seeküste.

Fangen Sie mit etwas Einfachem an: Bäumen; Tümpeln; Mondzyklen; Vögeln, die sich um das ausgelegte Vogelfutter scharen; Sternen.

Oder sitzen Sie zehn Minuten lang ruhig im Freien und beschreiben Sie oder skizzieren Sie alles, was sich vor Ihnen abspielt: große, polsterförmige Wolken; rauschende Buchen; das hohe Zirpen der Zikaden.

Versuchen Sie wie Thoreau die gleiche Landschaft zu verschiedenen Tageszeiten zu beschreiben.

Konzentrieren Sie sich auf Ihre Sinne, beobachten Sie, wie subtil sich eine Landschaft im Laufe eines Tages verändert.

Ein Naturtagebuch ist wie ein Vergrößerungsglas in Worten. Es ist die ideale Tagebuchform, um die gemeinsamen Erlebnisse von Eltern und Kindern festzuhalten. Wählen Sie ein Notizbuch in festem Einband oder ein Klemmbrett mit losen Seiten, die Sie später entfernen und in einem Ordner ablegen können. »Es ist verblüffend«, meint Susan, »wie Erwachsene ihre Angst vor dem Zeichnen verlieren, wenn sie merken, wie einfach es Kindern fällt und wie gut sie es machen.«

Der tiefere Sinn des Zeichnens ist, mit den wissbegierigen Augen des Kindes zu sehen: etwa zu entdecken, warum die Geranien morgens angenagt aussehen. Oder die sorgfältig getarnten Frösche in Weihern zählen. Oder mit dem Blick den Spuren der fallenden Sternschnuppen folgen. Die treffenden Beschreibungen – Ort, Zeit, Wetter, Beobachtungen in unseren Naturtagebücher – verankern uns in unserer eigenen Geschichte. Ein Vater aus dem Bundesstaat Utah und sein erwachsener Sohn führen jeder für sich seit zwanzig Jahren ein Naturtagebuch. Ihre gemeinsamen Ausflüge sind alle datiert; ebenso wie die zunehmenden Einträge über Gespräche, die der Sohn mit seinem hart arbeitenden Vater nur führen kann, wenn sich dieser in der Natur entspannt.

## Gartentagebücher

Vor vielen Jahren wurde die Ehe eines Ehepaares aus Atlanta stark belastet durch die Renovierung eines alten Hauses und die Erziehung der beiden Kinder. Merkwürdigerweise war es ein Gartentagebuch, das der Ehe neuen Auftrieb gab. Die

Eheleute setzten sich ein Ziel: Sie würden während drei Jahreszeiten über ihren Garten schreiben (das war die Zeitspanne, zu der ihnen ein Therapeut geraten hatte, um die Gemüter zu beruhigen). Die Frau schnitt die alten Pflanzen zurück. Der Mann grub den Boden um. Beide machten ihre Pläne. Ein Spiralheft lag auf einem Brett im Speiseschrank. Sowohl Schwierigkeiten, mit denen sie konfrontiert wurden, als auch Erfolgserlebnisse mussten täglich darin von beiden eingetragen werden.

Die Eheleute gingen stumm in sturer Zusammenarbeit ihren Aufgaben nach und schnitten, rodeten und pflanzten. Mit der voranschreitenden Umgestaltung des Gartens änderten sich langsam auch ihre Ansichten. »Eines Nachts stand ich alleine im Garten, und, so dumm es auch klingen mag, ich wehrte mich zunächst gegen dieses Gefühl. Doch dann musste ich mir eingestehen«, sagt die Ehefrau, »dass ich all das hier mit meinem Mann teilen wollte. Etwas in mir war wieder zum Leben erwacht. Ich sah den Garten mit den Augen eines neuen Besitzers. Ich stellte mir einen Fremden vor, der all das betrachtete, was ich wieder liebte. Und es schien mir unmöglich, diesen Garten jemals zu verlassen, den wir uns in jeder Hinsicht so hart erarbeitet hatten.«

An einem gewöhnlichen Tag kann man auch die Landschaftsarchitektin Julie Messervey mit ihrem Tagebuch beobachten. Sie trägt darin ihre Gedanken über Landschaftsarchitektur ein, die sie später in ihren Büchern, wie etwa dem Werk *The Inward Garden*, verwenden wird. In der Nähe schreibt ihre Tochter in ihr Tagebuch, während Julies Mutter die beiden zeichnet und so ihren Anteil zu den jahrzehntealten Skizzenbüchern beiträgt, die die Bücherregale der Familie zieren wie Fotoalben.

## Familienchroniken

Unsere Häuser und Wohnungen sind wie kleine private Archive, die keinen Verwalter haben: Fotos, die nicht eingeordnet sind; alte Reisepässe, die die Stempel fremder Hauptstädte tragen; handgeschriebene Briefe; dicke, offizielle Dokumente, die tief hinten in den Schubladen versteckt liegen. Es ist beruhigend zu wissen, dass uns heute eine Software für Ahnenforschung zur Verfügung steht. Oder dass wir dank dem Internet in Sekundenschnelle um die staubige Archivsuche herumkommen und das Leben anderer Menschen erforschen können. Aber wenn man sich jemals gewünscht hat, auf dem Dachboden lägen Truhen voller alter Tagebücher herum, so dann, wenn man vorhat, eine umfassende Familienchronik zu schreiben.

Als Cathryn Griffith begann, alte Erinnerungsstücke auszusortieren, wusste sie nur, dass sie eine Mutter in mittleren Jahren war, die ihrer etwa 16-jährigen Tochter Sarah eine Familienchronik hinterlassen wollte. In regelrechter Detektivarbeit entdeckte Cathryn Schätze, die in den Truhen ihrer Familie versteckt waren und in den Schubladen ihrer Verwandten verkümmerten. Sie fand die Tagebücher von Vorfahren und Familienmitgliedern aus fünf verschiedenen Generationen. Einige dieser Tagebücher stammten noch aus der Pionierzeit Amerikas. Cathryn entdeckte Ahnentafeln, Eigentumsurkunden, die Hunderte von Jahren alt waren, und Stöße vergilbter Zeitungsausschnitte (ihre Großmutter war eine regionale Politikerin gewesen, ihre Mutter eine Reporterin).

Doch wie konnte sie diesen kolossalen Fund ordnen? An einem örtlichen College belegte sie Kurse in Zeitschriften- und Buchgestaltung und lernte viel über Desktop-Publishing. Innerhalb einer Woche konnte Cathryn die Fotografien den entsprechenden Tagebucheinträgen zuordnen. Gab es keine interessanteren Wege, um eine Familienchronik zu gestalten, als die herkömmliche Aufzählung der chronologischen Ereignisse? Die moderne Technologie gab ihr die Freiheit, mit dem vorhandenen Stoff zu spielen und den Geschichten ihre eigenen Einfälle hinzuzufügen. Auf diese Weise gelang es ihr, eine Vorlage für originelle Familienchroniken zu schaffen.

Doch was ist, wenn Ihre Vorfahren Ihnen nur wenige Unterlagen und Dokumente hinterlassen haben? Dann beginnen Sie damit. Tagebücher sind aktuelle Geschichte. Eine Frau aus Massachusetts setzt sich wöchentlich mit ihrer alten Mutter zusammen, die aus Griechenland eingewandert ist. Wenn die Tochter alte Familienfotos wie Spielkarten auslegt, beginnt die Mutter zu erzählen, sobald sie die Leute darauf erkennt. Wer war er oder sie?, fragt die Tochter und schreibt alle Antworten auf. Was hast du für sie empfunden? Was würden ihre besten Freunde oder ihre Feinde über sie sagen? Zusammen erstellten sie einen Stammbaum und übertrugen ihn auf die erste Seite eines Tagebuches. Die Geschichten, die die Tochter abtippte, waren meistens kurze Biographien, die aber unzählige Seiten des Tagebuches füllten.

Ich habe Tagebücher von Flüchtlingen aus dem kriegszerstörten Europa oder Asien gesehen, in denen die Schreiber die Technik des »fehlenden Fotos« (siehe Kapitel 3) anwendeten. Bewaffnet mit einem Aufnahmegerät sollen Kinder und Enkelkinder ihre Eltern und Großeltern bitten, sich an vergangene Welten zu erinnern. (Die Übung »Beschreibung eines Gegenstandes« in Kapitel 3 ist ebenfalls eine ausgezeichnete Möglichkeit, um die Erinnerung zu wecken.) Jedes der versammelten Familienmitglieder wird gebeten, seine Erinnerungen mit dem Satz *Woran ich mich erinnere* zu beginnen. Unmittelbar darauf können die anderen anfangen, die Frage *Was fehlt an dieser Geschichte?* zu beantworten.

Andere Möglichkeiten, um Spuren zu hinterlassen: Eine Großfamilie, deren Mitglieder auf drei verschiedenen Kontinenten leben, versendet an die jeweils anderen Familienmitglieder eine E-Mail mit einem monatlichen Rundschreiben, das in den einzelnen Tagebüchern der Familien aufbewahrt wird. Ein geschiedener Vater aus dem Staat Wyoming sendet seiner 12-jährigen Tochter, die in einem anderen Bundesstaat lebt, regelmäßig Briefe in Tagebuchform. »Ein Brief ist nicht das Gleiche wie eine E-Mail. Ich möchte, dass sie etwas Beständiges in den Händen hält. Etwas, das nicht mit einem Tastendruck gelöscht werden kann.« Eine aus England stammende Mutter nahm die Stimme ihres Sohnes, der Londoner Dialekt sprach, auf Kassette auf, bevor er sich einen amerikanischen Akzent aneignete. In einem Notizbuch hielt sie Ausdrücke ihrer gemeinsamen englischen Umgangssprache fest und schrieb alte Sagen und Märchen auf, damit er später seine Herkunft schätzen lernte.

Ein pensionierter Versicherungsbeamter begann mit dem Schreibheft auf seinem Schoß, Videofilme, die Familienmitglieder und Verwandte zeigten, zu ordnen. Videofilme sind die Tagebücher, die wir aus Zeitgründen nicht führen. Doch ohne erklärende Kommentare sind sie ebenso nutzlos wie vergilbte Fotos, die keine Erklärung auf der Rückseite haben. Der Versicherungsbeamte begann als Erstes *retrospektiv* Tagebücher zu führen. Er schrieb die Namen von Verwandten und Freunden für seine Enkelkinder auf und stellte für sie auf diese Weise die Zusammenhänge her, die schon vor ihrer Geburt bestanden hatten.

Studs Terkel ist der Meister mündlich überlieferter Geschichten. Er war nicht überrascht, als ich ihm vor drei Jahren die verschiedenen Möglichkeiten aufzählte, die Menschen gefunden haben, um Tagebücher für diejenigen zu führen, die es selbst nicht tun können. Ich erzählte ihm von einem Sohn aus Detroit, der ein Tagebuch für seinen Vater zu schreiben begann. Der Vater litt an Alzheimer. Der Sohn schrieb die Erinnerungen des Vaters auf, solange sie noch vorhanden waren. Ein Besuch Lucy Goodmans bei ihrer Urgroßmutter im Pflegeheim entwickelte sich zu einem gemeinschaftlichen Sommerprojekt. Lucy meldete ihre Freunde vom College zur gemeinnützigen Arbeit im Pflegeheim an. »Ich sah all diese alten Menschen in Rollstühlen, die in fensterlosen Gängen nebeneinander saßen. Der Fernsehapparat plärrte. Niemand interessierte sich für ihr Leben.« Goodman und ihre Freunde nahmen sich jede Woche 20 Minuten lang Zeit und schrieben die einzelnen Lebensgeschichten in Spiralhefte auf. Sie schenkten sie den Verwandten oder übergaben sie der Bibliothek des Pflegeheimes, deren Bestand an Erzählungen wuchs. Für die Studenten aus dem College wurden auf diese Weise individuelle Lebensgeschichten mit zeitgenössischer Geschichte verbunden. Diese Zeugnisse aus erster Hand vertieften ihr Wissen über die beiden Weltkriege, die Einwanderungswellen in die USA und die Zeit der großen Weltwirtschaftskrise. »Unser Projekt verlieh nicht nur der Geschichte ein Gesicht, sondern gab auch so vielen Menschen ihre Einmaligkeit zurück.«

Geschichte wird auch auf andere Art und Weise überliefert. Eines meiner Lieblingstagebücher setzt sich ausschließlich aus Familienrezepten zusammen, die aus den Abruzzen in Mittelitalien stammen. Auf dem oberen Rand der Tagebuchseiten sind die Fotos der Köchinnen eingeklebt – Großmutter, Mutter, Großtante, Cousinen. Unter den Bildern folgt eine kurze Biographie auf Italienisch und Englisch. In der Seitenmitte stehen die Rezepte. Elf Kopien des Tagebuches wurden an die gesamte Verwandtschaft geschickt. Die Rezepte zieren nun einige Küchen von New York bis Los Angeles und sorgen nicht nur für das leibliche Wohl der Familien, sondern geben auch viel Gesprächsstoff über die Abstammung der Köchinnen.

## Traumtagebücher

Zwanzig Jahre lang hat Patrick Morton, ein Mathematikprofessor am Wellesley College, ein Traumtagebuch geführt, für das er gebundene, unlinierte Notizbücher benutzte. »Ich habe mich erstmals an der Universität ernsthaft mit meinen Träumen auseinander gesetzt. Einige meiner Träume hatten einen elementaren mathematischen Inhalt. Mathematische Symbole spielten schon lange eine große Rolle in meiner Vorstellung; folglich tauchten sie anfangs sehr häufig in meinen Träumen auf, um mich auf bestimmte Dinge aufmerksam zu machen.«

Während der Dissertation 1979 »realisierte ich, dass mein Unterbewusstsein mir half, Probleme zu lösen, an denen ich arbeitete«. Ein Traum weckte ihn eines Nachts um zwei Uhr früh auf. »Im Traum verwandelte sich eine Energiemasse, die sich rasch drehte, in einen menschlichen Kopf und sagte zu meinem Studienberater und mir: ›Ihr habt die Antwort gefunden!‹« Drei Tage lang spürte Morton eine »freudige Erregung. Ich war mir einer sehr starken Energie bewusst, die sich in mir aufbaute, und konnte buchstäblich fühlen, wie sie einen Entwicklungsprozess durchmachte. Ich arbeitete an meinem mathematischen Problem, ohne genau zu wissen, was der Hinweis ›benutze die abelsche Gruppe‹ bedeutete. Drei Tage später gelang es mir, den richtungweisenden Anhaltspunkt zu finden, der sich als entscheidend für meine Dissertation erwies.« Seither schreibt Morton abwechselnd sachliche Einträge und erklärende Kommentare in seinem Tagebuch auf. »Auffallend ist, dass ich in diesem Traum als Antwort nur einen bedeutsamen Hinweis erhielt. Die Einzelheiten musste ich mir selber erarbeiten.«

Sandy Khan löste als Kind mathematische Probleme, indem sie um die Lösung bat, bevor sie zu Bett ging. Mit der Zeit gab sie ihre erfolgreiche Laufbahn als Lehrerin auf und gründete ein kleines Unternehmen, zu dem ihr die Idee – natürlich – im Traum erschienen war. Heute ist sie Buchbinderin und restauriert alte Bücher. Ihr Unternehmen brachte ein Schreibwarengeschäft in Cambridge, Massachusetts, hervor, das sich auf den Verkauf von Tagebüchern spezialisiert hat. Die Verkaufsregale sind voller Tagebücher, deren Buchdeckel von alten Büchern stammen: Agenden, unlinierte Tagebücher, Traumtagebücher, spirituelle Tagebücher, Naturtagebücher.

Um ein Traumtagebuch zu beginnen, empfiehlt Sandy Khan, abends vor dem Einschlafen Fragen zu stellen, die dann von unserem Unterbewusstsein aufgenommen werden.

> Halten Sie neben Ihrem Bett immer Ihr Tagebuch und einen Bleistift bereit. Datieren und schreiben Sie auch Bruchstücke von Träumen sofort auf.

Patrick Morton sagt dazu: »Lassen Sie sich nicht von einem lauten Wecker wecken.« Traumsymbole, meint er weiter, vertiefen sich mit der Zeit. »Anstatt die Bedeutung ergründen zu wollen, sollten Sie um ein weiteres Bild bitten, das Ihnen in einem neuen Traum, der auf dem ersten aufbaut, erscheinen soll. Es gibt eindeutig eine Weiterentwicklung in Träumen – spezifische Wegweiser, Zeichen des Fortschritts.«

## Krisentagebücher

Jedes Leben hat seine Krisen: eine Ehe geht zu Ende, man verliert seine Arbeit, ein Elternteil stirbt, ein Kind gerät in Schwierigkeiten. Tagebücher sind unschätzbare Verbündete, wenn das Leben eine unerwartete Wendung nimmt. Viele Geschichten über solche Lebensabschnitte werden im 2. Kapitel erwähnt. Sie zeigen, wie es Menschen gelungen ist, trockene, sachliche Fakten in tiefsinnige Betrachtungen über den Lauf des Lebens zu verwandeln. Maria Judge, Vorsitzende der Fakultät für Recht und Diplomatie an der Tufts University, begann ein Tagebuch zu führen, als sie krank wurde. Nachdem bei ihr Brustkrebs diagnostiziert worden war, führte sie Tagebuch während der Behandlung und Genesung, die ein Jahr lang dauerten.

Wie auch anderen Menschen, die den Krebs überwunden haben, gab das Tagebuch Maria ein Gefühl der Kontrolle zurück, das ihr die Krankheit genommen hatte. Im Tagebuch werden alle Entscheidungen, die man trifft, aufgeschrieben. Außerdem bietet es eine notwendige Distanz zur Krankheit und ist ein Sicherheitsventil für viele Emotionen. Inspiriert von den Tagebüchern May Sartons, in denen die Autorin den Verlauf ihrer Krankheit während eines Jahres beschreibt, tippte Maria ihre Tagebucheinträge in den Computer. Die losen Seiten, die sie in Gruppen von jeweils 50 Tagen gliederte, bewahrte sie in einem Ordner auf.

Schon während der frühen medizinischen Abklärungen merkte sie, »dass eine Szene, die ich im Tagebuch beschrieb, eine gute Fotografie abgegeben hätte«. Sie beschloss daher, parallel zu den Tagebucheinträgen ihre Behandlung von Anfang an zu fotografieren. Daraus ergaben sich zwei Tagebuchprojekte: eines war für sie allein bestimmt, das andere wollte sie veröffentlichen. »Zur ersten Chemotherapiebehandlung nahm ich meinen Fotoapparat mit. Die Ärzte, Krankenschwestern und Techniker sahen mich nun mit anderen Augen, und dank dem Fotoapparat erlebte auch ich die Behandlung anders.« Maria betont, dass es Millionen von kranken Menschen helfen würde, sich ein Ziel zu setzen. Auch könnte es ihren Zustand erleichtern, ein Tagebuch zu führen, da sie auf diese Weise eine Art Kontrolle über ihre Krankheit gewinnen würden. »Mein Entschluss, die tägliche

Routine auf Fotografien festzuhalten, verlagerte (für mich und meine Umgebung) den Mittelpunkt des Interesses von der Krankheit zum menschlichen Schicksal dahinter. Die Geschichte des Einzelnen geht so oft verloren in der Angst, dem Chaos und schließlich der Routine der Behandlung. Das Fotografieren lenkte die Aufmerksamkeit auf Themen wie Humor, Ironie, Einsicht, die Entlarvung der Mythen und die Handhabung der Situation.«

Maria fiel immer wieder Ungewöhnliches auf (etwa die Raucherzimmer im Krankenhaus oder die fremden Namen einiger Angestellter), und langsam füllte sich das zweite Tagebuch mit Bildern. »Ich habe nicht so sehr über die Fotos nachgedacht als vielmehr über ihre Aussage.« Ihr Humor und die große Unterstützung ihrer Familie halfen ihr, gesund zu werden. Auf einem der Bilder sieht man Maria zwischen anderen Kranken, die schon ihre Haare verloren haben. »Ich dachte, dass ich in ein paar Wochen wahrscheinlich ebenso aussehen würde.« Auf einem anderen Bild ist ihr dreijähriger Neffe abgebildet, der sich darüber freute, in Maria »vier verschiedene Tanten zu haben«, die alle verschiedene Haarschnitte oder Hüte trugen. Weitere Fotos zeigen eine gepflegte Perücke, die auf einem Türknauf hängt oder auf einem Staubsauger liegt; sie entstanden zu einer Zeit, als Ungezwungenheit wichtiger war als die äußere Erscheinung. Ein Jahr nach ihrer vollständigen Genesung stellte Maria ihre Bilder (mit bewegenden, aber auch witzigen Überschriften versehen) für eine Wanderausstellung zusammen.

Oft sind die Herausforderungen, die eine Krankheit mit sich bringt, ein Katalysator, der aus Tagebüchern größere Projekte entstehen lässt oder zu Publikationen führt. Mimi Schwartz, eine Collegeprofessorin, veröffentlichte erstmals in der Zeitschrift *Lear's* einen Essay über die Überwindung von Brustkrebs, der mittlerweile auch in vielen Anthologien erschienen ist. »Ein Tagebuch zu führen – und die Überarbeitung der Aufzeichnungen zu einem Buch, das veröffentlicht wurde – ließ meine körperliche und emotionale Genesung schneller voranschreiten. Über das Tagebuch verfolgte ich zwei lebenswichtige Ziele: meine Genesung und das Aufschreiben meiner Geschichte.« Mimi benützte die Notizen aus ihrem Tagebuch und wechselte vom wissenschaftlichen zum narrativen Schreiben. Dieser Schritt führte zu einer neuen Tätigkeit: Sie begann regelmäßig Essays für die Zeitschrift *Fourth Genre* zu schreiben.

Nicht nur dem Patienten selbst, sondern auch seiner Familie oder seinen Freunden, die die Krankheit miterleben, kommt das Führen eines Tagebuches zugute. Ein Tagebuch lässt die Angehörigen und Freunde ihre verborgensten Ängste und das innere Drama zu Papier bringen und erlaubt es ihnen, sich emotional auf die kranke Person einzulassen. Langfristig erinnert dieses Tagebuch auf bemerkenswerte Weise an die Flexibilität und Ausdauer des Menschen. Zehn Jahre nachdem ihr Ehemann Bruce Greenwald den Krebs überwunden hatte, nahm Karen Horowitz ihre Tagebücher hervor, die sie während seiner Krankheit geführt hatte. Sie las auch diejenigen wieder, in denen sie als 21-Jährige den Kampf ihrer Mutter gegen den Krebs schilderte. Karen verwendete viel Stoff aus ihren Tagebüchern für ihr Buch *An deiner Seite*, das den Angehörigen praktische Ratschläge bietet im Umgang mit der Krankheit eines nahe stehenden Menschen.

## Heben Sie die Meilensteine des Lebens hervor!

Kurz vor ihrem 50. Geburtstag kam Katya Taylor auf die Idee, ein Tagebuch über ihre Freundschaften als Erinnerungsalbum anzulegen. Neben der Familie »waren die Freundschaften immer ein wesentlicher Bestandteil« ihres Lebens gewesen. Vier Monate vor ihrem Geburtstag im Januar schrieb sie 35 Freunden und Bekannten und bat sie, ihr einen kurzen Brief zu schreiben. Sie wiederum schrieb ihnen einen Brief. Bald darauf begannen Briefe aus allen Ecken des Landes von Freunden, die Katya seit Jahren nicht gesehen hatte, hereinzuströmen. Außer einem Bekannten sandten alle rechtzeitig vor ihrem Geburtstag einen Beitrag für das Tagebuch. Seite um Seite klebte sie jeden Brief, den sie erhalten hatte, neben ihren eigenen und fügte auch Fotos hinzu. Als es fertig war, schickte sie allen Freunden ein Exemplar dieses Tagebuches.

Der Erfolg, den Katyas Tagebuch hatte, regte bald ihre Eltern dazu an, ein Erinnerungsalbum rund um ihren 50. Hochzeitstag zu schaffen. Katya unterstützte ihre Eltern, indem sie mit hundert ihrer Bekannten Kontakt aufnahm. Sie bat sie, eine Erinnerung oder eine Geschichte, die mit ihren Eltern zusammenhing, zum Album beizutragen, und gab ihnen folgende Anweisungen: »Ich bat sie, mit den Worten ›Ich traf‹ zu beginnen und die Seitenränder breit zu lassen, damit ihr Schreiben auf die Albumseiten eingeklebt werden konnte. Ich schrieb ausdrücklich ›bitte, bis zu einem bestimmten Datum zurücksenden‹ und legte das Rücksendedatum früher fest, als es eigentlich nötig gewesen wäre.«

Zwei Jahre nach dem Tode ihres Ehemannes begann Carolyn Livingston in ihrem Tagebuch wichtige Daten zu kennzeichnen, indem sie ihrem Mann an diesen Tagen einen Brief schrieb: Geburtstage, Hochzeitstage, der Jahrestag seines Todes. In einem anderen Tagebuch, das sie ihren drei erwachsenen Kindern als ein Zeugnis ihres Lebens hinterlassen wollte, stellte sie »Rückblicke und zufällige Ansichten« zusammen, eine Sammlung von Schnappschüssen, Entwürfen und Gedanken, die sie sich zu wichtigen Ereignissen in ihren späteren Jahren gemacht hatte. Im Vorwort schrieb sie: »Ich denke an meine Eltern und Großeltern und frage mich, wie sie wirklich waren, was sie dachten und wie sie fühlten. Waren sie immer die Menschen, die sie zu sein vorgaben? Fühlten sie sich manchmal verunsichert durch die Gefühle und Reaktionen ihrer Kinder ihnen gegenüber? Wollten sie jemals gewisse Gefühle zeigen können, die sie nicht ausdrücken konnten oder wollten? Ich denke ja – die meisten von uns möchten es.«

## Das Tagebuch der Danksagung

Tagebücher, die auf ein Jahr vordatiert sind, werden oft verwendet, um spezifische, einschneidende Lebensabschnitte – wie etwa Heirat, Geburt, Stellenwechsel, Scheidung oder Pensionierung – aufzuzeichnen. Oft führen sie dazu, dass wir später anfangen, sie als eine Art Weisheitstagebücher zu nutzen, die uns als Orientierungshilfe im Alltag dienen. Wir ziehen sie heran, um die Namen von Büchern oder praktische Ratschläge nachzuschlagen, die uns einmal geholfen haben. Wir schreiben darin Lieblingszitate auf.

Diese Weisheitstagebücher, die im 19. Jahrhundert sehr populär waren (Emerson schaute beinahe täglich in seines hinein), werden heute von Millionen von Menschen geführt, denn sie inspirieren und wirken ermutigend in schwierigen Lebenssituationen.

Oft können Menschen, denen wenig freie Zeit zur Verfügung steht, nur diese Art von Tagebüchern führen; für sie sind daher diese täglichen Begleiter, die regenerierend und klärend auf den Geist wirken können, ideal. Hillary Rodham Clinton etwa führt schon lange eines. Sie schreibt darin ihre Lieblingszitate auf, »um Kraft und Stärke in den Erlebnissen und Worten eines anderen Menschen zu finden«. Aus diesen Tagebüchern entwickeln sich oft spirituelle Tagebücher, die zum Alltagsbegleiter des Schreibers werden.

Spirituelle Tagebücher werden von den Angehörigen aller Religionen geführt. Die Jurastudentin Lida Maxwell beginnt ihre Tagebucheinträge immer mit einem Zitat oder einem Vers aus der Bibel und wird auf diese Weise zum Schreiben angeregt. »Es ist ein Weg, um die Dinge im richtigen Verhältnis zu sehen; es hilft mir inmitten meines bewegten Lebens meiner inneren Suche eine Richtung zu geben.«

Wenn ich nur zwei Tagebücher führen könnte, wäre das eine ein Tagebuch mit Beobachtungen und das andere eines zur Danksagung. In der Tradition der Quäker führt die Moderatorin Oprah Winfrey seit vielen Jahren ein Tagebuch der Danksagung, in das sie täglich schreibt. »Seit meinem fünfzehnten Lebensjahr führe ich Tagebücher. Im Laufe meines Lebens habe ich gelernt, den Augenblick zu schätzen.« Abends schreibt Oprah mindestens fünf Dinge auf – so unwichtig sie auch scheinen mögen –, für die sie dankbar ist. Sie meint, dieses Tagebuch hätte wesentlich zu ihrem Erfolg beigetragen. »Ein Tagebuch der Danksagung wird beginnen, Ihre Sicht auf Ihren Tag und Ihr Leben zu verändern. Ich glaube, wenn man lernt, seine Aufmerksamkeit auf das zu richten, was man schon hat, wird man merken, wie vielfältig und reichhaltig die Welt ist.«

Ein Tagebuch zu führen ist eine der Möglichkeiten, uns an die unbeachteten Gaben des Lebens zu erinnern. Es gibt Hunderte von Möglichkeiten, Tagebüchern – und dem Leben – einen Zweck zu geben. Tagebücher sind voller Überraschungen; sie helfen uns, Zeugnis abzulegen und lassen uns staunen. Und deshalb sind sie Gold wert.

## *Übungen und Anregungen*

Ein Tagebuch kann ein hervorragendes Gemeinschaftsprojekt werden, wenn mündlich erzählte Geschichten oder Lebensläufe von Menschen in Altersheimen zu einer Sammlung zusammengefasst werden.

- Beginnen Sie das Interview, indem Sie Geburtstag, Geburtsort, Namen der Eltern und Geschwister, Ausbildung und Beruf der befragten Person notieren. Um Informationen zu erhalten, stellen Sie Fragen wie:

  Was sind Ihre frühesten Erinnerungen?

  Wer hatte den größten Einfluss auf Sie (Eltern, Lehrer, Mentoren)?

  Wann haben Sie gemerkt, dass Sie eine besondere Fähigkeit oder Begabung besitzen?

  Nach der erfolgreichen Bewältigung welcher schwieriger Situation waren Sie besonders stolz auf sich?

  Was sind Ihrer Meinung nach die wichtigsten Lektionen, die Sie an die nächste Generation weitergeben würden?

  Was hat Ihnen bisher die größte Freude Ihres Lebens bereitet?

- Stellen Sie dieselben Fragen Ihren älteren Familienmitgliedern oder Verwandten.

- Gestalten Sie ein Begleitbuch für die Filme, auf denen Ihre Familie und Verwandtschaft zu sehen sind, indem Sie Filmsequenzen schriftlich kommentieren. Schreiben Sie und ein anderes Familienmitglied unabhängig voneinander Einzelheiten und Geschichten auf, die wichtig sind. Vergleichen Sie ihre Listen. Schreiben Sie abwechselnd die Tagebucheinträge ins Reine; wechseln Sie sich dabei bei jedem zweiten Film ab. Falls die Filme einmal zerstört werden sollten, werden Sie immer noch Ihre Aufzeichnungen haben.

# Zweiter Teil

# Eine Lebensgeschichte umgestalten: Lebensmuster und ihre Bedeutung

DAS WERK EINES MENSCHEN
IST NUR EINE LANGE REISE,
UM ÜBER DIE UMWEGE DER KUNST
DIE ZWEI ODER DREI EINFACHEN
UND GROSSARTIGEN VORSTELLUNGEN
WIEDERZUERLANGEN, DIE
SEIN HERZ ZUERST EROBERTEN.

*Albert Camus*

## 6. Die verborgenen Ereignisse eines Lebens aufdecken

> Einen Zugang zum inneren Leben zu finden ist eine Art ... Archäologie: Aufgrund einiger Informationen und Vermutungen reist man zu einer Stätte, um zu sehen, welche Überreste da zu finden sind. Und aus diesen baut man die Welt wieder neu auf.
>
> *Toni Morrison*

Erfrischt und ausgeschlafen las meine Großmutter morgens die Todesanzeigen und schnitt sie mit einer großen Zickzackschere, die sie in der Tasche ihres baumwollenen Hauskleides trug, sorgfältig aus, als seien es Gutscheine. Wenn ich bei ihr übernachtete, lasen wir am nächsten Tag die Zeitung, deren einzelne Teile gefaltet auf unserem Schoß lagen. Meine Großmutter studierte die Todesanzeigen immer als Erstes. »Preiswerte Biographien«, behauptete sie. Sie suchte nicht nach Namen von Bekannten, sondern vielmehr nach Information, die ihrem forschenden Verstand neue Nahrung gaben. Wenn ich die schnelle Bewegung ihrer klaren Augen sah, wusste ich, dass wir das Gleiche suchten: versteckte Anhaltspunkte.

An jenen Wochenenden las ich morgens die Kinderseiten in der Zeitung und beschäftigte mich mit meinem Lieblingsrätsel, das aus zwei scheinbar identischen Zeichnungen bestand. Auf der rechten Zeichnung aber fehlten Gegenstände – eine Hutfeder etwa, ein Schornstein, eine Augenbraue, eine singende Amsel, die auf einem Ast saß. Mein Blick ging hin und her zwischen den Zeichnungen und suchte sorgfältig nach den fehlenden Dingen. Wenn ich dann nach einiger Zeit fertig war, hatte auch meine Großmutter ihre Aufgabe beendet. Vor ihr lag säuberlich ein Haufen Todesanzeigen mit gezackten Rändern. Meine Großmutter entzifferte unweigerlich verschlüsselte Andeutungen, wie etwa »Todesursache unbekannt«. (»Diabetes«, flüsterte sie dann deutlich vernehmbar.)

Lange bevor ich begann, Tagebuch zu führen, brachte mir meine Großmutter bei, mich nicht von Tatsachen beirren zu lassen, sondern die aufschlussreichere Geschichte dahinter aufzuspüren. Als ich neben ihr saß, lernte ich die ersten Lektionen darüber, wie man die verborgenen Geschehnisse eines Lebens aufdeckt. Such nach dem Unerwähnten, meinte sie und hielt einige Todesanzeigen in der Hand, such nach Ungereimtheiten: streitende Stiefkinder, die kurze Übergangszeit zwischen zwei Ehen, verlorene Jahre, die sich nicht rekonstruieren lassen. Das sind die wahren Geschichten hinter den trockenen »Fakten« einer Todesanzeige.

Die wahre Lebensgeschichte meiner Großmutter würde ich erst Jahre später entdecken. Erst, als ich nach ihrem Tod die Lobrede für den Gedenkgottesdienst vorbereitete. (Ich glaube, sie hätte sich gefreut, wenn sie gewusst hätte, dass ich das Unerwähnte in ihrer Todesanzeige bemerkt hatte. Die Anzeige klang viel zu glatt. Meine Mutter leistete ihren Beitrag dazu, indem sie angab, meine Großmutter wäre 91 anstatt 94 Jahre alt geworden. Aber welche drei Jahre ließ meine Mutter aus? Etwa die uns verheimlichten Jahre, die meine Großmutter zwischen ihrem zweiten und fünften Lebensjahr im Waisenhaus verbrachte? Die beiden Sommer, in denen sie bei Pflegefamilien lebte, bevor sie mit neun Jahren wieder ins Waisenhaus zurückgebracht wurde? Die Malariaanfälle, die sie während ihrer Kindheit erlitten hatte und die sie auf dem Sterbebett im Delirium noch einmal durchlebte?)

Es ist nicht weiter erstaunlich, dass ich begann, Tagebuch zu führen, Schriftstellerin wurde und Kurse in Memoirenschreiben gebe. Womit sollte sich denn jemand, der gelernt hat, Todesanzeigen zu interpretieren und fehlende Gegenstände auf Zeichnungen zu finden, sonst beschäftigen? Die Wochenenden bei meiner Großmutter weckten mein starkes Interesse an Erzählungen, an Lebensgeschichten. Sie lehrten mich aber auch, die tiefere Bedeutung der in Tagebüchern vorkommenden Geschichten zu deuten.

Ein Tagebuch ist ein Selbstporträt; eine Erzählung, die sich immer weiterentwickelt. Die Geschichte eines jeden lebenden Tagebuchschreibers ist ständig im Fluss, das Ende ist noch offen. »Glaubst du, dass er sich sein Leben so vorgestellt hatte?«, fragte mich meine Großmutter oft (meistens, nachdem sie die Todesanzeige eines Mannes gelesen hatte, der seine erste Familie verlassen und die zweite zugrunde gerichtet hatte). Ihr Ratschlag lautete: Die letzte Fassung einer Lebensgeschichte sollte so verfasst sein, dass du sie gerne als deine eigene erzählen würdest.

Das Tagebuch bietet Ihnen Gelegenheit dazu; es gibt Ihnen die Zeit, um eine Lebensgeschichte zu schreiben und *neu* zu gestalten. Vor vielen Jahren begegnete mir ein Mann, der sein erstes Tagebuch mit 67 Jahren begann, bevor er sich einer – erfolgreichen – Herzoperation unterzog. »Ich dachte nie daran, Tagebuch zu führen, bis ich erkannte, dass ich an Herzversagen sterben könnte. Also schrieb ich eines in der Zeit kurz vor bis kurz nach der Operation, bei der mir ein Bypass eingesetzt wurde. Sechs Monate später realisierte ich, dass ich meiner Familie ein Bild von mir hinterlassen würde, das nicht vollständig war. Sie würden nie erfahren, was ich alles in meinem Leben gelernt hatte – nicht nur durch meine Herzkrankheit, sondern durch Erfahrungen und Ereignisse, die viele Jahre zurücklagen. Sie würden nie erfahren, was mir wichtig gewesen war.«

## Finden Sie die wahre Geschichte!

So kurz oder unvollständig die Aufzeichnungen eines Tagebuches auch sein mögen, es lassen sich auf jeden Fall viele Aussagen zwischen den Zeilen darin finden. Auch ein Tagebuch mit Beobachtungen bietet wertvolle Anhaltspunkte auf geheime Sehnsüchte, denn darin schreiben wir alles auf, was unserem Auge auffällt oder was es immer wieder ansieht. Einer Frau aus Florida fielen die häufigen (und langen) Aufzeichnungen über Kinder in ihrem Tagebuch auf. Auf diese Weise wurde ihr klar, dass sie ihren Wunsch nach einer Familie nicht länger aufschieben sollte. Ein Mann aus New York bemerkte, wie glücklich die Einträge, die er in ein Naturtagebuch schrieb, klangen. Für ihn war das ein Zeichen dafür, das Leben, das er in der Großstadt führte, zu überdenken.

Dieses Unterkapitel zeigt Ihnen einige Wege, wie Sie einem Tagebuch, dessen Inhalt nur aus der Aufreihung von Tatsachen besteht, durch Kommentare und Gedanken mit der Zeit eine tiefere, hintergründige Bedeutung geben können. Jeder, der auch nur zwei Monate lang ein Tagebuch geführt hat, hält genug Stoff in seinen Händen, um unzählige Geschichten darin finden zu können. Jedes Mal, wenn Sie zehn Fakten auflisten oder auch nur eine einzige Erinnerung aufschreiben, beginnen Sie eine Geschichte zu erzählen. Man muss einen zweiten Blick auf die Geschichte werfen – manchmal sofort, doch oft erst nach Jahren –, um sie besser verstehen zu können.

Dag Hammarskjöld, der zweite Generalsekretär der Vereinten Nationen, führte jahrelang Tagebücher, in die er nur Fakten vermerkte. Für seine Memoiren wählte der leidenschaftliche Wanderer den Titel *Zeichen am Weg*, der sich auf die Fußspuren bezieht, die er auf seinen Bergtouren hinterließ. Doch »Zeichen« waren für ihn auch wichtige Einträge, die ihm in seinen Tagebüchern auffielen, als er seine Memoiren vorbereitete. Wenn man die Geschichten aufdecken möchte, die sich in unseren Tagebüchern verbergen, ist es entscheidend, die wichtigen Ereignisse und Wendepunkte eines Lebens zu erkennen. Sie können dies tun, indem Sie überprüfen, wie oft sich Informationen in Kategorien, die Sie zuvor festgelegt haben, einteilen lassen. (Erst nachdem ich jahrelang Tagebücher geführt hatte, merkte ich, dass meine Großmutter Lebensgeschichten routinemäßig entzifferte, indem sie Informationen bestimmten Kategorien zuteilte. Ihre beliebtesten waren Krankheit, Ehe und Tod.)

## Tagebücher beinhalten zehn verschiedene Kategorien:

Sehnsucht;
Angst;
Stärken und besondere Fähigkeiten;
absichtliche Weglassungen;
wichtige Einflüsse;
versteckte Lektionen;
versteckter Segen;
Herausforderungen;
offene Angelegenheiten;
ungenutztes Potential.

Jede Kategorie bezieht sich auf unser Verhalten in verschiedenen Lebenslagen. Indem wir beginnen, dieses Hilfsmittel auf den Inhalt eines Tagebuches anzuwenden, gelingt es uns, Tagebucheinträge zu ordnen. Besonders hilfreich ist es, die Tagebücher durchzulesen und dabei jede Kategorie als *Frage* zu formulieren.

- Haben wir zum Beispiel besondere Begabungen?
- Vielleicht sind wir überdurchschnittlich gut in unserem Beruf, in der Schule oder zeigen eine

außergewöhnliche Sensibilität und Intelligenz in der Erziehung unserer Kinder.

- Welche Konflikte erwiesen sich schließlich als ein versteckter Segen, der eindeutig auf unser noch ungenutztes Potential hinwies?

Einer Tagebuchschreiberin aus St. Paul, Minnesota, die nur unregelmäßig Tagebuch geführt hatte, fielen zwei Schlüsselsituationen auf, als sie ihre alten Notizbücher durchlas. Sie hatte eine unmögliche Schwiegermutter, die eine große Last für sie war. Doch plötzlich erkannte sie ihre eigenen Stärken, die sich hinter ihrem Unglück verbargen. Im Rückblick erwiesen sich die Schwierigkeiten, die ihr die perfektionistische Schwiegermutter bereitet hatte, als ein ungewöhnlicher Segen: Sie lernte sich zu wehren und durchzusetzen, was schließlich dazu führte, dass sie in allen Bereichen ihres Lebens unabhängiger wurde. Aus einem neuen Lebensgefühl heraus begann sie ein Tagebuch in Form von Briefen zu führen, die sie einmal in Zukunft daran erinnern sollten, *ihre* Schwiegertochter gut zu behandeln.

Wenn wir wiederholt auftauchende Probleme finden und in Gruppen unterteilen, ist es nützlich, die einzelnen Kategorien *in einer bestimmten Farbe* hervorzuheben. Unterstreichen Sie die entsprechenden Textstellen oder klammern Sie sie ein. Sie können auch ein zweites Tagebuch führen, das sie in Kategorien, wie etwa Begabungen oder versteckter Segen, aufteilen. Als ein Systemanalytiker aus Silicon Valley ein altes Tagebuch durchlas, das er kurz nach seinem Collegeabschluss geführt hatte, entdeckte er, dass die Kündigung einer Arbeitsstelle am Ende ein Segen war. Er war sehr unzufrieden mit seinem Arbeitsplatz gewesen, fürchtete sich aber davor, seine finanzielle Sicherheit aufzugeben. Das Tagebuch ließ ihn die nachträglichen Schritte, die zu seinem beruflichen Aufstieg führten, nachvollziehen. Er besuchte die Universität, er hatte eine Idee, die zur Entwicklung einer neuen Software führte, und er überzeugte zwei Risikokapitalgeber, in eine Firma zu investieren, die er mit zwei Kommilitonen zusammen aufbauen wollte. Heute führt er immer noch ein Tagebuch, in das er vor allem Fakten aufschreibt; daneben besitzt er aber noch ein weiteres, das in drei Kategorien unterteilt ist: Herausforderungen, ungenutztes Potential und besondere Fähigkeiten.

## Tagebücher und Entscheidungen

Tagebücher helfen uns, Entscheidungen zu treffen. Jede der zehn erwähnten Kategorien entspricht unserer Handlungsweise im Leben. Eine Möglichkeit, um bestimmte Situationen zu deuten, ist die Suche nach den Zeiten, in denen wir eine bestimmte Entscheidung trafen und dies unserem Leben eine neue Richtung gab. So etwa gab eine Mutter aus Florida nach der Geburt ihrer Tochter ihre Arbeitsstelle auf, befürchtete jedoch in der Folge einen Karriereknick. Als sie zehn Jahre später in ihrem Tagebuch über die damalige Entscheidung las, merkte sie anhand der nachfolgenden Einträge, wie ihre Angst sie antrieb, ihre Fähigkeiten auszuschöpfen und ein Gleichgewicht zwischen Mutterschaft und Beruf zu finden.

Sie können ein großes Bestandsverzeichnis an Situationen anfertigen, indem Sie sich überlegen, wie Sie ein Gefühl für Ihren eigenen Wert oder Ihre besonderen Fähigkeiten entwickelten. Hinweise finden sich oft versteckt an den Stellen des Tagebuches, an denen wir über einen Konflikt oder Schwierigkeiten geschrieben haben. Mary Brandt, eine Chirurgin, führt seit Jahren Tagebuch, zu dem sie von ihrem Vater, der sein Leben lang eines führte, angeregt wurde. Kürzlich dachte sie über ein Ereignis nach und gestaltete daraus zwei Geschichten, die etwas über ihre Stärken aussagten.

In der Notaufnahme eines Krankenhauses musste Mary als junge, unsichere Assistenzärztin ein achtjähriges Mädchen operieren, das von einem Lastwagen angefahren worden war. Es war das erste Mal, dass sie den Brustkorb eines Menschen öffnete. Eines Nachmittags nahm sie sich zehn Minuten Zeit und hielt dieses Ereignis als einen kurzen Schnappschuss in ihrem Tagebuch fest. Plötzlich tauchte eine ältere Erinnerung auf: »Das Leben dieses Kindes lag in meinen Händen. Ich rief allen um mich herum Befehle zu, während ich auf die Krankentrage stieg, mich rittlings auf das Mädchen setzte und begann, ihr Herz rhythmisch zu massieren. In regelmäßigen Abständen unterbrach ich die Herzmassage, wenn das Herz von sich aus zu schlagen begann. Und dann wieder aufhörte.« In ihr Tagebuch notierte Mary, wie sie dem Mädchen zuflüsterte: »Komm schon, komm schon.« Als sie diesen Satz in ihrem Tagebuch las, fiel ihr ein Erlebnis ein, an das sie schon seit Jahren nicht mehr gedacht hatte. Als Kind war Mary in einem See weit hinausgeschwommen und hatte die Distanz, die sie zum Ufer zurückschwimmen musste, unterschätzt. Sie geriet in Panik und glaubte, das Ufer niemals erreichen zu können. Sie erinnert sich aber, dass sie nach jeweils zehn Schwimmstößen, die sie ebenso rhythmisch ausführte wie später die Herzmassage an ihrer Patientin, die Stimme ihres Vaters hörte. »Er flüsterte mir zu: ›*Du schaffst es.*‹ Und plötzlich wusste ich irgendwo tief in mir drin, ich würde es schaffen.« Ihre Beharrlichkeit – »dieser Ort, wo unsere Stärke sitzt, wo die Furcht nachlässt« – war eine Eigenschaft, die sie auch in den Abschnitten ihres Tagebuches fand, in denen sie über ihre Ausbildung und die Gründe für ihre Berufswahl geschrieben hatte. Sie erklärte auch, warum es ihr leicht fiel, andere Menschen zu ermutigen.

Cherie Taylor war schon immer bereit gewesen, vorgefasste Meinungen zu bekämpfen. Als sie sich die Zeiten ihres Lebens, in denen sie wichtige Entscheidungen treffen musste, genauer ansah, erkannte sie dahinter eine besondere Fähigkeit: die Entscheidung, die juristische Fakultät zu besuchen; die Entscheidung, ihre Anwaltskanzlei aufzugeben; die Entscheidung, einen Lehrauftrag an der juristischen Fakultät einer großen Universität in Texas anzunehmen. In ihrem aktuellen Tagebuch hat sie ein Ereignis aufgeschrieben, das sie zuvor noch nie schriftlich festgehalten hatte. Die Erinnerung an dieses Ereignis wurde durch verschiedene Lebensmuster wachgerufen, die sie aufgrund ihrer alten Tagebücher erkannt hatte. »Ich bin Primarschülerin an der Stachelford Schule und besuche die 4. Klasse. Ich sitze in der letzten Reihe. Es ist später Nachmittag. Miss Peters fragt uns, was wir werden wollen, wenn wir einmal erwachsen sind. Die Buben sagen: Arzt, Feuerwehrmann, Fußballspieler, Polizist, Autoverkäufer. Die Mädchen sagen: Krankenschwester, Mutter, Lehrerin, Mutter. Als ich aufstand, um meinen Berufswunsch mitzuteilen, wusste ich, dass die anderen überrascht sein würden. Schließlich wurde in der 4. Klasse nicht viel von mir verlangt; vor allem erwartete niemand, meinen wahren Charakter zu sehen. Ich atmete tief ein und platzte mit meinem Wunsch heraus, bevor ich überhaupt richtig auf den Beinen stand – was gefährlich war, denn ich war ungeschickt. Dann war es vollkommen still. Schließlich rief ein Junge, ›Das geht aber nicht!‹ ›Warum nicht?‹, rief ich zurück. ›Mädchen können nicht Anwalt werden‹, meinte er, während ich mich wieder hinsetzte. ›Mädchen können alles werden‹, antwortete ich.« Diese Erinnerung ließ Cherie nicht nur daran denken, wie sie sich das erste Mal in ihrem Leben behauptet hatte, sondern zeigte ihr auch, auf welche Art und Weise sie später ihr Selbstvertrauen zu wahren wusste: durch Humor und die Fähigkeit, wenn nötig, Widerstand zu leisten.

## Aha-Erlebnisse des Bewusstseins

Sogar in Tagebüchern, die nur sporadisch geführt werden oder voller Klagen sind, lassen sich Schlüsselmomente finden. Sie sind die Aha-Erlebnisse unseres Bewusstseins. Wenn wir Tagebücher führen, um die seismischen Erschütterungen unseres Lebens aufzuzeichnen, so machen wir Andeutungen, die die Veränderungen in der nahen Zukunft anzeigen. Wie können wir diese finden? Im Chinesischen bedeutet das Schriftzeichen für das Wort »Krise« auch »Gefahr« und »Chance«. Suchen Sie in Ihren Tagebüchern nach Einträgen, in denen Sie sowohl über Gefahren als auch über Chancen schreiben. Ich nenne diese Stellen »Spannungspunkte«. Es sind die wichtigen, manchmal sehr kurzen Augenblicke, in denen zwei Empfindungen – eine alte und eine neue – aufeinander treffen. Wenn wir sie erkennen, wird uns bewusst, dass wir uns einmal mehr in Frage stellen.

Es gibt einen einfacheren Weg, diese Schlüsselmomente zu finden, als in alten Tagebüchern nach ihnen zu suchen. Schreiben Sie einen narrativen Schnappschuss von maximal zwei Seiten Länge. Erinnern Sie sich an eine Zeit in Ihrem Leben, als es Ihnen schlecht ging oder Sie es zumindest so *empfanden*. Dabei können Sie eine komische Situation (ein Rendezvous in Ihrer Jugend, das völlig verkehrt lief) oder eine tragische (ein Baby zur Adoption freigeben) beschreiben. Das Ausschlaggebende ist, so wenige Informationen wie nur möglich zu verwenden: nur zwei Personen (Sie als Viertklässlerin und der furchtbare Mathematiklehrer), an einem Ort (ein staubiges Klassenzimmer), während eines Tages. Was war Ihre plötzliche Einsicht oder Entdeckung? Joan Didion wurde am College nicht in die studentische Verbindung Phi Beta Kappa aufgenommen. Die Abweisung führte sie zu einer tieferen Einsicht über Selbstrespekt. »Ich verlor die Überzeugung, dass in meinem Leben alles wie am Schnürchen zu laufen hatte. Ich verlor die angenehme Sicherheit, dass mir meine angeborenen Tugenden, für die ich in meiner Kindheit viel Anerkennung bekommen hatte, immer Glück und Ruhm garantieren würden.«

Wenn man allein die Ereignisse eines Tages aufzeichnet, entstehen im Tagebuch daraus Dutzende von einzelnen Szenen, die eher knapp zusammengefasst als ausführlich dargestellt sind. Die Muster sind alle da, doch die Einträge sind durcheinander wie ungeordnete Diapositive. So erging es der Tagebuchschreiberin Audrey Lee aus Philadelphia, die als Arbeitslose für kurze Zeit durch alle sozialen Maschen der Gesellschaft gefallen war. Wegen gesundheitlicher Probleme und Schwierigkeiten am Arbeitsplatz wurde sie »zwischen November 1981 und September 1982 obdachlos«. In ihr Tagebuch notierte sie: »Ich hielt in meinen Händen einen Schlüsselbund voller Schlüssel zu Türen, zu denen ich keinen Zugang mehr hatte; zu Schlössern, die ich installiert hatte und nun hinter mir lassen musste.«

In dieser außerordentlich schwierigen Zeit ihres Lebens half ihr das Tagebuch, ihre Würde zu wahren und ein klareres Bild von sich selbst zu bekommen. »Nachdem ich sechs Monate lang bei fremden Menschen gewohnt hatte, begriff ich, wie wichtig ein Tagebuch ist. Ich hatte große Angst, meine Identität zu verlieren. Da, in diesen verwahrlosten Zimmern mit den schiefen Türen, hatte ich immer das Tagebuch bei mir und schrieb.« Aus Angst, ihr Tagebuch zu verlieren, nahm sie es mit zum Fluss hinunter, wo sie über ihre Situation nachdachte. »Ich schrieb über die Ereignisse des Tages. Erst als ich meine Tagebucheinträge später wieder las, wurde mir bewusst, dass mich meine Widerstandsfähigkeit und Ausdauer gerettet hatten.«

Das Tagebuch enthielt eine ganze Reihe von Situationen, denen Herausforderung, Furcht, besondere Stärken und Fähigkeiten zugrunde lagen. Wenn sie bei McDonald's aß, merkte sie, dass sie es sich gemütlich machen wollte wie zu Hause, indem sie »Servietten auf dem Tisch ausbreitete, die ihr als Tischtuch dienten«. Sie schrieb aber auch über »eine offensichtlich obdachlose Frau«, die an einem Tisch in der Nähe ihre Habe sortierte. »Ich erkannte, dass ich im Begriff war, so zu werden wie sie.« In einem Tagebucheintrag beschrieb sie zum ersten Mal das, was sie später ›Scheideweg‹ nannte. Ihr Scheideweg war sowohl real als auch symbolisch. »Als ich an einem bitterkalten Tag an einer Kreuzung auf den Bus wartete, der mich zu meiner damaligen Zeitarbeitsstelle bringen sollte«, meint sie, »bemerkte ich hinter mir das Geschäft eines Steinmetzen. Ich sah einen Grabstein, auf dem der Name Audrey eingemeißelt war. Nur der Name stand darauf, kein Geburtsdatum, kein Todesdatum. Da ich eine blühende Phantasie habe, war ich sehr aufgebracht.« Ihren eigenen Namen auf einem Grabstein zu sehen ließ ein neues Thema in ihre Tagebuchaufzeichnungen aufkommen: die Nutzung ihres Potentials.

Audrey begann wie immer an Silvester »um Mitternacht, als Übergang in das kommende Jahr« ein neues Tagebuch zu schreiben. Der erste Eintrag lautete: »Ich habe dieses Jahr als Obdachlose begonnen. Ich möchte nichts sehnlicher, als mein Leben wieder in den Griff zu bekommen und in ordentliche Bahnen zu lenken.« Aus diesem Grunde suchte sie in ihren Tagebüchern nach Stellen, in denen sie Gedanken und Erfahrungen zu den Begriffen Kraft und Ausdauer aufgeschrieben hatte. Audrey unterstrich die Lehren, die sie daraus gezogen hatte: »Man sollte möglichst nicht aus Verzweiflung heraus handeln, da man sich sonst leicht zu Kompromissen hinreißen lassen könnte, die man unter anderen Umständen nicht eingehen würde. So etwa muss man nicht unbedingt ein Zimmer in einem schmutzigen Haus mit unsympathischen Bewohnern annehmen, nur weil es einem angeboten wird.«

Audrey erinnerte sich daran, wie sie Thoreau in einem Kurs an der Abendschule entdeckt hatte, und begann ein Weisheitstagebuch mit der Überschrift *Fragmente* zu führen, in das sie nur Zitate aufschrieb. Es half ihr, eine positive Einstellung zu wahren. Sie war eine begeisterte Leserin und fand in der Bibliothek das Buch des Dichters W. H. Auden *My Belief,* während sie nach Lektüre über berufliche Sachkenntnisse suchte. Ein Zitat von Auden wurde zu ihrem Motto: »Glückliche und gute Menschen haben ihre Berufung in ihrem Beruf gefunden. Welche Berufungen und Berufe in einer Gesellschaft vorhanden sind, hängt von den Werten der Gesellschaft ab.«

Auch heute, lange nachdem sie eine Stelle in einer Anwaltskanzlei gefunden hat, führt Audrey ein Tagebuch, um ihren Lebensweg zu begreifen: »Ich schätze meinen Stuhl, weil es einmal der einzige war, den ich hatte; ich sehe das Sonnenlicht auf der Tagesdecke auf meinem Bett und weiß, dass es kein Leben ohne Schatten gibt.« Mittlerweile schreibt Audrey in ihr Tagebuch über die Unsicherheit, die das Älterwerden mit sich bringt, doch sie denkt auch oft an ein Gedicht, das sie schrieb, als sie noch obdachlos war. Die letzte Zeile lautet: »Gnade dauert ewig und sorgt für das eigene Wohlbefinden.«

Eine Frau, die zum ersten Mal und eher widerwillig ein Tagebuch führte, entdeckte wichtige Lebensmuster auf eine ungewöhnliche Weise. Sie schrieb diese Einträge beinahe *nicht* auf. Zu jener Zeit wohnte sie vorübergehend in einem Frauenhaus, das von der Kirche eingerichtet worden war. Dahin war sie zusammen mit ihrem dreijährigen Sohn vor ihrem Ehemann, der sie misshandelte, geflüchtet. »Hier, an diesem Ort, schrieb ich alles auf. Ein Angestellter gab meinem Sohn ein Schreibheft zum Zeichnen. Ich beachtete das Heft, das ich erhielt, zunächst nicht weiter. Aber später begann ich zum Zeitvertreib eine Art Tagebuch zu führen.

Ich hatte nur einen blauen Kugelschreiber, dessen Tinte auslief. Als er leer war, lieh ich mir einen Kugelschreiber von jemand anderem. Eine Woche später nahm ich wieder das Tagebuch hervor. Ich wollte einige Dinge aufschreiben, die mein Sohn mir gesagt hatte, wie etwa, dass er sich nicht mehr so sehr fürchtete, sich sicherer fühlte. Doch als ich das Heft öffnete, sah ich nichts als Tinte. Keine Worte. Nur Tinte: schwarz und blau. Schwarz und blau. Ich kann Ihnen gar nicht sagen, warum, aber bei diesem Anblick stockte mir der Atem. Plötzlich begriff ich alles. Die Seiten sahen aus wie Blutergüsse, die meine Zukunft hätten bestimmen können. Als ich sie sah, wusste ich, dass ich etwas ändern musste.« Das Tagebuch, in das sie Woche für Woche ihre Fortschritte aufschrieb, half ihr, mit der Zeit mehr Selbstvertrauen zu entwickeln. Heute führt sie ein Tagebuch, das sie später einmal ihrem Sohn überreichen möchte. Es enthält viele Einträge zu den Themen Gesundheit und Dankbarkeit, die in grüner Tinte geschrieben sind, denn »so werde ich daran erinnert, dass ich alleine für uns sorgen kann«.

## Fakten und tiefere Wahrheiten

»Man kann nicht alle Ereignisse, die an einem Tag geschehen sind, aufschreiben«, meint die Professorin Susan Suleiman von der Harvard University. »Unser Verstand oder unsere Phantasie müssen ständig entscheiden und eine Auswahl treffen.« Wenn Sie Ihre Tagebücher wieder lesen, werden Sie sehen, wie viele Informationen Sie bewusst ausgewählt haben, um sie aufzuschreiben – und wie viele Sie aus ebendiesem Grunde weggelassen haben.

Um vergessene oder weggelassene Einzelheiten schnell zu finden, können Sie die wichtigen Informationen in Ihrem Tagebuch mit einem Leuchtstift hervorheben – wie etwa eine Verabredung, die Sie abgesagt haben, oder einen alten Bekannten, der Ihnen zufällig begegnet ist. So können Sie ganze Tage oder Erinnerungen, die hinter diesen Informationen stehen, rekonstruieren. Falls Sie täglich ein Tagebuch führen, dann fassen Sie wöchentlich die wichtigsten Ereignisse zusammen. Entnehmen Sie Ihrer Zusammenfassung die wichtigsten Situationen, und schreiben Sie diese auf einer Liste auf. Vergleichen Sie die Listen jeweils einmal pro Monat miteinander.

Um die wichtigen Ereignisse und Perioden in Ihrem Leben finden zu können, empfehle ich Ihnen, am Ende eines Jahres Ihre Tagebücher wieder zu lesen. Der Monat Januar ist nach dem römischen Gott Janus benannt, der Beginn und Ende versinnbildlicht. Beenden Sie das alte und beginnen Sie das neue Jahr, indem Sie alle Veränderungen auflisten, die in Ihrem Leben stattgefunden haben, und sich neue Ziele setzen.

## Ereignisse und ihre Bedeutung

Oft führen Lebensumstände dazu, dass wir uns nur auf ein wichtiges, aktuelles Thema konzentrieren und darüber schreiben – etwa über die Geburt eines Kindes, eine neue Arbeitsstelle, einen Karrierewechsel oder das Ende einer Ehe. Doch Suzanne Weeks, die als Schriftstellerin für das öffentliche Fernsehen schreibt, besitzt Dutzende von ausführlichen Tagebüchern, in denen es immer wieder um Themen wie wichtige Entscheidungen und problematische Lebenssituationen, die sie gemeistert hat, geht. Nach einer Operation, bei der ihr vor kurzem ein Hirntumor entfernt wurde, half ihr der Inhalt ihrer Aufzeichnungen, optimistisch zu bleiben und zu genesen. Weeks' vielfältige Verwendung ihrer verschiedenen Tagebücher ist eine Technik, die vielen Menschen helfen könnte, eine ähnliche Lebenskrise zu bewältigen: Man führt ein Tagebuch über die aktuelle Situation, um sich von der »Unmittelbarkeit der Krankheit« zu distanzieren. Gleichzeitig konsultiert man die alten Tagebücher, um »praktische Entscheidungen bezüglich der Gesundheitsfürsorge zu treffen, indem man die Alternativen, die man hat, so ruhig und emotionslos wie möglich prüft«. Die Bewältigung früherer Situationen, wie sie in den alten Tagebüchern dargestellt wird, hilft, gegenwärtige Entscheidungen zu fällen. »Es ist sehr hilfreich, die alten Tagebücher zu lesen und zu wissen, dass ich überlebt habe.«

Weeks, die seit dreißig Jahren Tagebuch führt, las als Kind *Das Tagebuch der Anne Frank*. Sie war tief bewegt von der »Anmut, zu der ein Mensch finden kann, wenn er sich bemüht, seine Umwelt auch unter den widrigsten Umständen wahrzunehmen und zu verstehen«. Da »eine Krankheit den normalen Lauf des Lebens unterbricht«, liegt bei ihr zu Hause oder auf dem Nachttisch im Krankenhaus immer ein Notizheft. »Ich schreibe Schlüsselworte und -sätze auf, die später einmal meiner Erinnerung auf die Sprünge helfen sollen. Ich habe auch Zeittabellen und medizinische Schemata über den Verlauf der Krankheit gezeichnet, zu denen ich mir später einmal Gedanken machen werde. Ich schreibe auf jedes Stück Papier – auch auf das Schreibpapier, das im Krankenhaus für Krankenberichte verwendet wird. Die Muse erscheint oft während der Krankheit, aber sie spricht nicht immer in ganzen Sätzen.«

Es war sehr hilfreich, »ein paar Wochen nach der Operation die Tagebuchaufzeichnungen über den chirurgischen

Eingriff zu lesen, als das Erinnerungsvermögen nicht mehr von den Medikamenten beeinträchtigt war. Im Rückblick erscheint mir das Schreiben über die Folgen der Behandlung sehr wichtig.« Es war auch wichtig, langfristige Entscheidungen schriftlich festzuhalten. Weeks erkannte, dass ihr Entschluss, sich einer intensiven Chemotherapie zu unterziehen, richtig war, nachdem ihr der Arbeitgeber ihren Arbeitsplatz zugesichert hatte. Während der zweiten Hälfte ihres bezahlten Krankenurlaubs beendete sie ein Buch, das sie wegen ihrer Krankheit nicht früher hatte fertig schreiben können. Für dieses Buch »suchte ich nach Situationen, die auf meine Ablehnung oder Akzeptanz meiner jetzigen Situation hinwiesen«. In diesem Zusammenhang stellte sie sich Fragen wie: »Was wünsche ich mir am meisten im Leben? Was nimmt mir meine Krankheit am meisten? Was gibt sie mir?«

Weeks führt auch Weisheitstagebücher, die sie durch gute und durch schlechte, von der Krankheit gezeichnete, Zeiten führen. Hier sind einige Beispiele der von ihr gesammelten Zitate: »Wir können am Ende jedem Leid oder unverständlichem Schicksalsschlag etwas Gutes abgewinnen, wenn wir standhalten und lange genug darüber nachdenken« (May Sarton). »Talent im höchsten und im weitesten Sinne bedeutet Talent zum Leben« (Boris Pasternak). Das Zitat, das in Weeks' Weisheitstagebuch immer wieder vorkommt, lautet: »Der beste Weg, um Schwierigkeiten zu überwinden, ist der Weg, der hindurch führt« (Robert Frost). Wenn Weeks ein altes Tagebuch zur Hand nimmt, sinnt sie darüber nach, auf welche Art und Weise die verschiedenen Zitate ihrer gegenwärtigen Situation entsprechen. »Die Zitate, die mich schon immer inspiriert haben, lasse ich einfach stehen. Diejenigen aber, deren Sinn sich für mich verändert hat, analysiere ich in einem neuen Tagebucheintrag und frage mich, wie und warum ich anders empfinde als vorher.«

Oft beginnt sie ihre täglichen Tagebucheinträge, indem sie etwa eine Viertelstunde lang über ein Zitat spontan schreibt. »Eine Krankheit erzeugt manchmal das Gefühl, dass man nicht mehr man selbst ist. Das Schreiben, das Halten des Kugelschreibers, lässt mich aus der Luft eine Kraft schöpfen, die die Wahrheit – und nicht nur die Tatsache – untermauert, dass ich noch *lebe*. Wenn ich meine Beobachtungen aufschreibe, über einen Arztbesuch nachdenke, Ordnung in das Chaos bringe, habe ich die Möglichkeit, meinen Standort täglich neu zu bestimmen und mich selber anzunehmen wie ich bin.« In einem Tagebuch jüngeren Datums bemerkt sie: »Ich habe die Arbeitsstelle und das Haus, von denen ich immer geträumt habe. Ich habe Energie, ich habe Haare und sogar ein Gewicht, das endlich als normal bezeichnet werden kann. Ich habe schlechte Tage, die voller Bitterkeit und Wut sind, doch ich weiß, dass ich jetzt das Glück *wähle*.«

Seit sie wieder zu Hause ist, empfindet sie es als eine Wohltat, wieder Beobachtungen in ihr Tagebuch notieren zu können. Ein Eintrag, den sie erst vor kurzem aufgeschrieben hat, lautet: »Viele aufregende Momente: Knospende Bäume in Harvard Yard. Die Stimmen von Kindern. Die lustigen vierpfotigen Spuren von Katzen und Hunden. Liebe. Die riesige runde Röhre, in der ich liege, während surrende Linsen Bilder von meinem Hirn machen. Heute, am Osterwochenende, ist es sechs Jahre her, dass ich das erste Mal am Gehirn operiert wurde. Ein weiterer Kreis schließt sich.«

Tagebücher sind, wie das Leben, das in ihnen aufgezeichnet wird, die Gegenwart. Wenn wir ihre Muster endlich verstehen, können wir uns ein neues Bild von unserem Leben machen. Jede Seite unseres Tagebuches ist ein Trittstein im Fluss, der uns hilft, sicher ans andere Ufer zu gelangen.

## *Übungen und Anregungen*

- Denken Sie zurück an ein bestimmtes Ereignis, das Ihre *heutige* Weltsicht prägte, obwohl es Ihnen damals wahrscheinlich nicht bewusst war. Dabei muss es sich nicht um eine besonders dramatische Lehre oder Offenbarung handeln. Es kann einfach eine Situation sein, die Sie plötzlich selbstbewusster werden ließ. Oder es könnte sich um ein Ereignis handeln, das nicht ganz planmäßig verlief, aber dazu führte, dass Sie sich selbst nicht mehr so ungeheuer wichtig nahmen. Beschreiben Sie das Ereignis in groben Zügen auf einer Seite. Lesen Sie das Geschriebene nach zwei Tagen wieder. Achten Sie darauf, wie sich seither Ihre Wertvorstellungen gewandelt und welche Veränderungen in Ihrem Leben stattgefunden haben. Was waren die versteckten Lehren? Was war der versteckte Segen?

- Schreiben Sie Schnappschüsse über entscheidende Zeitabschnitte in Ihrem Leben. Am besten konzentrieren Sie sich entweder auf eine Zeit, in der Sie sich eindeutig benachteiligt fühlten, oder auf ein Ereignis, das Sie zu neuen Einsichten führte und Ihre Sicht auf die Welt veränderte. Machen Sie diese aufeinander folgenden Schnappschüsse zum Thema eines neuen Tagebuches.

- Falls Sie nur die Vorderseite einer Tagebuchseite benutzen, dann schreiben Sie darauf in einigen Sätzen den Anfang eines Eintrags. Drehen Sie nun das Blatt um, und schreiben Sie in einer anderen Farbe auf, was Sie im Abschnitt auf der Vorderseite weggelassen haben. Was Sie nicht gesagt haben. Was die Ereignisse jenes Tages auslöste.

# 7. Die Ereignisse verknüpfen

> SCHREIBEN IST EINE MÖGLICHKEIT, EREIGNISSE ZU EINER KETTE ZU VERKNÜPFEN ... VERBINDUNGEN WERDEN LANGSAM SICHTBAR. WIE ENTFERNTE LANDSTRICHE, DENEN MAN SICH NÄHERT, BEGINNEN URSACHE UND WIRKUNG SICH EINANDER ANZUPASSEN ... ERFAHRUNGEN ... VERBINDEN SICH UND WERDEN ALS ETWAS GRÖSSERES ERKANNT.
>
> *Eudora Welty*

»Endloser Winter. Es schneit immer noch. Das Bett sieht aus, als wäre ein Schneesturm aus Papiertaschentüchern darüber gefegt. Sie bilden kleine lockere Hügel, schmutzig weiß, wie der Schnee, der sich an jede Ecke Neuenglands klammert.«

Vier Sätze, die ebenso abgezehrt klangen, wie ich mich an jenem Spätnachmittag fühlte. Mehr konnte ich an jenem Tag, als ich mit einem fürchterlichen Schnupfen im Bett lag, den ich mir Mitte Januar geholt hatte, nicht in mein Tagebuch schreiben. Ich war zu krank, um zu arbeiten oder am Schreibtisch zu sitzen, aber gesund genug, um den Verstand beschäftigen zu wollen. (Ich fühlte mich schuldig, wenn ich an den Romanschriftsteller John Gardner dachte, der übungshalber fünf verschiedene Schreibstile benutzte, um über seinen Schnupfen in sein Tagebuch zu schreiben, als er im College war.) Aber an diesem Tag konnte ich einfach nicht schreiben. Lesen war ebenfalls unmöglich. Der Fernseher machte mich nur noch müder, und ich beschloss, ihn erst am Abend wieder einzuschalten. Da erinnerte ich mich an eine Kartonschachtel, die in einem Schrank verstaut lag und in der sich meine alten Tagebücher befanden. Ich hatte sie nie ausgepackt, obwohl ich schon vor Monaten in dieses Haus gezogen war. An jenem verschneiten Nachmittag in Neuengland nahm ich die Tagebücher heraus, die sich ungeordnet und ungleichmäßig zu einem Stapel türmten. Zuoberst lag ein fünf Jahre altes Weisheitstagebuch. War jetzt nicht die richtige Zeit, um es zu lesen? Die Trockenperioden des Lebens – Krankheit, Langeweile, die Leere im Kopf?

Als eine unheimliche Antwort kam mir das Zitat von May Sarton vor, das ich aus ihrem Buch *Journal of a Solitude* abgeschrieben hatte: »Ich vergesse immer, wie wichtig die leeren Tage sind, wie wichtig es ist, nichts Kreatives zu erwarten, nicht einmal ein paar Zeilen in einem Tagebuch. In Bezug auf Arbeit leide ich immer noch an der gleichen Neurose, die auch mein Vater hatte. Ein Tag, an dem man sich nicht bis an die Grenze des Erträglichen gebracht hat, scheint ein kaputter, nutzloser Tag gewesen zu sein. Nicht doch. Unseren Geist hin und wieder ausruhen, wandern und im wechselnden Licht eines Zimmers leben zu lassen, ist das Beste, was wir für ihn tun können.«

Ich hatte vergessen, wie wahr diese Aussage ist. Müßig begann ich durch die anderen Tagebücher zu blättern. Indem man ein Tagebuch wieder liest, dachte ich, setzt man sich einem doppelten Unglück aus: Man findet keine Weisheiten darin, und darüber hinaus merkt man, wie schlecht das Ganze geschrieben ist. Doch stattdessen wurde ich angenehm überrascht. Meine Tagebücher waren gar nicht so schlecht. Meine Erinnerung blühte wie die japanischen Papierblumen, die ich als Kind in eine Schale geworfen hatte. Ich fühlte eine fremde seltsame Zuneigung für die Person im Tagebuch. (Ich *war* damals ein anderer Mensch.) Das Leben, meint Annie Dillard über ihre eigenen Tagebücher, *hat* sich angehäuft, es ist nicht einfach so verstrichen. Mein Schnupfen schien nachzulassen.

Plötzlich war ich dankbar für die stillen Stunden, die vor mir lagen, und ich begann nach Kategorien zu suchen – nach einfachen Möglichkeiten –, das Geschriebene zu ordnen. Etwa eine Stunde später begann ich langsam zu erkennen, an welchen Stellen sich die Geschichten verbargen.

> Als nächste Stufe des Tagebuchschreibens sollten Sie nun beginnen, die Aufzeichnungen zu straffen und umzugestalten, um den Inhalt allmählich zu Geschichten zusammenzufügen.

Hartnäckige Erinnerungen sind nicht nur über das ganze Tagebuch verstreut zu finden, sondern auch in Notizbüchern von Schriftstellern, Reisetagebüchern, Traumtagebüchern und Tagebüchern, in denen Beobachtungen aufgeschrieben werden.

## Inhaltsverzeichnisse

»Wenn ich in meine Tagebuchaufzeichnungen schreibe«, meint Perri Klass, »so ist schon der Akt des Schreibens eine bewusste und gelenkte Handlung. Wer Tagebuch führt, lebt ein erzähltes Leben. Und ein erzähltes Leben ist im Wesentlichen anders; es besteht aus einer zusätzlichen Schicht.«

Die meisten Tagebücher, meint Patricia Hampl, werden zwar »mit Leidenschaft geschrieben, jedoch hinterher kaum jemals wieder gelesen«. Eine Möglichkeit, den Inhalt zu erfassen und den gesamten Stoff in Gruppen zu unterteilen, ist es, ein einfaches Inhaltsverzeichnis anzulegen. Ray Zager, ein pensionierter Anwalt, besitzt eine Bibliothek, in der mehr als 65 Tagebücher stehen. Sie sind alle nach Datum katalogisiert und mit Inhaltsverzeichnissen versehen. »Der Inhalt meiner Tagebücher ist in Registern verzeichnet, damit ich alle Einträge finden und benützen kann.«

Zager übernahm dieses Verzeichnissystem von seinem großen Vorbild R. W. Emerson. »Emerson kannte den Wert der aufgeschriebenen Information. Vor ihm hatten schon sein Großvater und sein Vater Tagebücher geführt. Um keine Zeit mit der Suche nach Einträgen zu verlieren, trug er sie in ein Verzeichnis ein.« Obwohl er schon 74 Jahre alt ist, hat Zager immer noch ein ausgezeichnetes Gedächtnis. »Es ist äußerst hilfreich, ein Verzeichnis zu haben. Mein Tagebuch ist wie eine Zeugenaussage; sein Gedächtnis lässt sich jederzeit überprüfen. Was trägt man in ein Verzeichnis ein? Ortsnamen, Namen von Personen, Träume, Krankheiten, Gespräche, Gefühle, Freunde, Verwandte, Fragen, meine Lehrer, das Gesetz, Begräbnisse, Geschichten aus der Kindheit.« Beim Durchlesen des Verzeichnisses finde ich: »eine Reise nach Haifa; die Erleichterung über ein wiedergefundenes Tagebuch; Einsamkeit; Mutters gedeckter Tisch am Passah-Fest; den Tod meines besten Freundes; intellektuelle Neugier; die Reduktion der Arbeit in der Anwaltspraxis«.

Zagers Registriersystem ist hervorragend.

### Reservieren Sie die letzten drei Seiten Ihres Tagebuches für ein Verzeichnis.

Zeichnen Sie mit Hilfe eines Maßstabes zwei sich kreuzende Linien, die jede Seite senkrecht und waagrecht teilen. Daraus ergeben sich vier Vierecke pro Seite. Tragen Sie in jedes Viereck zwei oder drei Buchstaben des Alphabets ein. Unter manchen Buchstaben werden mehr Einträge stehen, als unter anderen. (A, B, E, S und T brauchen normalerweise ein eigenes Rechteck, da sehr viele Worte mit diesen Buchstaben beginnen.) Wenn zum Beispiel »C« und »D« in einem Viereck stehen, dann schreibt Zager alle Stichworte, die mit diesen Buchstaben beginnen, dort ein. Es

> gehört für ihn zur Routine des Tagebuchschreibens, nach jeweils 15 geschriebenen Tagebuchseiten ein Verzeichnis anzulegen.

Zagers registrierte Tagebücher haben sich nach seiner Pensionierung als unschätzbar erwiesen. »Ich wollte einen Artikel über Ägypten schreiben. Ich erinnerte mich an alle geographischen Namen – Karnak, Nil, Luxor, Kairo –, und ich erinnerte mich auch an das Jahr, in dem ich dort war; also konnte ich problemlos das entsprechende Tagebuch hervorholen. Und siehe da! Im Tagebuch waren eine Menge Informationen über Ägypten, und jedes wichtige Stichwort war im Verzeichnis registriert.« Vor kurzem schrieb Zager seine Memoiren über seine Zeit als Kurier der 71. Infanterie-Division der amerikanischen Armee im Zweiten Weltkrieg. Auch dabei erwiesen sich seine Verzeichnisse als große Hilfe.

Cindy Riede, die gerade ihr Studium im Kreativen Schreiben abschließt, verwendet ein ähnliches Registersystem. »Ich finde es interessant, in Tagebüchern nachlesen zu können, wie sich Geschichten oder Gedichte entwickelt haben.« Um etwa die ersten Stufen eines Romans finden zu können, sucht sie im Verzeichnis nach dem Titel und markiert die Seite mit einem Haftzettel, um die Stelle sofort aufschlagen zu können. Als sie eine Kurzgeschichte überarbeiten wollte, die sie vor ein paar Jahren geschrieben hatte, fand sie »die ersten Samenkörner«, aus denen sich die Geschichte entwickelt hatte. »Ich fand die Listen, die ich für diese Geschichte gemacht hatte, schnell hingekritzelte Fragen und ein ganzes Bündel Ideen. Als ich all das sah, empfand ich Dankbarkeit und viel Respekt gegenüber dem Prozess des Tagebuchschreibens.« Gail Godwin meint: »Ich weiß, dass es einer von uns hat – entweder das Tagebuch oder ich –, und so schlage ich einfach etwas nach, wenn ich mich nicht erinnern kann.«

## Decken Sie Schlüsselstellen auf!

Um ungeordneten Stoff in Tagebüchern zu sortieren und zu straffen, gibt es zwei einfache, aber wirkungsvolle Möglichkeiten: Suchen Sie nach Einträgen, die immer wieder zur gleichen hartnäckigen Erinnerung führen, oder achten Sie darauf, wie häufig ein einzelnes Wort auftaucht. Falls Sie ein elektronisches Tagebuch führen und Ihre Einträge in den Computer tippen, können Sie eine einfache Wortsuche durchführen und die relevanten Textstellen markieren. Eine Tagebuchschreiberin las einmal ihre Einträge über ihren Vater durch und war überwältigt von den vielen Geschichten, die sie aufgeschrieben hatte. Zum Begriff »Vater« waren unzählige Seiten zu finden. Sie merkte schnell, dass auch die Worte »Hand« und »Hände« oft auftauchten. Um den Stoff auszugestalten, wählte sie vier verschiedene Erinnerungen, die sie über ihren Vater niedergeschrieben hatte: Wie er sie als Siebenjährige an die Hand genommen hatte und mit ihr zum Fischen gegangen war. Wie er ihr das Taschengeld in die Hand drückte, als sie aufs College ging. Wie sie später »die arthritischen Gelenke seiner harten, unbeholfenen Hände« streichelte. Wie Vater und Tochter in den letzten Augenblicken seines Lebens ihre kleinen Finger ineinander verschlangen, so wie sie es früher immer getan hatten. Wie sie dabei eine letzte Welle der Kraft spürte, die aus seiner Hand in ihre floss. Die Darstellungen der Hände ihres Vaters hatten ihr eine Idee gegeben, wie sie die Einträge straffen und ordnen konnte. Sie ließen sich aber auch thematisch einordnen unter »inniges Vater-Tochter-Verhältnis«.

Sandy Khan und Patrick Morton spüren verschiedene Muster auf, die sich wie ein roter Faden durch ihre Leben ziehen, indem sie in ihren alten Tagebüchern ihre bedeutsamen Träume nachlesen. Oft liegt einem einzigen Traum ein eigenes Thema zugrunde, wie etwa Bilder von Schlüsseln oder sich öffnenden Türen. Donna Stein begann mit zehn Jahren Tagebuch zu führen, heute besitzt sie mehr als 40 Tagebücher. »Während der vergangenen 18 Jahre habe ich in Tagebüchern meine Träume und kreativen Ideen festgehalten. Sie sind die wichtigste Verbindung zu meinem privaten und kreativen Leben.«

Ein bestimmtes Bild erscheint immer wieder. Als sie ein Kind war, führte ihre Großmutter sie »in ein schönes Gewächshaus in St. Louis, in dem es auch ein Vogelhaus und einen Fischteich gab«. Als sie später ihre Großmutter, die in einem Pflegeheim lebte, wieder besuchte, erinnerte sich Donna an den Garten mit den Vögeln und den Fischen. »Ich erzählte ihr, dass ich als Kind geglaubt hatte, der Himmel – falls es ihn gab – müsste ebenso aussehen wie dieses Gewächshaus. Darauf sagte meine Großmutter, ›Ich werde es dich wissen lassen‹.«

»Einige Wochen später war mein Mann auf einer Reise, und meine Kinder schliefen auf dem Schlafzimmerboden. Plötzlich wachte ich um Mittenacht aus einem Traum auf, in dem ich alles hatte deutlich erkennen können. An den Schlafzimmerwänden sah ich leuchtende Bilder von Pflanzen und Fischen, die sich kaskadenförmig auf der Tapete ausbreiteten. Mehrere goldene Lichtkugeln glitten über mich und die Kinder. Am nächsten Tag rief mich mein Vater an und sagte mir, dass meine Großmutter um Mitternacht gestorben war. Ein Jahr später leitete ich mit diesem Traum eine Kurzgeschichte ein, die veröffentlicht wurde.«

## Erforschen Sie Ihre Herkunft!

Um Ereignisse miteinander zu verknüpfen, ordnen Sie zunächst Ihre Schnappschüsse in zehn Kategorien – wie etwa Fähigkeiten oder versteckter Segen –, wie sie im letzten Kapitel besprochen wurden. Die größte Gruppe werden Schlüsselmomente bilden, in denen es um Konflikte, Vertrauen oder Sehnsüchte geht. Lori Petersen war das »898 ste koreanische Kind, das in den USA adoptiert wurde« und aufwuchs. Der Erfolg in ihrem Leben war immer überschattet gewesen von dem geheimen Wunsch, »die Menschen kennen zu lernen, die so aussahen wie ich. Wo sind sie? Wer sind sie? Wenn diese Fragen beantwortet sind, werde ich wissen, wer ich bin.« Da sie keine Erinnerung mehr an ihre Kindheit in Korea hatte, schrieb sie in ihr Tagebuch eine Reihe von Briefen an ihre leibliche Mutter. »Ich bin eine erwachsene Frau. Neulich habe ich an dich gedacht und mich gefragt, wie du wohl bist und ob ich so aussehe wie du. Ein liebevolles Ehepaar, das mich nicht mehr hätte lieben können, wäre ich sein leibliches Kind gewesen, adoptierte mich. Sie haben mir beigebracht, mich auf meinen gesunden Menschenverstand zu verlassen und Mitgefühl mit anderen Menschen zu haben. Trotzdem habe ich dich mein Leben lang vermisst. Du mich auch?« Die Briefe ermöglichten Lori, ihre Sehnsucht auch in einer anderen Form zum Ausdruck zu bringen: sie stellte eine Anthologie aus Geschichten über koreanische Kinder zusammen, die in Amerika adoptiert worden waren. Auf diese Weise hob sie den »Schleier des Schweigens«, der über einer Kindheit außerhalb der ursprünglichen Heimat liegt.

Als Cathryn Griffith die Familienchronik für ihre Tochter Sarah zusammenstellte (vgl. Kap. 5), fiel ihr auf, dass sich in verschiedenen Dokumenten die prägenden Lebensmuster widerspiegelten, die auch ihr Leben charakterisierten: Auf der Seite ihrer Mutter war jede Frau schon in jungen Jahren Witwe geworden; auch Cathryns Mann war an Krebs gestorben. Jede der Witwen übernahm das Geschäft des verstorbenen Ehemannes und jede erwies sich als erfolgreiche Geschäftsfrau. Als Hintergrundgrafik der Chronik verwendet Cathryn den ersten Familienstammbaum, der die Frauen als einzelne vergessene Linien zeigt.

Cathryn hebt in ihrer Chronik die seltsamen Verbindungen und Zufälle des Lebens hervor. Neben Auszügen aus der Familiengeschichte (z. B. Vorfahren, die sich zunächst in Cambridge, Massachusetts, ansiedelten) stehen in Kursivschrift Ereignisse aus Cathryns eigenem Leben: wie sie etwa im Alter zwischen 20 und 30, als sie noch wenig über ihre Vorfahren wusste, »nur einen halben Kilometer von dem Ort entfernt wohnte, an dem sich ihre eingewanderten Vorfahren 330 Jahre vorher niedergelassen hatten«. Cathryns Chronik ist ein optisch und inhaltlich prächtiges Kunstwerk geworden. Die Seiten des kleinen Buches sind Faltblätter, die sich wie ein Akkordeon auseinander ziehen lassen und deren zickzackförmige Anordnung schon auf die vielfältigen Lebensgeschichten von Cathryns Vorfahren hinweist. Die Bilder im Buch – Schiffe, Planwagen, Autos – spiegeln in einer Kurzfassung den Wandel der Zeit; Segelboote verbinden Cathryn, ihren Ehemann und ihre Tochter.

Die fertige Chronik ihrer Mutter war zum Teil der Grund für Sarahs Entscheidung, eine Ausbildung als Buchkonservatorin zu beginnen. Als sie das Tagebuch ihrer Ururgroßmutter las, das zwischen 1868 und 1925 entstanden war, merkte sie, wie die darin erwähnten Geschichten die Stärke und Kraft dreier Generationen von Frauen in der Familie vorausahnen ließen: Berufung: 1868 (im Alter von 20 Jahren): »Ich frage mich, was meine Aufgabe sein wird«; Aufzeichnungen über die Familie: 1879 (im Alter von 31 Jahren): »Ich möchte gerne ein Tagebuch führen und meinen Kindern hinterlassen, damit sie einen Nutzen daraus ziehen können. Denn was würden sie jemals von mir wissen, falls mir etwas zustößt?«; 1905 (im Alter von 58 Jahren): Hunger nach Leben: »In der Bibel steht, es gebe eine Zeit zu tanzen. Wenn das stimmt, dann ist meine jetzt gekommen.«

# Straffen und gestalten Sie den Stoff!

Lallie Lloyd begann im Alter von 30 Jahren, Tagebücher »als kreative und spirituelle Dialoge« zu führen. »Jedes Tagebuch hat zu meiner Denkweise und zu meinen Anschauungen beigetragen.

In Tagebüchern manifestiert sich der erste skizzenhafte Entwurf unseres Selbst. Sie müssen oft geduldig warten, bis unsere Erfahrungen anfangen, Sinn zu machen.« Als ich Lallie begegnete, war sie dabei, eine Familienchronik zu straffen und neu zu gestalten. Wessen Geschichte sollte zuerst geschrieben werden? Was sollte im Mittelpunkt stehen? Was sollte sie einbeziehen und was auslassen? Ich riet ihr, nicht mit alten Tagebüchern zu beginnen, sondern mit drei narrativen Schnappschüssen – Gegenstand, Ort, einzelnes Ereignis – aus ihrem eigenen Leben. Auf diese Weise würde sie die Geschichten, die sich hinter den Fakten verbargen, erschließen. Sie schrieb einen Schnappschuss pro Woche. Doch bevor sie überhaupt anfing, die Schnappschüsse zusammenzufügen, fand sie schon im ersten Hinweise und Muster. Für den Schnappschuss, in dem sie einen Gegenstand beschrieb, wählte sie ein Objekt aus, das ihr zu der Zeit seltsam vorkam: der Kopf eines Engels aus geschnitztem Holz. »Das Holz der braunen Figur war im Laufe der Jahre verwittert und durch häufiges Berühren glatt geworden.« Die Figur stand unauffällig auf einem Schreibtisch, der »voller Andenken und Bücher« war und ihrem Ehemann, einem Pfarrer, gehört hatte.

Als Lallie sich an den Schreibtisch setzte, dachte sie, die Figur würde sie dazu bewegen, die Geschichte ihrer Ehe aufzuschreiben: Wie sie als 19-Jährige Scott kennen gelernt hatte, als sie beide an der Yale University studierten, wie sie nach ihrem Abschluss geheiratet und kurz nacheinander zwei Kinder bekommen hatten. Doch als sie zu schreiben anfing, entstanden zwei ganz andere Geschichten. In der ersten setzte sie sich mit dem Tod ihres Mannes auseinander, der kurze Zeit vorher auf einer Reise plötzlich gestorben war. Die zweite Geschichte, die weitaus länger und komplexer war, handelte von einer anderen Person. »Der Engel sieht gar nicht aus wie sie«, schrieb Lallie über die Figur. Erst als sie einen weiteren Schnappschuss aufzuschreiben begann, nahm die geheimnisvolle »sie« Form an. Es war ihre dreijährige Schwester Muffy, an die sie sich nur dunkel erinnern konnte. An einem Tag, als ihre Eltern nicht zu Hause waren, nahm die Haushälterin die damals fünfjährige Lallie, die jüngere Muffy und zwei Nachbarskinder mit auf eine Autofahrt. Muffy saß auf dem Rücksitz. Plötzlich hörte Lallie das seltsame Knacken einer Türe, die sich öffnete. Jahrzehnte später hatte sich die Autofahrt in Lallies Gedächtnis als ein »zweidimensionales Bild, zerrissen und erstarrt«, eingeprägt: »Große, kahle Bäume im grauen Januarlicht, ein kleines blondes Kind auf der Straße. Es regt sich nicht, liegt auf dem Rücken, eingemummt in ihren Wintermantel; an den Füßen trägt es rote Ledersandalen.«

Über den Unfalltod ihrer Schwester wurde im Elternhaus kaum gesprochen. »Meine Mutter erzählte mir, meine kleine Schwester wäre nun mein Schutzengel. Was für ein Glück! Denn wer kann schon alleine leben?« Im Schnappschuss, in dem sie einen Ort beschreibt, tauchte ein beklemmendes Bild aus einem Traum auf, den Lallie als 12-Jährige geträumt, aber nie aufgeschrieben hatte. »Ich trug Muffy über eine sonnige Veranda in die warme und gemütliche Küche. Die eine Seitenwand der Veranda war aus Glas, auf der Wand gegenüber war ein Regal angebracht, auf dem der Milchmann die Milch hingestellt hatte«. Im Traum versuchte Lallie, an engen Stellen vorbeizukommen: »Doch obwohl ich nur langsam voranschritt, war ich nicht vorsichtig genug und eines ihrer Beine streifte das Regal. Meine Schwester explodierte in meinen Armen.«

Die einfache Holzfigur war für Lallie unbewusst ein Symbol gewesen, dessen Bedeutung sie jetzt erkannte: ihre Schwester und später ihr Ehemann waren die ersten von mehreren »irdischen Engeln« in Lallies Leben gewesen. Durch diese Menschen hatte sie gelernt, dass man nach einem Verlust »wieder leben und lieben kann«. Das thematische Muster wurde zu einem Weg, den Stoff zu ordnen. Als sie die Schnappschüsse aneinander reihte, merkte sie, dass auch andere Menschen in der tragischen Geschichte um ihre Schwester eine Rolle spielten: ihre Mutter und eine begabte Lieblingskusine. Die Geschichte, die Lallie aufgeschrieben hatte, brachte sie dazu, ihre Freundinnen aus der Kindheit aufzusuchen, die an jenem Januartag ebenfalls im Wagen gesessen waren. Niemand hatte sich je mit ihnen über Muffys Tod unterhalten. Lallie entdeckte, dass sie sich 30 Jahre lang für einen Unfall verantwortlich gefühlt hatten, an dem sie völlig unschuldig waren.

Die Gespräche halfen ihnen, ihre Schuldgefühle als Überlebende des Unfalls zu überwinden. Auf dem Heimweg erkannte Lallie, dass die ehrliche schriftliche Auseinandersetzung mit dem plötzlichen Tod ihres Ehemannes ihr auch ihre eigenen Schuldgefühle genommen hatte (zur Zeit seines Todes lebte das Ehepaar getrennt). In weiteren Schnappschüssen griff sie auf den Inhalt ihrer alten, vergessenen Tagebücher zurück. In einem weiteren Schritt schrieb sie die Ereignisse einzeln in je einer Szene auf. Dabei wählte sie aus jedem Jahrzehnt besonders wichtige Ereignisse, die ihr Familienleben betrafen. Indem sie sich intensiv mit den Schlüsselmomenten beschäftigte, erkannte sie, dass sich die Lehren, die uns das Leben erteilt, immer in der Nähe unserer Verluste befinden: »Wie wichtig ist es doch für mich, eigene Kinder zu haben! Wie wichtig ist meine Liebe zu Kindern überhaupt!

Wie wichtig ist meine unerschütterliche Überzeugung, dass der Mensch seine Gedanken äußern muss – so spät im Leben es auch geschehen mag.« Lallie, die heute Mitte vierzig ist, weiß mittlerweile, von welch großer Bedeutung es ist, nicht nur Spuren, sondern echte Spuren zu hinterlassen.

»Am meisten erstaunt mich, dass die Geschichten, die ich über andere Menschen geschrieben habe, auch Selbstporträts sind. Ich habe so sehr gekämpft, um endlich einen Sinn in meinem Verlust zu erkennen. Und ich habe erkannt, dass auch dies eine nicht zu unterschätzende Form der Kreativität ist.« Die geschnitzte Holzfigur hängt als Erinnerung »an der Wand, neben der ich morgens sitze«. Sie befasst sich immer noch mit Lebensgeschichten. Und der Engel erinnert sie daran, dass diese Geschichten, »mich stützen, mich leben lassen«.

## Erforschen Sie Zusammenhänge!

Anders als Lallie Lloyd folgte Ray Zager einer strikten Chronologie, als er über einen wichtigen Abschnitt in seinem Leben schrieb: seine Zeit als Soldat im Zweiten Weltkrieg. Was könnte einfacher sein, als die Ereignisse jener Zeit in den katalogisierten und mit Verzeichnissen versehenen Tagebüchern nachzuschlagen? Es ist alles da: die Ankunft in Frankreich im Jahre 1945 als Soldat der 71. Infanteriedivision der amerikanischen Armee; der Vorstoß der Alliierten bis an den Rhein; seine Versetzung in General Pattons Dritte Armee.

Doch ein Schlüsselerlebnis fehlte. Es tauchte erst im Jahre 1988 auf. Als er das veröffentlichte Tagebuch eines 15-jährigen litauischen Jungen, Yitschok Rudascheuski, im Museum der Ghettokämpfer in Israel kaufte, bemerkte Zager eine Karte an der Wand, »auf der die Konzentrationslager eingezeichnet waren, unter anderem auch das Lager Gunskirchen«. Der Name des Lagers ließ Ray Zager auf einmal daran denken, dass sich seine Geschichte gänzlich von denen anderer amerikanischer Soldaten unterschied.

Ray fuhr im Krieg als Kurier »zwischen den Kompanien, Bataillonen und Regimentern an den Frontlinien hin und her«. In einer mondlosen Aprilnacht an der österreichischen Grenze erhaschte er inmitten der schlammigen Felder einen flüchtigen Blick auf die Schrecken, die »Meister Kriegsgott« verbreitet hatte. Als im Morgengrauen sein Bataillon angefunkt wurde, konnte »ich nicht in Worte fassen, was ich gesehen hatte. Nur ein Kriegsgott konnte so etwas tun.« Zager, einer von zwei jüdischen Soldaten in der Kompanie, hatte das Lager Gunskirchen erreicht, als die Deutschen gerade im Begriff waren zu fliehen.

Jahrzehnte später, als er auf das Tagebuch eines 15-jährigen Jungen stieß, verfasste er endlich seine Memoiren. Zager verstand, dass die Menschen, über die Rudascheuski geschrieben hatte und deren Leben so abrupt beendet worden war, in einem Tagebuch weiter existierten. Aus diesem Grunde widmete Zager sein Buch der Erinnerung an die Opfer, die im Lager Gunskirchen ihr Leben verloren hatten.

Viele Tagebuchschreiber, die ich in diesem Kapitel erwähne, haben entdeckt, dass Geschichten Monate, oft auch Jahre, darauf warten, erzählt zu werden. Sie warten, bis wir bereit sind, sie zu erzählen. Zu wissen, wo man suchen soll, ist »das stille Warten, das einer guten Arbeit vorangeht«, meinte André Gide über seine berühmten Tagebücher. Denn, so schrieb Virginia Woolf, »während wir untätig sind, in unseren Träumen, wird die versunkene Wahrheit an die Oberfläche geschwemmt«.

## *Übungen und Anregungen*

- Legen Sie ein Verzeichnis für jedes neue Tagebuch an. Am besten beginnen Sie mit einem, das nur zur Hälfte beschrieben ist. Arbeiten Sie jeweils an fünf bis zehn Seiten pro Sitzung. Teilen Sie Ihre Einträge in verschiedene Arten ein, indem Sie sie mit unterschiedlichen Leuchtstiften markieren: Ereignisse, Menschen, Gedanken.

- Falls Sie Ihre Tagebucheinträge in den Computer tippen, drucken Sie die langen Einträge auf verschiedenfarbigem Papier aus. Nehmen Sie z.B. gelbes Papier für kreative Arbeit, blaues für Träume und grünes für Ihre Gedanken und Ansichten. Diese Seiten können Sie nach Themen unterteilt in Ordnern aufbewahren.

- Nachdem Sie vier oder mehr Einträge aufgeführt haben, machen Sie eine Liste der wiederkehrenden Bilder oder Worte. Überprüfen Sie, ob sie durch ein thematisches Muster miteinander verbunden sind. Falls nicht, nehmen Sie sich fünf Minuten Zeit und schreiben Sie Ihre Assoziationen auf, die Sie mit einem Bild oder einem Wort verbinden. Die Zusammenhänge werden bald klar ersichtlich sein und Ihnen Möglichkeiten zeigen, wie Sie die Einträge oder Schnappschüsse ordnen könnten.

- Um Geschichten, die mehrere Jahre umspannen, zu gestalten, wählen Sie am besten eine einzige, wichtige Kategorie (Vertrauen, Konflikt, versteckte Lehren, usw.). Schreiben Sie einen kurzen Abschnitt, in dem Sie sich (oder eine andere Person) in einem wichtigen Alter beschreiben:

mit zehn Jahren, mit 17, 21, 30, 40, 65 usw.
Da die meisten Tagebucheinträge zunächst als Zusammenfassungen aufgeschrieben werden, können Sie sie zu ausführlicheren Darstellungen in Form von Schnappschüssen ausarbeiten und miteinander verknüpfen. Beginnen Sie, separate Tagebücher oder Ordner für jede wichtige Kategorie in Ihrem Leben zu führen. Mit der Zeit werden die Schnappschüsse einer auf den anderen folgen, wie die Bilder eines Films.

# 8.
# Die Umwandlung der Geschichte

Genau hinsehen müssen ... nicht sofort verstehen. Je länger man einen Gegenstand betrachtet, desto mehr erkennt man darin die Welt.

*Flannery O'Connor*

An jenem verschneiten Nachmittag, den ich verschnupft zu Hause verbrachte, geschah viel. Ich saß einfach auf einem Bett, um mich herum Stapel von Notizbüchern in verschiedenen Größen und zerknüllte Papiertaschentücher, doch schon nach einer Stunde, die ich in meinen alten Tagebüchern gelesen hatte, wusste ich, dass ich viel mehr als nur eine Kartonschachtel geöffnet hatte. Ganze Welten hatten sich mir wieder offenbart: vergessene Namen, Gesichter, Orte. Ich fand Dinge, an die ich mich erinnern wollte. Und andere, die ich vergessen wollte. Unter anderem aber gaben mir die Tagebücher die Chance, eine neue Sichtweise zu entwickeln. Eine völlig neue Sichtweise. Ich sah, wie meine Launen, über die ich mit so viel ängstlicher Genauigkeit geschrieben hatte, ebenso wechselhaft und unbeständig waren wie das neuenglische Wetter draußen.

Meine Einträge waren oft übertrieben, manchmal ganz einfach falsch oder zielten am Wesentlichen vorbei. Das Wichtige waren all die Informationen, die sich zwischen den Zeilen verbargen: Fragmente von Geschichten oder Erinnerungen, die tief in die Vergangenheit reichten. Sie mussten zusammengefügt werden, um einen neuen Sinn zu ergeben.

Was auch immer andere darüber denken mögen, alte Tagebücher zum ersten Mal nach Jahren wieder zu lesen hat einiges von der Spannung eines Unterhaltungsromans. Man liest sie wegen der Dramatik, wegen des Schmutzes. Man liest sie im vermeintlich beruhigenden Glauben, endlich Klarheit geschaffen zu haben. Oder etwa nicht? Nach ein paar wenigen Seiten überflog ich nur noch meine Klagen und unbeständigen Launen und sah mir dafür die gut geschriebenen Abschnitte an, in denen es um Tatsachen oder Beschreibungen ging. Ich lechzte förmlich nach den wenigen Passagen, die eine gewisse Substanz enthielten; ich wollte unbedingt lesen, was ich über andere Menschen und nicht nur mich selbst geschrieben hatte. Aber ich entdeckte, dass ich mich sogar mit diesen Porträts wieder befassen musste – immer und immer wieder, bis eine beständigere Wahrheit über ein Leben, eine Szene, einen Wendepunkt beginnen würde, sich abzuzeichnen.

Hatte ich nicht aus ebendiesem Grunde ein Weisheitstagebuch geführt? Einzelne Sätze oder ganze Abschnitte, die ich aus den Tagebüchern anderer Leute abschreibe, die mir helfen, die Dinge im richtigen Verhältnis zu sehen. Der Schriftsteller John Cheever etwa, der Kurzgeschichten schreibt, meinte an seinem 40. Geburtstag in leiser Verzweiflung: »Ich habe nichts von dem erreicht, was ich erreichen wollte – ich habe niemals die Kreativität erlangt, die ich die ganze Zeit angestrebt habe.« Er beschuldigte sich, untalentiert zu sein. »Es ist nicht so, dass meine Geschichten schlecht wären – davor habe ich auch keine Angst. Vielmehr erschreckt es mich, dass sie wie langweilige Berichte klingen. Sie sind unwichtig ... sie sind für niemanden von Bedeutung.« Nur einige Jahre später las Cheever seine Tagebücher wieder und musste erkennen, dass er zur Zeit dieser selbstzerstörerischen Kritik gerade an einigen seiner erfolgreichsten Geschichten für den *New Yorker* gearbeitet hatte.

Mein Weisheitstagebuch war voller bemerkenswerter Sätze, die ich aufgeschrieben hatte, um mich daran zu erinnern, wie subjektiv unser Gedächtnis ist, wie oft es die Selbstwahrnehmung trübt. Unter den verschiedenen Gruppen, in die ich die Zitate eingeordnet hatte, wie schlechte Laune, Angst oder Vertrauen, gab es auch die Kategorie »Lösungen«. Darunter stand zum Beispiel, wie Virginia Woolf ihre Tagebücher am Ende eines jeden Jahres durchlas, um sich zu versichern, dass Krankheiten oder Depressionen sie nicht daran gehindert hatten, einen neuen Roman zu schreiben. Statt sich entmutigen zu lassen, erkannte sie den Einfallsreichtum, der sich in ihrer Arbeit oder in ihrem Kampf gegen die Selbstzweifel niedergeschlagen hatte. Aus diesem Grunde begann sie einen neuen Tagebucheintrag oft mit der Bemerkung »Zu späterer Verwendung«. So gelang es ihr, das Auf und Ab des täglichen Lebens zu überwinden. Und Gail Godwin meinte über ihre Tagebücher: »Ich schreibe sowohl für mein zukünftiges Ich als auch für meine gegenwärtige Stimmung. Und manchmal, um mir Klarheit zu verschaffen, schreibe ich ein paar Worte in meine alten Tagebücher für mein früheres Selbst – um zu ermutigen, um zu schelten, um zu korrigieren, um die Dinge im richtigen Verhältnis zu sehen.«

An jenem verschneiten Nachmittag realisierte ich, dass ich Wege suchen musste, um den Stoff in meinen alten Tagebüchern weiter auszubauen und zu kommentieren. Eine Lösung hatte ich schon gefunden: Ich führte ein aktuelles Tagebuch für schnelle spontane Einträge und ein zweites, das ich viele Jahre nach dem ersten begonnen hatte und das nur meine Schnappschüsse über einzelne Ereignisse enthielt. Im zweiten Tagebuch arbeitete ich die Geschichten aus, die ich im ersten nur angedeutet hatte, und stellte sie in einen Zusammenhang.

Doch ich wollte nicht bis zum nächsten Schnupfen warten, um Wege zu finden, meine Einträge auszuformen und neue Zusammenhänge zu erkennen. An jenem Nachmittag entdeckte ich, dass in allen Tagebüchern immer wieder – nicht nur in meinen – mindestens drei Begriffe vorkommen, die den im vorletzten Kapitel erwähnten Kategorien zugrunde liegen: Wünsche, Entscheidungen und Erinnerungen. Oder, um es anders auszudrücken: Anhand dieser Begriffe haben wir die Möglichkeit, den Ursprung unserer Wünsche und Handlungen zu erkennen.

Schauen Sie sich besonders gut die Einträge an, in denen Sie über Ängste, die noch aus der Kindheit stammen, oder über schwerwiegende Verluste schreiben. Finden Sie die Stellen, die enthüllen, wie oft Sie eine Krise dazu zwang, endlich Entschlossenheit zu zeigen, und wie Sie diese Erlebnisse zu der Persönlichkeit haben werden lassen, die Sie heute sind. Wenn Sie Ihre Tagebücher auf die drei erwähnten Begriffe hin untersuchen, werden Sie die damit in Zusammenhang stehenden Geschichten aufspüren.

- Wonach sehne ich mich immer noch?
- Was hat diese Sehnsucht ausgelöst?
- Wie hat diese Sehnsucht mein Leben über viele Jahre hinweg gestaltet?

Dies waren Fragen, die ich mir stellte, als ich die letzten beiden Tagebücher – ein Spiralheft und ein kleines Notizbuch – aus der Kartonschachtel nahm und die vielen Einträge über meinen Vater las. In den letzten anderthalb Jahren seines Lebens sah ich ihn und unsere Beziehung in einem völlig neuen Licht, doch in diesen letzten Tagebüchern stand nichts über diese Veränderung. Die Tagebücher sprechen nur von einer großen Sehnsucht nach ebendieser Entwicklung. Kurz nachdem ich sie gelesen hatte, begann ich Geschichten zu schreiben.

## Wie Sie Ihre Lebensgeschichte überarbeiten

Die Freude und die Freiheit, die Tagebücher mit sich bringen, liegen in der Geschwindigkeit, mit der sie geschrieben werden – blitzschnelle Notizen, ohne Rücksicht auf Rechtschreibung oder Stil. Ein Tagebuch zu führen bedeutet zu wissen, dass die Gegenwart immer noch überprüft wird; es ist lediglich ein erster Entwurf unserer Erfahrung. Indem wir alte Tagebücher lesen, bekommen wir die Gelegenheit, uns von den Geschichten zu distanzieren, die wir uns selbst erzählen. Wir trennen dabei Tatsachen von Emotionen und lassen so einen anderen, vollkommeneren Entwurf entstehen. Was einmal als schicksalhaft in einem Tagebuch bezeichnet wurde, wird später verständlicher, ist oft erhellend und eine Quelle der Selbsterkenntnis.

Das Wort Revision stammt aus dem Lateinischen und bedeutet »prüfende Wiederdurchsicht«. Eben das tat Anne Frank, als sie im Mai 1944 begann, ihr ganzes Tagebuch zu überarbeiten. »Ich habe eine außergewöhnliche Eigenschaft«, schrieb sie, »und das ist meine Selbstkenntnis. Ich kann mich selbst und mein Verhalten beobachten, als wäre ich eine andere Person.« Mit der Absicht, ihr Tagebuch nach dem Krieg als Buch zu veröffentlichen, überprüfte und verbesserte Anne ihre Einträge. Sie straffte Szenen und erfand Pseudonyme, um uneingeschränkt über andere Personen schreiben zu können. Tagebücher, das wusste sie, dienten in erster Linie dazu, mit neuen Augen zu sehen, Lebensabschnitte aneinander zu reihen.

Als sich mein Schnupfen an jenem Wochenende in die Länge zog, probierte ich verschiedene Methoden aus, um den Stoff in meinen alten Tagebüchern schnell und unkompliziert zusammenzusetzen. Ich wählte einen wichtigen Abschnitt oder Eintrag und tippte ihn; vor allem dann, wenn das Original handgeschrieben war. Schon das Abtippen einer einzigen Seite führt zu Assoziationen und verändert die bisherige Perspektive. Ihren alten Eintrag können Sie auf die linke und den neuen auf die rechte Seite eines Tagebuches einkleben. Der Kontrast könnte deutlicher nicht sein: neue Lebensmuster werden auf alte geschichtet.

Fragen Sie, was – oder wer – fehlt. Als Bill Bassett Ende vierzig war, schrieb er ein Ereignis auf, das in den Tagebüchern seiner Collegezeit fehlte: die Ermordung eines Zimmerkameraden. Jahre später sah Bassett den tragischen Tod seines Kameraden »als einen Schlüssel zu anderen Geschichten aus der Subkultur der 60er Jahre«. Jeden neuen Eintrag begann er mit einem Ereignis oder einer Assoziation, die jahrzehntelang in seinem Gedächtnis verborgen gewesen war. Er erkannte jetzt die Ironie in vielen seiner Erinnerungen: wie er als guter Student zwar unbeliebt war, ihn dies aber letztlich rettete; wie sein Freund am Wochenende des Woodstock-Festivals ermordet wurde; wie der immer noch ungelöste Mordfall in einem Stadtteil geschah, den er aufsuchte, um Kinder zu unterrichten und nicht um Drogen zu kaufen.

Eine Tagebuchschreiberin aus Boston fand in einem alten Tagebuch einen Eintrag über eine Vase, die sie als Hochzeitsgeschenk für eine Bekannte gekauft, aber schließlich für sich behalten hatte. In einem neuen Tagebuch notierte sie ihre Gedanken über die Jahre, in denen sie das Ehepaar gekannt hatte. Wie die Vase hatten alle ihre Leben »Sprünge bekommen«. Wochen später rief diese Metapher ein noch stärkeres Bild bei ihr hervor: Die Freundschaft zwischen den beiden Frauen war der Kitt in ihrer aller Leben gewesen. Sie bildete den Rahmen für einige Erzählungen, deren Inhalt aus dem täglichen Leben gegriffen war: schwierige Ehen, anspruchsvolle Arbeitsstellen, Probleme mit Kindern in der Pubertät.

Auf ähnliche Weise begann eine andere Frau ein neues Tagebuch zu schreiben. Sie fand bei ihrer Mutter alle Briefe, die sie während ihrer Collegezeit nach Hause geschrieben hatte. Im Tagebuch schrieb sie ihre Gedanken über Dinge auf, die sie in ihren Briefen nicht erwähnt hatte, und über die auffallende Diskrepanz zwischen ihrem Innern und ihrem Verhalten anderen Menschen gegenüber. Warum gab sie sich in ihren Briefen alle Mühe, zu gefallen oder charmant zu sein? Klangen ihre Tagebucheinträge auch so, als würde sie sich vor sich selber verstecken?

Um das Leben aus zwei verschiedenen Perspektiven sehen zu können, entwarf die Buchbinderin Sandy Khan für ihr Tagebuch einen besonderen Einband. Dieses »Tag-und-Nacht«-Tagebuch führt sie von den beiden, einander entgegengesetzten, Enden des Notizbuches aus. Sie beginnt am so genannten Nachtende (mit dem Mond auf dem Buchdeckel), an dem sie ihre Träume aufschreibt. Dann geht sie über zum anderen Ende des Tagebuches, dem Tagende, und sinnt da über die Bedeutung des Traumes nach. Ihre Gedanken helfen ihr, ihre Wünsche und bewussten Entscheidungen zu verstehen. »Mein Bewusstsein und mein Unterbewusstsein begegnen sich im gleichen Tagebuch.«

Im Jahre 1975 war die Schriftstellerin Annie Dillard eben dreißig Jahre alt geworden und fragte sich: »Worum geht es in meinem Leben? Warum lebe ich alleine, wenn ich ein geselliger Mensch bin?« Nach ihrem mit dem Pulitzer-Preis ausgezeichneten Buch *Der freie Fall der Spottdrossel* (das teilweise als essayistisches Naturtagebuch geschrieben ist) hatte Dillard Schwierigkeiten, Prosa zu schreiben. Sie führte aber weiter Tagebuch, und auf der Grundlage von zwei Aufzeichnungen entwickelte sie später den berühmten Essay »Transfiguration«. Während sie ihn schrieb, wuchs ihre Überzeugung, den richtigen Weg gegangen zu sein, als sie ihrer Berufung, Schriftstellerin zu werden, gefolgt war.

In ihrem Tagebuch hatte Dillard ein Ereignis aufgeschrieben, das sie eines Nachts in ihrem Häuschen in Puget Sound, Washington, beobachtet hatte: Ein Nachtfalter kreiste über einer brennenden Kerze, bis er verbrannte. Diese Szene blieb ihr nachdrücklich in Erinnerung und öffnete ihr schließlich neue Einsichten. »Ich sah mir den Stapel meiner alten Tagebücher an und hoffte, ich würde einige konkrete Notizen darüber finden.« Was sie fand, enttäuschte sie: lange Einträge über Eulenrufe. »Nach vielen Seiten fürchterlichen Geschwätzes« fand sie aber einen Eintrag, in dem es ihr gelungen war, die Szene gut zu beschreiben. »Der Abschnitt in meinem Tagebuch enthielt einige Einzelheiten (Würmer auf dem Boden, verbrannte Flügel, die auf Pfannen hafteten), einige Sätze (der Körper bewegte sich wie ein Docht; die Kerze hatte zwei Flammen; der Falter brannte, bis ich die Kerze ausblies) und vor allem einige Verben (zischen, zurückschrecken, haften an, besudeln, hochschnellen, knistern), die ich gut brauchen konnte.«

Dillard begann ihre Detektivarbeit und entdeckte schließlich, worum es in ihrem Essay, der gerade im Entstehen war, wirklich ging. Warum schrieb sie über den Nachtfalter, als sei er weiblich? Der Falter ließ sie an ein lange vergessenes Erlebnis denken. Als sechzehnjähriges Mädchen hatte sie auf einem Zeltplatz ein Buch über den großartigen, aber selbstzerstörerischen französischen Dichter Rimbaud gelesen. Was für eine Rolle spielten der Falter, der Dichter und diese Erinnerung in Dillards gegenwärtigem Leben? »Das alte Tagebuch lag neben mir, als ich das aktuelle hervornahm und begann, mich durch eine Bestandsaufnahme meines gegenwärtigen Lebens und der Erinnerung an den Nachtfalter zu kritzeln.«

Nach und nach begannen sich die Zusammenhänge immer klarer abzuzeichnen. Sie erinnerte sich daran, wie Nachtfalter ebenfalls im Licht einer Laterne verbrannten, als sie auf dem Zeltplatz Rimbaud las. In jener Nacht entdeckte sie nicht nur Rimbaud, sondern auch ihre Liebe zum Schreiben. Dillard begann die Bedeutung der Erinnerung zu verstehen.

In der Dichterin loderte ein Feuer, und der Nachtfalter brannte in der Flamme. Dillard begriff, dass dieses Feuer wieder in ihr brennen würde. Mit dreißig Jahren wusste sie, dass eine Schriftstellerin, die einmal mit ihrer Kreativität in Berührung gekommen war, der lichterfüllte Kanal für ihre Schöpferkraft ist. Das alte Tagebuch hatte Dillards Feuer wieder entfacht. Als sich der Essay wie von selbst aus ihren Tagebuchnotizen zu spinnen begann, erschienen Bilder in ihrer Vorstellung, die wegweisend sein würden für ihre gesamte zukünftige Arbeit: Sie sah, wie die Dichterin, die Mystikerin, sogar die Märtyrerin in ihr »Stoffe aus dieser Welt« verwenden würden, um sie zu verändern.

## Entdecken Sie die »Spannungspunkte«!

Virginia Woolf nannte sie »splitternde Bruchstücke«, jene ergiebigen Sätze, die unser Geist in Tagebüchern hinterlässt, wenn wir zum ersten Mal über die Welt, wie wir sie sehen, schreiben. Ich nenne diese Stellen Spannungspunkte. Meine Studenten nennen sie heiße Flecken. Gleichgültig, welchen Ausdruck man verwendet, diese Spannungspunkte sind die Stellen, auf die unser Blick fällt und an denen er verweilt. Es ist die Stelle, von der Sie denken: *Ja*, dieser Teil des Tagebuches klingt wirklich echt. Wie Dillards brennender Nachtfalter sind diese Stellen unsere verschlüsselten Lebensgeschichten. »Im Gedächtnis behalten wir nur Bilder, die sehr wichtig sind«, meint Patricia Hampl. Wenn wir die Tagebücher wieder lesen, besteht die Aufgabe darin, uns »dem Zusammenhang langsam zu nähern, indem wir die Übereinstimmung zwischen einem Bild, das wir uns eingeprägt haben, und dem verborgenen Gefühl suchen«. Wenn wir alte Tagebücher durchsuchen, schulen wir unser Auge, die wichtigen Einzelheiten zu sehen, um sie später auf zukünftigen Tagebuchseiten aufschreiben zu können. Das Ergebnis wird ein genaueres Tagebuch der Beobachtungen sein, dessen Einträge voller feiner Einzelheiten sind. Wenn Sie diese dann genau studieren, werden Sie Möglichkeiten sehen, einen Zugang zu denjenigen Geschichten zu finden, die immer noch erzählt werden müssen.

Für Angela Densted ist das Gedächtnis »ein Ton, der widerhallt«. Sie kehrt immer dann zu ihren alten Tagebüchern zurück, »wenn das Echo anhält, und ich weiß, dass eine Geschichte reif ist, erzählt zu werden«. Kürzlich nahm sie ihre alten Tagebücher wieder hervor, um Klarheit über die zwei Welten ihrer Kindheit zu gewinnen. Die Geschichten, die darauf warteten, erzählt zu werden, waren Erinnerungen an die Farm in Minnesota, wo sie ihren Vater immer zwei Wochen im Jahr besuchte. Bisher waren diese Geschichten in den Hintergrund gedrängt worden, weil Angela immer nur über die komplexen Verhältnisse innerhalb der Familie geschrieben hatte, wie etwa über die Scheidung der Eltern, ihre drei Stiefmütter und die vielen Halbgeschwister. Um Zugang zu den Geschichten zu finden, die tief im Unbewussten vergraben waren, konzentrierte sie sich auf »schimmernde Einzelheiten«. In der Regel waren sie seltsam, intensiv, beunruhigend. Sie hatte schon wichtige Abschnitte aus ihren Tagebüchern in den Computer übertragen. Um die Muster, die darin vorkamen, erkennen zu können, hob sie Einzelheiten durch kursive Schrift hervor.

Unter anderem fiel ihr Folgendes auf: »Das öffentliche Krankenhaus, in dem man mir jede Woche in den Finger stach und Blut entnahm, für das ich mit Essen entgolten wurde«; »die Spielhosen, die irgendwo über meinen Knien endeten, so dass meine dünnen Gelenke bis zum Rand der weißen Kniestrümpfe sichtbar blieben«; »die schnellen, unauffälligen Bewegungen der Rehe und Hirsche«; »die Felder, die zur Farm gehörten, leuchteten wie Gold. Doch dieses Gold konnte ich pflücken und in meine Haare stecken.« Sie erinnerte sich an das Farmhaus »mit den geschnitzten Holzbalken in phosphoreszierender Farbe«; »die glänzenden Porträts von Elvis Presley und John Wayne, die neben dem Gewehrständer an der Wand hingen«; »die kunstvolle Kerze in der Form eines Drachen, die nie angezündet wurde«. Aber Angela erinnerte sich auch an ihren Vater, der sie verlassen hatte, um in den Vietnamkrieg und später in die Grand Tetons zu ziehen, als sie vier Jahre alt war. »Das Einzige, was mein Vater je von mir besaß, war ein Milchzahn, den er mir gezogen hatte und der eine ungewohnte Lücke und den Geschmack nach Blut in meinem Mund hinterließ. Er bewahrte den Zahn in einer Flasche mit Meerwasser aus Florida auf, die er aber nicht mitnahm, als er uns verließ.«

Schließlich fand Angela die Stelle, die zur Grundlage aller ihrer Geschichten wurde: »An jenem Weihnachtsfest empfand ich zum ersten und zum letzten Mal Mitleid mit der zweiten Frau meines Vaters. Noch bevor sie es wusste, war mir klar, dass die Ehe vorbei war.« Die Geschichte, die Angela schrieb, umspannt 25 Jahre und beginnt mit dem letztjährigen Weihnachtsfest. Den Kontrast dazu bilden im Verlauf der Erzählung frühere Weihnachtsfeste, die aus der Retrospektive erzählt werden. Alles ist vorhanden: ein starker und gleichzeitig schwacher Vater, den Angela schon immer geliebt hat, aber kaum kennt. Ein Vater, der auf seine erwachsene Tochter zwar stolz, aber ihr gegenüber auch argwöhnisch ist. Hier ist der Anfang ihrer Geschichte:

»Ich stelle ihn mir vor, wie er am Morgen des letztjährigen Weihnachtstages war. Zahnlos, mit bloßem Oberkörper zielte er mit seiner 22er Beretta aus dem Fenster. Wir hatten uns zwar sechs Monate lang nicht gesehen, doch das Schießen hatte Vorrang. Er sah mich kurz an. Dabei lächelte er breit, damit ich ganz sicher merkte, dass seine obere Zahnreihe weg war. ›Ich habe sie mir letzten Donnerstag ziehen lassen‹, meinte er. Scin eingefallenes Lächeln hatte die Form einer Mondsichel, die von einem roten Bart umrandet wurde. ›Die Wunden sollen ausheilen, bevor ich wieder zur Arbeit zurückgehe. Die meisten Leute wollen eine Vollnarkose. Aber nicht ich!‹ Er nahm sein Ziel ins Visier. ›Mir gaben sie nur etwas Novocaïne zur lokalen Betäubung.‹ Er drückte den Abzug. Er tötete die Eichelhäher, weil sie das Fressen der kleineren Vögel, die seine dritte Frau gerne fütterte, aufpickten. Wenn es etwas gibt, das mein Vater nicht ausstehen kann, dann sind es Schlägertypen. ›Also?‹, meinte er und schaute mich an. Ich zuckte die Schultern, bewegte etwas verlegen die Zehen in meiner Strumpfhose und stotterte den einzigen Satz hervor, an den ich denken konnte: ›Fröhliche Weihnachten, Papa‹.«

## So nimmt Ihr Selbstporträt Gestalt an!

Oft ist es einfacher, Veränderungen oder Lebensmuster in den Tagebüchern anderer Leute zu erkennen. (Ein berüchtigter Fall war der des britischen Arztes Dr. Palmer im 19. Jahrhundert. Die Polizei bemerkte Widersprüche in Palmers Tagebuch und fand auf diese Weise heraus, dass er seine Frau vergiftet hatte.) Es sind nicht unsere Flunkereien oder Auslassungen, die uns daran hindern, unsere Tagebücher vorurteilsfrei zu sehen. Es ist vielmehr unsere gewohnte Art, Geschichten zu erzählen oder uns der Umwelt zu zeigen. Wir tun es täglich. Im Restaurant bei einer Tasse Kaffee erzählen wir dieselben Geschichten über uns selbst auf die immer gleiche Weise: mit einer Art hypnotischer Beständigkeit. Unsere Art zu erzählen ist ebenso reflexartig wie ein Lebenslauf.

Tom Browns Lebenslauf ist eine bemerkenswerte Geschichte, die es wert ist, erzählt zu werden. Er ist von Beruf Raumfahrtingenieur und hat die Raumfahrzeuge *Galileo* und *Cassini*, die zum Jupiter beziehungsweise Saturn geschickt wurden, mit entwickelt. Als er 50 Jahre alt war, schrieb er in ein Tagebuch: »Ich mag Gleichnisse. Sie lassen mich die Dinge aus verschiedenen Blickwinkeln sehen. Man stelle sich zum Beispiel vor, das Leben wäre eine Anordnung von Glasplatten in einem dunklen Raum. Eine Person ist der Lichtstrahl, der durch den Raum und die verschiedenen Glasplatten hindurchreist. Dabei wird der Raum etwas wärmer. Jede Glasplatte ist ein Ereignis, das einen Lichtstrahl, der sie berührt, sammeln, zerstreuen, filtern oder sogar erweitern kann.«

Ein zentrales Ereignis in seinem Leben war ein Experiment im Studentenwohnheim, das buchstäblich in sein Gesicht explodierte. Mit einem Freund, der Chemie studierte, führte Tom ein Experiment aus. Dabei wurden ihm Lauge und Glasscherben in seine Augen geschleudert und verletzten die Hornhaut, so dass er beinahe ganz erblindete. »Meine klare Sehkraft wurde zu einem trüben, durchscheinenden Weiß.« 35 Jahre später spürte er die wirklichen Geschichten auf, die hinter den vordergründigen Ereignissen standen und sich in einigen seiner Tagebucheinträge verbargen. Im Mittelpunkt der früheren Aufzeichnungen stand verständlicherweise der Verlust des Augenlichts: die Genesung, die 18 Monate dauerte, die vereitelte medizinische Karriere. Als Tom seine Einträge wieder las, erkannte er, wie der Unfall »im Bruchteil von Sekunden sein Leben verwandelt hatte und andere Prioritäten in den Mittelpunkt rückten«. Er lernte Blindenschrift, schloss seine Doktorarbeit ab, heiratete und bekam Kinder.

Als er aber seine Tagebucheinträge überarbeitete, tauchte ein bedeutenderes Muster auf. »19 Jahre lang war ich ein zum Teil unschuldiger Zuschauer meines eigenen Lebens gewesen.

Ich versuchte einen Weg zu gehen, den jemand anderes für mich bestimmt hatte.« Er sah nun die strenge, unnachgiebige Familie, in der er im Bundsstaat Utah aufgewachsen war, in einem anderen Licht. »Ich tauchte 1944 aus dem Nichts auf, ein unerwarteter Schimmer, da war weder eine Absicht noch ein Plan dahinter.« Man sagte, er würde nichts Besonderes aus seinem Leben machen, und aus diesem Grunde sah er den Unfall als einen zwar schwer zu bewältigenden, aber dennoch versteckten Segen. Über die partielle Blindheit gewann er eine klare Vorstellung von sich selbst und fing endlich an von sich aus zu handeln. Tom benutzte die vielen Metaphern über Augen und Licht, die er in seinen Tagebüchern aufgeschrieben hatte, um die Geschichten miteinander zu verbinden und den Sinn dahinter zu entdecken: Das verlorene Augenlicht führte dazu, dass er Einblick in seinen eigenen Charakter gewann. Er erforscht sich selber nach wie vor, indem er über die Familie schreibt oder auch über seine Begabung, die ihn zu einem ausgezeichneten Glasbläser hat werden lassen.

## Tagebücher als doppelte Porträts

Wenn jedes Tagebuch ein Selbstporträt ist, so ist es auch eine Sammlung anderer Porträts. (Erinnern Sie sich daran, wie unmöglich es war, nur über sich selber zu schreiben; andere Personen tauchten immer wieder auf.) In den zwei Tagebüchern, die ich an jenem verschneiten Nachmittag fand, kommt mein Vater ständig vor. Viele Jahre früher waren meine Tagebücher eine Möglichkeit gewesen, um die Zeit auszufüllen – und die Situation zu bewältigen –, als mein Vater zwischen Bewusstsein und Bewusstlosigkeit schwebte und ich in diesen letzten Wochen seines Lebens neben ihm saß.

Ich ließ die Tagebücher aus jener Zeit sechs Jahre lang im

Regal stehen. Obwohl ich froh war, sie aufbewahrt zu haben, schaute ich erst vor kurzem wieder in sie hinein. Ich war gebeten worden, einen Beitrag zu einer Anthologie über Schriftsteller und ihre Väter zu schreiben. Es war eines jener alptraumhaften Themen, über die man sich endlos auslassen kann. Der Verleger beriet mich und schlug vor, ich solle in Briefform schreiben. Er meinte, der Satz »Ich wollte dir schon immer sagen« wäre eine gute Eröffnung. Ich fühlte mich aufgeschmissen. Also setzte ich mich hin und tat das, wozu ich meinen Studenten rate, wenn sie sich aufgeschmissen fühlen: Beginnen Sie mit einem Gegenstand.

Ich musste nicht lange überlegen, um zu wissen, welchen Gegenstand ich beschreiben wollte. Ich wusste auch, wo ich ihn finden würde. Und tatsächlich, das erste Tagebuch enthielt die Negative eines Films mit Röntgenaufnahmen. Mein Vater, der zu jener Zeit bemerkenswert gesund aussah, gab mir Kontaktabzüge, kurz nachdem die Diagnose gestellt worden war. Die Negative lagen zwischen den Fotografien, die ihn ganz am Ende seines Lebens zeigten. Und nun erinnerte ich mich an Dutzende von Einzelheiten, an die ich nicht mehr gedacht hatte, seit ich sie das erste Mal aufgeschrieben hatte.

»In Dreierreihen waren auf einem Papierbogen ein Dutzend kleiner Kontaktabzüge von dir zu sehen. Sie zeigten dich von hinten. Auf allen waren deine Hände seitlich neben deinem Körpers zu sehen. Ich betrachtete deinen Körper, der die weiße Farbe einer belichteten Röntgenaufnahme hatte. Jene Stellen, an denen sich dunkle Sternchen ausbreiteten, waren von Krebs befallen. In deinem Becken waren zwei symmetrische Bilder zu sehen – Blumen oder Staub. Sie glänzten wie Sterne.

Auf dem zweiten Bogen mit Kontaktabzügen, die deinen Zustand zwei Monate später zeigten, war dein ganzer Körper wie mit Sprühnebeln aus dunklem Konfetti übersät.

Ich hielt den Papierbogen mit den Kontaktabzügen hoch und staunte darüber, wie auf diesen Negativen das Unmögliche möglich geworden war: dich in deiner Eigenart festzuhalten. Der Vater, der immer auf Reisen, immer weg war. Sogar dann, wenn er neben mir im Wohnzimmer saß, roch seine Haut nach der geheimnisvollen Spannung der großen weiten Welt. Wie konnte es möglich sein, dass du bei der Kernspintomographie nicht mehr als 7 $cm^2$ misst?«

Die Negative brachten mich auf eine Idee, wie ich den Essay aufbauen konnte. Jede Aufnahme stellte ein kleines Fenster dar, hinter dem sich eine Geschichte über meinen Vater verbarg. (Die Geschichten hatte ich dem zweiten Tagebuch, in das ich meine Schnappschüsse schrieb, entnommen.) Den Geschichten lag ein Muster zugrunde: Die gleichzeitige Anwesenheit und Abwesenheit meines Vater. Ich schuf dann einige Fotografien, die in Wirklichkeit nicht existieren, und schaffte auf diese Weise eine parallele Serie zu den bereits vorhandenen Aufnahmen: Meine Bilder zeigten die ruhige Art seiner Anwesenheit. Sie zeigten aber auch, wie wir durch seine Krankheit einen ungewohnten, neuen Weg fanden, einander zu verstehen.

Doch ich hatte immer noch keinen Anfang für meinen Essay. Und das war noch nicht alles. Etwas fehlte noch: Irgendwie musste ich das Widersprüchliche an meiner Begegnung mit der Vergangenheit in den Essay einweben. Da kam mir eine Erinnerung zu Hilfe, die ich nie in einem Tagebuch aufgeschrieben hatte. Sie tauchte auf, als ich am ersten Entwurf des Essays arbeitete. Mir fiel plötzlich ein, dass mich eine Freundin im College gefragt hatte, wann denn mein Vater gestorben war. Entsetzt antwortete ich, dass er noch lebte. Doch warum dachte sie, er wäre tot? Sie meinte, ich würde nicht viel über ihn sprechen, und wenn, dann nur »in der Vergangenheitsform«. Das änderte sich, als er einige Jahre später tatsächlich starb, denn da waren wir als Vater und

Tochter ganz und gar in der Gegenwart und einander unglaublich ähnlich. Allerdings brachten mich erst die Spannungspunkte in meinen alten Tagebüchern auf den Gedanken, dass das schon immer so gewesen war.

Ein Geständnis: Das Porträt meines Vaters ist noch nicht fertig. Der Essay wird zwar bald veröffentlicht werden, doch den Kern der Sache habe ich nicht ganz getroffen. Das Bild ist noch zu glatt, zu schonend; die Schattierungen, die die Komplexität einer Persönlichkeit ausmachen, fehlen im Augenblick noch. Der Essay ist nur ein erster Entwurf meiner Gefühle. Ich habe es geschrieben, weil ich meinen Vater liebe. Aber ich habe es auf eine Art und Weise verfasst, als würde ich fürchten, er könnte es immer noch lesen und beurteilen. Es gibt allerdings noch einen weiteren Grund für die Darstellung, die ich gewählt habe: Ich wusste, dass ich nicht über meinen Vater schreiben konnte, ohne mich selber als Person einzubeziehen. Seine Geschichte aufzuschreiben bedeutete, auf eine gewisse Weise auch meine eigene zu erzählen. Deshalb habe ich mir auf dem Papier darüber Gedanken gemacht, warum ich einige seiner Gegenstände aufbewahrt habe. Eines ist ein Tagebuch, das ich ihm zu seiner Pensionierung schenkte, damit er seine Lebenserinnerungen darin aufzeichnen konnte. Nach seinem Tod fand ich das Tagebuch wieder. Es war immer noch unbeschrieben.

Ich werde das Porträt meines Vaters in einem neuen Notizbuch überarbeiten und versuchen, es klarer darzustellen. In der Zwischenzeit liegen meine alten Tagebücher da, die Einzelheiten darin verdichten sich, warten, während ich diesen Satz schreibe.

## *Übungen und Anregungen*

- Suchen Sie in einem Ihrer Tagebücher einen der drei verborgenen Begriffe (Wünsche, Ihre typische Handlungsweise, um diese Wünsche zu erfüllen; Ihre Erinnerungen an Ihre Wünsche und Ihre Handlungsweise). Nachdem Sie diese Stellen mit einem Leuchtstift markiert oder sie abgetippt haben, notieren Sie auf einer Liste die Geschichten, die sich hinter jedem Eintrag verbergen. Untersuchen Sie jede Woche eine Geschichte.

- Verwenden Sie die Methode des Visualisierens, um Probleme, die Sie in einem alten Tagebucheintrag erwähnen, zu lösen. Stellen Sie sich eine Schachtel vor, die neben Ihrem Tagebuch steht. Sie enthält einige Gegenstände, die Sie verloren haben. Jeder Gegenstand wird Ihnen helfen, eines der Probleme aus Ihren alten Tagebucheinträgen zu lösen. Beschreiben Sie rasch und ohne den Stift vom Blatt zu heben die Gegenstände, die sich in der Schachtel befinden. Wählen Sie dann einen Gegenstand aus, und schreiben Sie spontan eine halbe Seite darüber. Stellen Sie sich dabei die damalige Situation aus einer neuen Perspektive vor.

- Um den Stoff in Ihren alten Tagebüchern neu zu gestalten, stellen Sie sich eine Situation aus Ihrer Vergangenheit vor als Fotografie und nicht als Tagebucheintrag. Fügen Sie ein einziges Element hinzu, das die Fotografie verändert. Eine junge Mutter, zum Beispiel, die sich vorstellt, eine Stunde Zeit für sich alleine zu haben. Oder die Folgen der Entscheidung, eine Ehe aufrechtzuerhalten.

- Zeichnen Sie Weintrauben in ihrer typischen Anordnung. Denken Sie an etwas, das Sie gerne neu gestalten möchten. Beschreiben Sie zuunterst die Situation, wie Sie sie sehen. Notieren Sie auf der folgenden Ebene, wie drei gute Freunde von Ihnen die Situation auffassen würden. Beschreiben Sie zuoberst die Perspektive von Personen, die Ihnen völlig fremd sind.

- Wählen Sie einen Tagebucheintrag aus. Stellen Sie sich vor, er wäre von Ihrer Frau, Ihrem Mann oder Ihrem Kind geschrieben worden. Was, würden Sie ihnen sagen, sei die verborgene Lehre oder der verborgene Segen, den sie übersehen haben?

- Lesen Sie zwei Mal im Monat einen alten Eintrag, in dem Sie sich über alles und jeden beklagen. Vergleichen Sie ihn mit einem neuen Eintrag, in dem Sie eine Veränderung oder einen Durchbruch, so klein er auch sein mag, beschreiben.

- Schreiben Sie ein Mal pro Woche einen Eintrag in der dritten Person. Dies wird Ihnen sofort das Gefühl von Distanz vermitteln und Sie die Dinge im richtigen Verhältnis sehen lassen.

# Dritter Teil

# Der Übergang: Vom Tagebuch zum kreativen Schreiben

Es gibt zwei oder drei Dinge,
die ich mit Sicherheit weiss.
Eines davon ist, dass ich weiss,
was es bedeutet,
keine geliebte Fassung des
eigenen Lebens zu haben,
ausser derjenigen, die man selber
anfertigt.

*Dorothy Allison*

# 9. Die Suche nach dem roten Faden: Memoiren und Dichtung

Über sein Leben zu schreiben bedeutet, es zweimal zu durchleben. Und das zweite Durchleben ist sowohl spiritueller als auch historischer Natur, denn unsere Erinnerungen greifen tief in die Persönlichkeit hinein, wenn sie nach ihrer narrativen Form suchen.

*Patricia Hampl*

Der Brief fängt so an:
»Das ist das erste Mal, dass ich die Kurzgeschichte in meinem Tagebuch erwähne. Die Grundlage dazu war, wie bei vielen meiner Geschichten, eine Liste. Um mir meinen Lebensunterhalt zu verdienen, habe ich auf Haustiere aufgepasst, wenn ihre Besitzer nicht zu Hause waren. An einem Abend war ich in der Wohnung einer Frau, die ich nicht kannte. Ich musste auf ihren Papagei aufpassen. Einen Tag vorher war Schnee gefallen, sehr dichter Schnee. Ich stand am Küchenfenster in ihrer Wohnung und drehte mich zum Kühlschrank um, da ich aus dem Gefrierfach Erdnüsse für den Papagei nehmen wollte. Der Kühlschrank war ein alter Kasten. Ich hatte früher einmal einen ähnlichen gehabt – ihn abzutauen war mühsame Angelegenheit gewesen. Und tatsächlich, das Gefrierfach dieses Kühlschranks hatte eine etwa 8 cm dicke Eisschicht. Die Erdnüsse, ein Pack Erbsen und eine Flasche Tequila lagen im Eis vergraben.

Ich sah vor meinem geistigen Auge das Bild einer Frau, die während der Sommerhitze in dieser Küche saß, Corona Bier und Tequila mit einer Freundin trank und darauf wartete, dass das Gefrierfach abtaute. Als ich am nächsten Morgen in mein Tagebuch schrieb, erschien das Bild wieder, und andere folgten. Zu jener Zeit hatte ich keine Ahnung, welcher Zusammenhang zwischen ihnen bestand, aber ich hatte das Gefühl, dass diese Bilder eine Geschichte bargen.«

Und sie bargen tatsächlich eine. Ich hatte gerade Cindy Riedes Kurzgeschichte *Darwins Küche* erhalten, die bald veröffentlicht wurde.

Die Autorin hatte die Geschichte beinahe zufällig den anderen Unterlagen beigelegt – fotokopierte Seiten aus ihrem Spiralheft. Sie zeigen, wie sich die Kurzgeschichte entwickelt hat: Listen, Fragen, erste Entwürfe, Überarbeitungen. Unter Cindys Tagebuchnotizen, die sie mir geschickt hatte, war auch eine Einkaufsliste, die sie einmal auf der Straße gefunden hatte. Die Liste steckte Cindy zunächst zwischen die Seiten des Tagebuches, doch später diente sie als Inspiration, um den Charakter der Person, die sie verloren hatte, zu schaffen.

Aber als ich Cindys ersten Brief las, in dem sie mir schrieb, ihr Tagebuch enthielte Bilder, die zu Geschichten würden, faszinierte mich außer der Entstehung ihrer Erzählung noch etwas anderes: Es war *ihre* Geschichte – die Geschichte der Haustierhüterin in jener Wohnung –, die ich so schrullig und wunderbar fand. Die Geschichte erinnerte mich an Memoiren oder einen Roman, den ich gerne lesen würde: das Leben einer Person, die viel herumkommt und schreiben möchte und sich den Lebensunterhalt in der Zwischenzeit mit ungewöhnlichen Jobs verdient. Über diese Jobs berichtet sie ausführlich und sammelt sie als Stoff für zukünftige Geschichten in ihren beinahe 40 Tagebüchern.

In unseren Tagebüchern steht der Plot unseres Lebens. Oft erkennen wir aber erst, wie interessant der Stoff unserer Tagebücher ist, wenn wir ihn mit neuen Augen sehen. Andere bemerken es jedoch: Da können Sie jeden fragen, der jemals auf einer Buchmesse oder einer Auktion ein Tagebuch in die Hände genommen hat. Ebenso wie Romane bieten uns Tagebücher einen subjektiven Blick auf Welten oder Epochen, die uns fremd sind. (Kürzlich ersteigerte jemand bei einer Bücherauktion für 190 000 Dollar ein Tagebuch, das dem meiner Großmutter sehr ähnlich ist. Der Schreiber, der im Sanitätswesen tätig gewesen war, hatte das Tagebuch während des Ersten Weltkriegs in Russland geführt.) Wir lesen diese Tagebücher, weil wir so Einblick bekommen in ein bestimmtes Leben und weil wir ergründen wollen, wie es ist, mit den Augen eines anderen zu sehen. In seinen Tagebüchern schildert der Komponist Otto Klemperer ausführlich, was er empfand, als er zum ersten Mal ein aufgedrucktes Hakenkreuz auf einem Kinderball oder einer Tube Zahnpasta sah. Tagebücher, die während Bürgerkriegen geschrieben wurden, dokumentieren nicht nur das Schicksal einzelner Personen, sondern das ganzer Nationen.

Tagebücher sind die ideale Art, sich auf das Schreiben von Memoiren vorzubereiten. Ein Tagebuch ist der erste Entwurf unserer Erfahrung als Schriftsteller. Die Überarbeitung seiner Tagebücher gibt dem Schreiber ein Gefühl der Kontrolle über die Gestaltung einer Lebensgeschichte: Er schafft einen Zusammenhang und schreibt nicht nur für sich selbst, sondern für einen Leserkreis. »Wahre Lebenserinnerungen«, meint Patricia Hampl, »werden in der Absicht geschrieben, nicht nur sich selbst, sondern eine ganze Welt zu finden.«

Eben das tun langjährige Tagebuchschreiber, die den Stoff aus ihren Tagebüchern in eine kreative Textform umwandeln wollen: Sie entwickeln Erzählungen aus ihren Notizen, sie geben die Privatsphäre auf, um sich der Öffentlichkeit vorzustellen. Zunächst probieren sie verschiedene Formen autobiographischen Schreibens aus, um zu prüfen, welches Genre – Memoiren, Prosaliteratur, Lyrik – ihnen am besten zusagt. Kreative Sachliteratur bedient sich der Fakten des Lebens, der Techniken der Prosa und der nachhaltigen Bildersprache der Poesie.

## Die Geschichte erschließen

Wenn Lisa Colt ihre Tagebücher anschaut – »sie stehen im Bücherschrank in der Waschküche, die Buchrücken mit weißer Tinte säuberlich nummeriert« –, weiß sie, dass sie die Punkte in ihrer Geschichte miteinander verbinden. Wie kreiert man aus seinem Leben eine Geschichte? Die Autobiographie ist die chronologische Erzählung des eigenen Lebens. Sie ist meistens nicht redigiert und stellt eine Dokumentation dar, in der Tatsachen in der Reihenfolge ihres Geschehens, wie etwa Geburt, Familie, Bildung, Ehe, Karriere, dargestellt werden. In einem gewissen Sinne kommt die Autobiographie dem allerersten Tagebuch, das man führte, am nächsten – sie ist voller vordergründiger Informationen. Dieser immer noch unbearbeitete Stoff ist beinahe eine reine Abschrift von Ereignissen.

Um aber seine Memoiren zu schreiben, sucht der Schreiber aus wichtigen Fakten einige aus, auf die er sich konzentriert. So untersucht er etwa einen bestimmten Aspekt seiner Kindheit oder des Familienlebens und lässt die Handlung in einem begrenzten zeitlichen Rahmen spielen. Anders als in der Autobiographie, steht in den Memoiren ein ungelöstes Problem – gewöhnlich in Bezug auf die Identität des Schreibers – im Mittelpunkt einer Erzählung. In ihrem Bestseller *Ich weiß, warum der gefangene Vogel singt* erzählt Maya Angelou die ersten 16 Jahre ihres Lebens. Susanna Kaysens

Tatsachenbericht *Durchgeknallt, Seelensprung* beschreibt nur zwei Jahre ihres Lebens, an die sie sich zwanzig Jahre später erinnert. Der anhaltende Erfolg dieser Bücher liegt in der Darstellung von besonderen Lebensgeschichten, deren Themen von allgemein gültigem Interesse sind. Beide Bücher hätten als Rohmaterial in Tagebüchern versteckt bleiben können. Doch beide zeigen, was Memoiren im allerbesten Fall erreichen können: Sie geben anderen Menschen Mut – und die Erlaubnis –, den Zugang zu suchen zu ähnlichen Geschichten, die immer noch in Tagebüchern verborgen sind.

## Das Porträt im Spiegel

Alle Gattungen – Prosa, Memoiren, Lyrik – enthalten immer eine Form des Selbstporträts. Doch wie können Sie Ihre eigene Geschichte von den Lebensgeschichten anderer Menschen trennen; wie nehmen Sie dieses *Ich* für sich selbst in Anspruch?

Um anzufangen, sich vom Tagebuch zu lösen und kreative Erzählungen (ob Prosa oder Memoiren) zu schreiben, sollten Sie sich folgende Fragen stellen:

- Was steht für den Protagonisten auf dem Spiel? (In diesem Fall für den Tagebuchschreiber selbst.) Riskiert er, seine Liebe zu verlieren?

- Entscheidet er sich für ein bequemes, aber nicht besonders glückliches Leben?

- Was sind die Hindernisse, die den Charakter im Laufe seines Lebens hemmen oder prägen? Was war rückblickend der verborgene Schlüssel oder verborgene Segen, der den Dingen eine andere Wendung gab?

(Oft ist es Humor. Zu meinen Lieblingsmemoiren zählt Tobias Wolff's *Das Blaue vom Himmel*, eine chronologisch erzählte Geschichte, die von der repressiven Jugend des Autors und seinem schwierigen Stiefvater handelt. Wolffs Rettung waren seine sture Intelligenz, sein Humor und schließlich die Unterstützung seines älteren Bruders, der an der Ostküste lebte.)

## Suchen Sie nach dem roten Faden!

Wenn man ein Tagebuch führt, versucht man unbewusst, den umfassenden Sinn eines Lebens zu finden. Sie können diesen roten Faden finden, wenn Sie Ihre alten Tagebücher durchgelesen, wichtige Einträge gefunden und Geschichten umgestaltet haben.

### Stellen Sie sich in jedem Ihrer aktuellen Tagebücher in der dritten und nicht in der ersten Person vor.

Fragen Sie sich dann: Was möchte der Protagonist am liebsten? Beantworten Sie die Frage mit einem Satz, der mindestens ein Verb enthält, wie etwa »ein Zuhause finden«, »von einer Schuld freigesprochen werden«, »das Wort Erfolg nach eigenen Vorstellungen definieren«. Dies schafft einen größeren thematischen Rahmen, aus dem Sie automatisch den dazu im Zusammenhang stehenden Tagebuchstoff aussuchen.

Eine hilfreiche Möglichkeit, das komplexe Selbstbildnis, das die Grundlage aller Memoiren bildet, zu definieren, ist die folgende Frage: Wenn dies ein Roman wäre, welche zwei Schlussfassungen hätte er – ein konventionelle, gängige oder eine ganz neue, eher ungewöhnliche? Die Antwort auf diese Frage wirkt sich oft sehr nachhaltig sowohl auf die Arbeit als auch auf das Leben aus.

## Die Gestaltung der Geschichte durch Einzelheiten

Der wichtigste Schritt, den man unternimmt, wenn man aus dem Stoff der Tagebucheinträge seine Memoiren gestalten möchte, ist der Selektionsprozess. Es ist ebenso wichtig zu wissen, welche Einzelheiten oder Geschichten man auslässt wie welche man schließlich verwendet. »Wer Memoiren schreibt«, meint William Zinsser, »muss der Lektor seines eigenen Lebens werden. Er muss eine schwerfällige Geschichte straffen und ihr eine Erzählform geben.«

> Um das zu tun, sollten Sie nach Ausschnitten in Ihrem Tagebuch suchen, in denen Sie über rein Faktisches aus Ihrem Leben berichten. Versuchen Sie, ob nicht bestimmte Einzelheiten die Geschichte stattdessen darstellen können, aufbauend auf einer Reihe von narrativen Schnappschüssen. In Memoiren wird jedes Detail dazu verwendet, die Stimmung oder die Aussage der Erzählung zu schaffen.
>
> Um die Aussage zu formulieren, sollten Sie sich fragen: Was soll der Leser fühlen, wenn er die Memoiren zu Ende gelesen hat?

In ihrem autobiographischen Essay *Goodbye to All That* schildert Joan Didion, wie sich hinter ihrem naiven Optimismus, den sie mit 21 Jahren noch hatte, die Unwilligkeit verbarg, Verantwortung für ihr Erwachsenenleben zu übernehmen. Mit dem Satz »Es ist einfach, den Anfang der Dinge zu sehen, und es ist schwieriger, ihr Ende zu sehen« eröffnet sie den Essay über ihre acht leichtfertigen Jahre in New York. Didion stellt sie durch sorgfältig ausgewählte Details dar: Sie lebt in einer Wohnung, die nur mit einem geliehenen Bett, zwei Gartenstühlen und 50 m Seide für Vorhänge, die sich im Regen unrettbar verheddern, ausgestattet ist. Bereits Einzelheiten aus den ersten paar Abschnitten weisen auf eine gewisse Abwegigkeit hin: Das Kleid, das in Sacramento noch so schick war, sieht plötzlich schäbig aus und wirkt absurd, als sie in New York ankommt. In der Luft hängt der Geruch von Moder. Als sie sich in ein Hotel einmietet und nicht weiß, wie viel Trinkgeld angemessen ist, bekommt sie einen Schnupfen, weil sie zu gehemmt ist, um einen Hotelangestellten zu rufen, der die Klimaanlage abstellen könnte.

Auch der Romanschriftsteller, Dichter und Essayist Phillip Lopate hat lange Zeit die Aufzeichnungen seiner früheren Tagebücher verwendet. »Wie ein Eichhörnchen habe ich Nüsse versteckt für meine späteren Jahre, um dann das Versteck zu plündern.« Der Inhalt dieses Verstecks ging immer mehr und mehr in seine autobiographischen Schriften und Sachbücher über. »Ich habe herausgefunden, dass es eine persönlichere, direktere Beziehung gibt zwischen dem Tagebuchschreiben und dem Schreiben von Essays als in jeder anderen Art von Arbeit, die ich in anderen Literaturgattungen geleistet habe.« Sogar bevor er sein maßgebliches Werk *The Art of the Personal Essay* schrieb, fand Lopate, dass Einsichten und Meinungen, die in einem Tagebuch vermerkt worden waren, oft darauf warteten, »als ein Sprungbrett« für spätere biographische Schriften verwendet zu werden.

## Schreiben Sie über die Welt!

Wenn Sie aus Ihren Tagebuchaufzeichnungen Ihre Memoiren zu schreiben beginnen, müssen Sie den Leser in ein bestimmtes Milieu einführen. Für welches Thema Sie sich auch entschieden haben, Sie werden immer über einen bestimmten Ort, eine Kultur, sogar eine historische Epoche schreiben.

Zehn Jahre nach einer Reise durch Pakistan, Indien und Israel las Melinda Papowitz ihre Reisetagebücher, die sie unterwegs geschrieben hatte, und sah nun jedes Land in einem anderen Licht. Die Tagebücher waren voller malerischer Details: Märkte, auf denen reisende Fakire, religiös-asketische Angehörige islamischer Sekten, in weißen Hemden und grünen Turbanen betäubte Eidechsen verkauften, von denen geglaubt wurde, sie würden bei Impotenz helfen. Händler verkauften »billige Untertassen aus Lehm, gerollte Socken, haufenweise steife Büstenhalter. Handleser besaßen ihre eigenen Buden; ein Papagei pickte auf einer Karte herum, die die Zukunft offenbarte.« Vor einem nahe gelegenen Heiligenschrein »verteilten Pilger den Armen Reis, die auf der Erde saßen, eine Kupferschale zwischen den Beinen«.

Als sie begann, ihre Tagebucheinträge in Memoiren umzuwandeln, merkte sie, dass sie bei diesen Reisen immer am liebsten »Kirchen, buddhistische Schreine, indianische Schwitzhütten« besucht hat. Ein unbewusstes Muster – ihre eigene spirituelle Suche – kam hier zum Vorschein. Melinda erkannte, wie ihr Interesse an anderen Religionen dazu geführt hatte, dass jede einzelne, die sie kennen lernte, sie enger mit ihren eigenen religiösen Wurzeln verbunden hatte. »Im Schatten des Holocaust glaubten meine Eltern an die Einheit aller Menschen. Für mich als Suchende, der es wichtig war, die Schönheit in allen Religionen zu entdecken, wurde Pakistan zu einer Prüfung. Wie würde es sein, alle vier Stunden innezuhalten und Gottes Kraft zu ehren? Wie würde es sein, Ruhe auf dem Fußboden eines Schlafzimmers zu finden?«

Um den Stoff zu gestalten, erinnerte sie sich, »wie in der Stadt Lahore die dunstigen, sich langsam windenden Tage, die so faul waren wie die Sommernachmittage zu Hause, aufgeteilt waren zwischen den fünf Aufrufen zum Gebet.« Als sie die Betenden des Salat Gebets beobachtete, begann sie sich an die Geschichten um die fromme Familie ihrer Mutter zu erinnern. Als trauernde Frauen in Saris bei einem Begräbnis neben einem Scheiterhaufen sangen, erinnerte sie sich an die Klänge des Gebets am Trauergottesdienst für ihren jüdisch-orthodoxen Großvater in Brooklyn. Während ihr ihre Tagebuchnotizen als Grundlage für ihre Memoiren dienten, war ihre Vorstellungskraft frei, um zwischen mehreren Ländern zu wandern, fremden Kulturen, die ihr erstmals ihre eigene tiefgründige Welt eröffnet hatten.

Elaine Mar hat seit ihrer frühesten Kindheit in unterschiedlichen Kulturen gelebt. Im Alter von vier Jahren kam sie aus Hongkong in Amerika an und wuchs in Detroit in einer Arbeitersiedlung auf, in der ihre Familie ein Restaurant unterhielt. Anders als die anderen Mitglieder ihrer Familie, führte sie von ihrem zehnten Lebensjahr an Tagebuch, bis zu ihrem Abschluss an der Harvard Universität. Mar erzählte mir, Spuren zu hinterlassen bedeute für sie, ihrem Bedürfnis nachzugeben, »sich selbst in einem größeren Zusammenhang und nicht als isoliertes Element zu sehen«. Diese Auffassung ist mit poetischer Leidenschaft in ihren Memoiren *Paper Daughter* dargestellt, in denen sie sowohl die Geschichte ihrer Verwandten als auch ihre eigene erzählt.

Von frühester Kindheit an »übersetzte« sie fremde Kulturen für andere:

»Ich begann damit, noch bevor ich eine Erinnerung hatte und zwar so allmählich, dass ich den graduellen Wechsel von den angeordneten Übungen in chinesischer Kalligraphie zu meinem eigenen schriftlichen Ausdruck gar nicht wahrnahm. Als wir in Hongkong lebten und ich noch sehr jung war, lehrte mich meine Mutter, die Namen meiner Familie zu schreiben. Meine Eltern hatten nur kurze Zeit eine Schule besucht; sie kamen aus einer ländlichen Gegend von China und waren während des Krieges und der Hungersnot noch jung. Geschichte wurde aufgezeichnet, indem man die Namen der Familie und der Verwandten lernte, sie jeden Abend aufsagte und schließlich aufschrieb, wenn Papier, Tinte und Pinsel vorhanden waren. (Wenn man denn schreiben konnte – Analphabetismus war weit verbreitet und das Lesen und Schreiben deshalb eine besondere Fähigkeit.)

Die Namen der Familienmitglieder und der Verwandten zu kennen war besonders wichtig in den späten 1880er Jahren und im frühen 20. Jahrhundert, denn damals emigrierten viele Männer aus dem ländlichen Südchina unter falschem Namen in die USA (um die restriktiven amerikanischen Einwanderungsgesetze zu umgehen). Ohne das allabendliche Aufsagen konnte der richtige Name eines Mannes verloren gehen; er konnte vergessen werden im Dorf, in dem er geboren war und in dem seine Vorfahren auf seine Heimkehr warteten. Mein Großvater mütterlicherseits war einer dieser Männer, und meine Mutter sah es als ihre Pflicht, ihn (und alle unsere Vorfahren) nicht zu vergessen. Aus diesem Grunde musste ich auf ihren Wunsch hin die Kalligraphie üben, sobald ich einen Pinsel halten konnte. Ich war nicht älter als drei, wahrscheinlich sogar erst zwei.«

Die zukünftige Memoirenschreiberin, die einmal diese Geschichten in ihre Memoiren einweben würde, begann »die Familiennamen Reihe um Reihe in chinesische Kalligraphiehefte zu schreiben, deren Seiten mit einer Schnur zusammengehalten wurden. Die großporigen Seiten, die die Tinte gut aufsaugten, waren gefaltet und ergaben so Doppelseiten, damit ein Löschblatt rechtwinklig dazwischen geschoben werden konnte.« Während des zweiten Jahres der Familie in Amerika sorgte sich Mars Mutter, ob die Übungen ihre Sechsjährige nicht von den Schularbeiten abhielten. »Schließlich hatte meine Mutter den Einfall, mich auf Englisch schreiben zu lassen. Es war ihr gleichgültig, was ich schrieb (sie konnte kein Englisch lesen).« Mar verbrachte ihre Kalligraphiestunden damit, Englisch zu üben, indem sie Tagebuch führte. »Mit der Zeit verschmolzen die unterschiedlichen Wertvorstellungen; die chinesische Kunst der Schönschrift und die eher amerikanische Interpretation des Schreibens als eine Möglichkeit des Gefühlsausdrucks. Der Inhalt floss in die Linien ein, in die Federstriche, die Schrägstriche, die die Tradition forderte.«

An der High School schrieb sie Gedichte in Spiralhefte und während des Studiums in leinengebundene Tagebücher. »Meine eigenen Entwürfe für Gedichte, interessante Sätze und Beobachtungen schrieb ich weiterhin auf Notizpapier. Schreibübungen und Szenen für Erzählungen schrieb ich auch in das leinengebundene Tagebuch. Im College beschloss ich dann, das Schreiben aufzugeben, weil mir ein Dozent, der kreatives Schreiben unterrichtete, sagte, ich sei ein hoffnungsloser Fall. Ich dachte tatsächlich, ich hätte aufgehört, bis ich überall kleine Papierfetzen mit hingekritzelten Notizen darauf fand – auf den Fensterbänken und den Fußleisten des Schlafsaals im College. Als ich realisierte, was ich da tat, fing ich ernsthaft an, ein Tagebuch zu führen.«

Beinahe zehn Jahre später begann sie, die Memoiren *Paper Daughter* zu schreiben. »Ich bediente mich vieler Metaphern, Szenen und Ereignisse, die ich in meinen alten Tagebüchern aufgeschrieben hatte. Aber das war mir nicht bewusst, bis ich die Metaphern in meinem Manuskript ausarbeitete und aus einer Laune heraus meine alten Tagebücher hervornahm und las. Ich habe nicht den Stoff aus meinen Tagebüchern einfach ›geklaut‹. Ich las zunächst und rekonstruierte dann meine Erinnerungen.«

## Das Vermächtnis der anderen

Die Erforschung der vielen Aspekte einer Geschichte erwies sich als ein Durchbruch für die Schriftstellerin Nancy Kline, als sie ihren zweiten Roman schrieb, der in den dreißiger Jahren des 20. Jahrhunderts spielt. Jahrelang wusste Nancy, dass die Briefe, die ihr Vater während des Krieges nach Hause geschickt hatte, auf dem Dachboden des Hauses ihrer Mutter lagen. An einem sehr heißen Tag lehnte Nancy »eine ziemlich wackelige Leiter gegen die Falltür in der Decke, um die Kartonschachteln, die mit Büchern und Papier gefüllt waren, hinunterzubringen«.

Doch statt der Briefe ihres Vaters aus dem Krieg fand sie in einer Ecke das Tagebuch ihrer Mutter aus den zwanziger Jahren. »Ich blätterte es kurz durch und fühlte, dass ich hier eine Grenze überschritt.« In einem Gedicht schrieb die junge Frau, damals noch unverheiratet, über ihre Entscheidung, eine Abtreibung vornehmen zu lassen. »Ich war über diesen sehr persönlichen Eintrag überrascht, den meine mittlerweile über 90-jährige Mutter geschrieben hatte, als sie Mitte zwanzig war. An jenem Tag entdeckte ich, dass eine Frau, der ich noch nie begegnet war, die vor meiner Geburt existiert hatte, in diesem Haus, in dem ich später aufwuchs, gelebt hatte. Ich hatte sie zwar nie getroffen, aber in diesem Tagebuch konnte ich ihre Stimme hören.«

Die Entdeckung des Tagebuches, des Gedichts und vor allem der Stimme ihrer Mutter führte zu einem Durchbruch in Nancys Roman. Der Protagonist ist ein politischer Aktivist der dreißiger Jahre. Den zweiten Teil des Romans schrieb Nancy um; er wird nun nicht mehr »aus der Sicht der Tochter, sondern aus der Perspektive der Mutter dargestellt, bevor sie verheiratet war und Kinder hatte. Diese Entdeckung war für mich als Schriftstellerin ebenso überraschend, wie die Entdeckung des Gedichtes für mich als Tochter gewesen war.«

Mit der Zustimmung ihrer Mutter begann Nancy zeitgeschichtliche Details aus dem Tagebuch in ihren Roman einzuweben und auf diese Weise den historischen Hintergrund zu beleben. Sie beschloss, aus ihrer Hauptfigur einen Geiger zu machen. »Also verbrachte ich das folgende Jahr damit, Violinstunden zu nehmen und mich mit allen Geigern zu unterhalten, die ich kannte.« Dann, als sie den Roman schon zur Hälfte geschrieben hatte, entdeckte Nancy einen weiteren spannenden Eintrag im Tagebuch ihrer Mutter. In den zwanziger Jahren, als sie versuchte, eine Metapher für ihren politischen Idealismus zu finden, schrieb ihre Mutter: »Ein Bild erschien vor meinem geistigen Auge. Ich war ein Geiger, der das Radio einschaltete, als eine große Symphonie übertragen wurde, und seinen Part spielte.« Diese eigenartige Übereinstimmung mit Nancys eigenem Einfall schien ein Zeichen zu sein und ließ »sie zwei Tage lang weinen«. Sie fragte sich, ob das Tagebuch ihrer Mutter und der darin verborgene Stoff unbewusst ihre Vorstellungskraft angeregt hatten.

Nancy verwendete die Metapher aus dem Tagebuch der Mutter in ihrem Roman, rang aber gleichzeitig mit »den Grenzen« zwischen dem wirklichen Leben ihrer Mutter und ihrer kreativen Umgestaltung. Nachdem sich ihre Mutter bei ihr im Voraus für »das Schreiben ihrer Biographie« bedankt hatte, kam Nancy ins Straucheln. »Ich denke oft: Ich kann diesen Roman nicht schreiben. Aber darauf folgt immer der Gedanke: Du musst es tun. Wenn ich Prosa schreibe, ist es meine anspruchsvolle Aufgabe als Schriftstellerin, mich so weit wie nur möglich von dem noch unbearbeiteten Stoff zu distanzieren, ihn zu absorbieren, um ihm schließlich zu entfliehen. Ich trenne die Tochter von der Schriftstellerin, die wirkliche Mutter als junge Frau von der erdichteten Mutter. Ich möchte unbedingt die authentische Stimmung der dreißiger Jahre des letzten Jahrhunderts erfassen, und dafür ist mir die Stimme meiner Mutter gegeben worden. Trotzdem müssen es meine dreißiger Jahre sein; die dreißiger Jahre, die ich mit meinen sehr modernen Augen sehe.«

## *Übungen und Anregungen*

- Blättern Sie Ihre alten Tagebücher durch, und suchen Sie zehn Einzelheiten aus, die Ihnen besonders gut gefallen.
  Weben Sie so viele wie möglich in einen einzelnen narrativen Schnappschuss.
  Überprüfen Sie, wie viele dieser Informationen als Anfangszeilen für Gedichte verwendet werden können.

- Wählen Sie zwei Einträge aus einem alten Tagebuch, in denen Sie ein wichtiges Ereignis zusammengefasst haben. Versuchen Sie jetzt den Vorfall bildlich darzustellen, indem Sie vor allem gegenständliche und sinnesbezogene Ausdrücke verwenden.

- Schreiben Sie auf einer Seite eine autobiographische Darstellung. Erzählen Sie in der dritten Person. Dies wird Ihnen sofort die nötige Distanz geben.
  Drehen Sie dann das Blatt um und listen Sie spontan mehrere Geschichten auf, die Sie in

Ihrer Zusammenfassung ausgelassen haben. Der Rückseite müssen Sie besondere Aufmerksamkeit widmen, denn sie geht über die Art hinaus, in der wir uns üblicherweise unserer Umwelt zeigen.

- Gestalten Sie mehrere alte Tagebucheinträge um, indem Sie öfter anstelle des Wortes »ich« die Ausdrücke »er« oder »sie« verwenden. Es ist eine einfache Technik, emotional aufgeladenen Stoff zu entschärfen. Sie können sogar erste Entwürfe Ihrer Memoiren auf diese Weise beginnen, um dann später langsam zum »ich« zu wechseln.

# 10.
# Leben, um die Geschichte zu erzählen: Das Schreiben über andere Menschen

Mein erster Stiefvater meinte jeweils, dass meine Unwissenheit über viele Dinge ein Buch füllen könnte. Nun, hier ist es.

*Tobias Wolff*
(aus: *Das Blaue vom Himmel*)

1976 rettete der Romanschriftsteller Ron Carlson eine Einkaufstüte, die seine Frau irrtümlich zum Abfall auf den Randstein gestellt hatte. Die Tüte war sein Tagebuch. An jenem Tag hatte er den ersten Entwurf seines ersten Romans *Betrayed by F. Scott Fitzgerald* beendet. Er legte die Tüte auf seinen Schreibtisch, den er eben erst aufgeräumt hatte. »Zu dieser Zeit war mein Tagebuch eine große Einkaufstüte, die bis zum August 1976 etwa 18 kg Papierstücke in jeder Form enthielt. Auf Briefumschläge, gefaltete Notizblätter, zerrissene Zettel, Hochzeitsanzeigen, Rodeoprogramme und Ähnliches hatte ich alle möglichen Notizen hingekritzelt.«

Carlson verbrachte beinahe den ganzen Tag damit, den Inhalt seines Tagebuchs ins Reine zu tippen. Später »las ich meine nun säuberlich geschriebenen Notizen durch und schrieb auf, an welcher Stelle meines Romans ich glaubte, einen Eintrag einfügen zu können«. Rund drei Viertel seiner Notizen konnte er an verschiedenen Manuskriptstellen einsetzen. So entstand allmählich der zweite Entwurf des

Romans. »Ein- oder zweimal im Jahr, wenn ich etwas machen möchte, ohne groß darüber nachdenken zu müssen, nehme ich den Ordner mit meinem Papierkram hervor und tippe den Inhalt in eine Computerdatei, die ich ›Notizen‹ nenne. Diese Datei ist sozusagen eine entfernte Verwandte der Einkaufstüte.« Aber sogar die ersten chaotischen Notizen, die ich als Papierfetzen in eine Tüte warf, »sind die materielle Manifestation der Art und Weise, wie mein Verstand funktioniert. Sie sind meine geistigen Funken.«

Carlsons gerettete Einkaufstüte ist eine perfekte Metapher für all die Papierstückchen, die wir sicher aufbewahren, bis der richtige Augenblick kommt. Die paar hingekritzelten Zeilen auf einer Eintrittskarte oder einem alten Konzertprogramm haben wir aufbewahrt, um uns später an etwas aus unserem oder dem Leben anderer Menschen erinnern zu können. Es sind allerdings unsere Aufzeichnungen über andere, die oft über Jahre hinweg vieles verborgen halten. Lebenszeiten. Der Wandel vom Tagebuch zum kreativen Schreiben bedeutet weit mehr als eine Verlagerung von der Darstellung unserer inneren Entwicklung zu verschiedenen Formen der Literatur. Er setzt vielmehr ein, wenn wir beginnen, uns jenseits unseres Selbst zu bewegen, um über die ganze Welt zu schreiben. Unsere eigenen tief schürfenden Lebensgeschichten führen unweigerlich dazu, dass wir über andere Menschen schreiben.

Die anderen Menschen in unserem Leben. Es geht uns immer gut, bis wir im Laufe des Schreibens unserer Memoiren zu *diesem* Teil gelangen. Plötzlich verstummen schlagartig fünfzehn selbstsichere Stimmen. Das Porträt eines Charakters ist zwar der letzte kurze narrative Schnappschuss in meinen Kursen über das Verfassen von Sachbüchern, doch kann das Schreiben über andere Menschen trotzdem für manche am Anfang eine heikle Angelegenheit sein. Zweifel schleichen sich ein; Unklarheit breitet sich aus. Der Zensor fühlt sich wie im Himmel. Schließlich sind es oft unsere Auseinandersetzungen mit anderen Menschen, die uns zuerst dazu gebracht haben, uns unseren Tagebüchern anzuvertrauen. Jene Lebensbegleiter, die uns verrückt machen – Eltern, Ehepartner, Kinder, verflossene Lieben, Freunde, Verwandte.

Ich schaue die Klasse an und sage meinen Schülern die harte Wahrheit: Das Schreiben über andere ist der erste – nicht der letzte – Schritt dazu, um unsere eigene Geschichte bewusst und ehrlich zu sehen. Auf diese Weise bringen wir die Perspektive ins Gleichgewicht. Ich erinnere meine Schüler daran, dass sie die ganze Zeit schon über andere geschrieben haben, wenn auch unbewusst. Bis zum Schnappschuss, in dem sie über eine Konfliktsituation schreiben, bleiben andere Menschen im Hintergrund. Aber sogar in Tagebüchern ist schon der Ton – sehnsüchtig, zornig, verzweifelt – ein wichtiger Hinweis darauf, um feststellen zu können, wie wir anderen Menschen gegenüberstehen. Der Ton ist das Messgerät, das uns unsere Ängste und Wünsche anzeigt. Wenn Sie über einen anderen Menschen schreiben, fertigen Sie immer ein doppeltes Porträt an: eines von ihm und eines von Ihnen. Die Art, wie Sie die Geschichte gestalten, der Ton, den Sie wählen, lässt Sie entscheiden, was Sie erzählen wollen und was nicht.

Wenn wir über andere Menschen schreiben, erscheinen wir – und nicht nur sie – in einem neuen, oft realistischeren und gleichzeitig komplexeren Licht. Dies zeigt die Romanschriftstellerin und Tagebuchschreiberin Mary Gordon in ihren Memoiren *The Shadow Man* über ihren intellektuell anspruchsvollen Vater, der starb, als sie sieben Jahre alt war. Mit Mitte vierzig beschloss sie, sein Leben zu erforschen, und entdeckte, dass in seiner Geschichte nur wenig wahr war. Seine Geheimnisse bewegten sie dazu, ihre eigene Lebensgeschichte neu zu definieren. Wer war sie? Immer noch die bewundernde – und einmal angebetete – Tochter, die ihr Selbstvertrauen als Schriftstellerin auf dem erfolgreichen, aber erfundenen Leben ihres Vaters aufgebaut hatte? »Was ich als roten Faden verstanden hatte, nach dem ich lebte«, schreibt sie, »musste ich als Illusion begraben. Das hat dazu geführt, dass ich mir nun vielleicht neue Illusionen mache, aber diesmal sind es meine eigenen.«

## Die eigene Geschichte und die der anderen

Vor zwei Jahren nahm eine ruhige ältere Frau, deren graues Haar ihre Augen noch blauer leuchten ließ, an meinem Kurs über das Schreiben von Memoiren teil. Heidi Whites Entscheidung, über ihren Vater zu schreiben, war leicht getroffen. Sie bewunderte und respektierte seine wirklichen Leistungen, und sie hatte eine dramatische Geschichte zu erzählen: Ihr Vater, ein liberaler katholischer Journalist, hatte einer Gruppe angehört, die heimlich im letzten Kriegsjahr ein Attentat auf Hitler plante. Nach dem Krieg, den er überlebt hatte, wurde er in die neue deutsche Regierung gewählt und begann, seine Memoiren zu schreiben. Heidi ließ sich zur gleichen Zeit mit ihrem amerikanischen Mann, einem Hochschulabsolventen, in New Haven nieder.

Vierzig Jahre später beschloss sie, die Geschichte ihrer Kindheit bis zur Volljährigkeit aufzuschreiben. (In den veröffentlichten Memoiren ihres Vaters wurde sie nur auf drei Seiten erwähnt.) Als sie über die Jahre zu schreiben begann, die sich vor dem Hintergrund der Vor- und Nachkriegszeit in Deutschland abspielen, wollte sie die Perspektive eines Kindes auf den heroischen, aber abwesenden Vater zu Papier bringen, ebenso wie die Mädchenjahre, in denen sie mit seinem Vermächtnis rang. Doch wie konnte sie sich in ihre

Geschichte einbringen, wenn sie über ihren Vater schrieb? Während sie die chronologische Reihenfolge der Ereignisse beibehielt, wechselte sie von der Autobiographie zu Memoiren, indem sie wichtige Wendepunkte ihres Lebens als eine Reihe von Schnappschüssen verfasste: wie sie von Stadt zu Stadt zogen, als ihr Vater seine Stelle verlor, weil er sich weigerte, regimefreundliche Artikel zu schreiben. Wie sie weit weg von ihrer Familie ein Jahr lang in einem Krankenhaus versteckt lebte, das in einem Kloster untergebracht war und Kriegsverletzte beherbergte. Wie sie nach dem Krieg alleine den langen Weg nach Köln zurückwanderte. Wie sie dort in einer durch Bomben beinahe zerstörten Wohnung lebte und ihr Lieblingsbruder an Krebs starb.

Nicht nur ihr Vater, sondern auch der Krieg und die Naziherrschaft wurden zu zentralen Themen ihres Buches. Während sie den ersten Entwurf ihrer Memoiren schrieb, dachte sie darüber nach, wie diese historischen Ereignisse ihr Leben und das ihrer Familienmitglieder geprägt hatten. Für den Einstieg wählte sie einen Schnappschuss aus ihrem Tagebuch, in dem sie einen Gegenstand beschreibt: einen einfachen Kieselstein, den sie bei einem Spaziergang aufgehoben hatte. Er symbolisierte die Dauer ihres weit über sechzigjährigen Lebens: »Wenn ich meine Hand um den Kieselstein schließe, bohren sich seine unebenen Ränder in meine Haut. Es ist ein gewöhnlicher grauer Stein mit rostroten und schwarzen Flecken in den tiefen Ritzen. Wenn ich ihn halte, träume ich nicht mit offenen Augen, wie ich es tue, wenn ich den glatten Marmorstein in der Hand halte, den ich letztes Jahr auf der griechischen Insel Samos kaufte. Manchmal verstecke ich den Kieselstein mit den roten Flecken, die wie getrocknetes Blut aussehen, unter einem Stapel Papier auf meinem Schreibtisch.«

»Ich fand den Stein an einem kalten Märztag dieses Jahres während eines Spaziergangs am Ufer des Wannsees in Berlin.

Als ich mich hinunterbeugte, konnte ich am gegenüberliegenden Seeufer eine Häusergruppe erkennen, die im grauen Nebel lag. In einem dieser Häuser hatte Hitler das Abkommen über die abscheuliche und grausame Endlösung unterschrieben.« Beinahe ein halbes Jahrhundert nach diesem historischen Ereignis reiste sie nach Berlin als ein Mitglied der Gruppe »One-By-One«. Sie nahm das Vermächtnis ihres Vaters an, indem sie sich am »Dialog zwischen den Kindern der Holocaust-Überlebenden und den Nachkommen der Täter im Dritten Reich« beteiligte. Da sie ihre Berufung am Anfang ihrer Memoiren beschrieb, konnte sie im Folgenden darstellen, wie der Krieg ihr Leben beeinträchtigt hatte, lange bevor sie nach Amerika zog. Indem sie die einzelnen Punkte in ihrer und in den Geschichten anderer Menschen miteinander verband, gelang es ihr schließlich, in ihren Erinnerungen und Erlebnissen einen Sinn zu sehen.

## Das Porträt der anderen

Das Schreiben über andere sollte aus zwei verschiedenen Winkeln betrachtet werden. Die Konflikte – die Angst, andere zu verletzen, und das Risiko, sich selbst bloßzustellen – sind real. Aber ebenso real ist das Bedürfnis, die eigene Geschichte zu erzählen – auch wenn wir sie niemals irgendjemandem zeigen. Das fällt uns sehr viel leichter, wenn wir eine subtile Tatsache erkennen: *Jeder* von uns hat schon einmal seine persönliche Version der Vergangenheit geschaffen. Sie mag oder mag nicht mit der Sichtweise anderer Personen auf die gleichen Ereignisse oder ihre Erinnerung daran übereinstimmen. »Die Party wurde *nicht* für dich gegeben, die Spinne war *keine* Schwarze Witwe«, betonen Joan Didions Familienmitglieder, als sie eine gemeinsame Erinnerung vergleichen. Aber es ist unsere Vergangenheit, unsere Version. Dazu bemerkt

Patricia Hampl: »Wenn wir uns weigern, die Arbeit auf uns zu nehmen und eine persönliche Fassung der Vergangenheit zu schaffen, dann wird es jemand anderer für uns tun.«

Damit Sie einen klaren Blick für andere Menschen entwickeln können, ist es hilfreich, zunächst Ihr eigenes Porträt anzufertigen.

Jeder, der Probleme damit hat, die Charaktere anderer Personen darzustellen, sollte die folgende einfache, aber wirksame Methode ausprobieren. Am besten wenden Sie sie an, indem Sie spontan losschreiben, an einem belebten Ort, damit der Lärm Sie – und ihren Zensor – ablenken kann. Beantworten Sie schnell, ohne nachzudenken, folgende Fragen:

- Inwiefern wäre Ihr Leben anders verlaufen, hätten Sie sich anders entwickelt, wenn Sie einen bestimmten Menschen nicht gekannt hätten? (Oft ist es überraschend zu sehen, wie Widrigkeiten den Charakter formen. Zumindest versorgen sie uns mit unendlich viel Schreibstoff.)

- Was ist Ihre wichtigste Erinnerung an diesen Menschen?

- Wie beeinflusst diese Erinnerung auch weiterhin Ihr Leben?

- Auf welche für Sie bedeutende Art und Weise unterscheiden Sie sich von dieser Person?

- Welche gemeinsamen Eigenschaften und Gewohnheiten, die Ihnen eher unangenehm sind, besitzen Sie?

- Was haben Sie dieser Person noch nie erzählt?

- Wie würde ein Außenseiter Ihre Beziehung zu dieser Person beschreiben?

Die letzte Frage ruft oft entweder die Antwort »liebevoll« oder »fürchterlich« hervor. Die Wahrheit liegt gewöhnlich irgendwo dazwischen. Ein gutes Porträt setzt sich immer aus verschiedenen Aspekten eines Charakters zusammen. Für Memoiren gilt die wichtige Regel der Dichtung: Geben Sie immer auch der schlechtesten Figur eine gute Eigenschaft oder Fähigkeit, um sie glaubwürdig zu gestalten. Wenn eine Figur nur als schlecht dargestellt ist, sind sowohl der Schreiber und als auch die Geschichte unglaubwürdig.

Es gibt verschiedene Möglichkeiten, wie man beginnen kann, über andere zu schreiben.

Listen Sie spontan Fragen auf, um spezifische Details, die typisch sind für jedes Charakterporträt, zu finden. Andere Personen werden zunächst durch ihre Wünsche, ihre Ängste und ihren Besitz definiert. Hier sind einige Beispiele:

- Beschreiben Sie vier Gegenstände, die Sie in der Hausapotheke oder im Badezimmerschrank einer anderen Person versteckt gefunden haben.

- Beim Verzehr von welchem Nahrungsmittel wäre es ihr peinlich, erwischt zu werden?

- Beschreiben Sie ein Ensemble oder ein Kleidungsstück aus ihrem Kleidungsschrank, das sie nur einmal angezogen hat. Warum?

- Beschreiben Sie einen Gegenstand, von dem sie sich nie trennen würde, obwohl es seine Bedeutung oder seinen Wert schon lange verloren hat.

- Beschreiben Sie einen Körperteil oder eine Geste, die jemand, der hinter dieser Person in einer Schlange in der Bank steht, auffallen würde.

- Was ist ihre irritierendste Geste oder Angewohnheit?

- Welche Spitznamen aus ihrer Kindheit sind an dieser Person hängen geblieben?

- Falls die (wirkliche oder nur fiktive) Stimme dieses Menschen Ihre eigene zum verstummen bringt, falls sie es Ihnen sogar schwer macht, einen Anfang zu finden, dann schreiben Sie eine Szene, in der Sie sich aus der Perspektive des *anderen* darstellen.

Das ist eine Technik, die oft weiterhilft. Diese Erfahrung machte eine Frau, deren älterer Bruder absichtlich seine verrosteten Autos in ihrem Garten abstellte. Als sie die Geschichte aus seiner Perspektive erzählte, kam sie zu der Einsicht: Sie entdeckte, dass er sich schämte, weil er in seinem Beruf nicht so erfolgreich war wie sie in ihrem. Und sie entdeckte seine Einsamkeit, weil er keine Familie hatte. Schließlich zeigte ihr Porträt ihre Schuldgefühle, weil sie ihrem talentierten, aber erfolglosen Bruder nicht helfen konnte, dessen Zorn – wie sie nun erkannte – seine Depression verbarg.

Die beste Waffe, die Sie haben, wenn Sie offen und ehrlich über andere Menschen schreiben, ist diejenige, die heilsam ist: der Humor. (In zweien meiner Lieblingsmemoiren, Tobias Wolffs *Das Blaue vom Himmel* und Frank McCourts *Die Asche meiner Mutter*, verhindert Humor einerseits Selbstmitleid, verstärkt andererseits aber auch die Darstellung der Schrecken, die eine wurzellose Kindheit mit sich bringt.) Jayne Lacey, die Schwierigkeiten hatte, fließend und leicht über ihre Eltern zu schreiben, konzentrierte sich stattdessen darauf, den Charakter des einen wirklich humorvollen Familienmitglieds zu porträtieren: die Großmutter, die auf einem Campingplatz lebt. Sie hat immer den gerade aktuellen Ehemann im Schlepptau und schummelt beim Kartenspiel oder beim Monopoly. Sie »betont die ersten beiden Buchstaben eines Wortes und sagt zum Beispiel anstatt ›blau‹ ›be-lau‹«. Und sie wirft an der Hochzeit ihrer Enkeltochter dem Bräutigam schöne Blicke zu.

Jayne Lacey suchte in ihrem Tagebuch Hinweise auf die Großmutter und begann das Porträt der gutmütigen Intrigantin mit einer frühen Erinnerung: »Eines stickig heißen Tages im Juni bog ein metallicblauer Ford Sedan mit einer Zulassungsnummer aus Florida in unsere asphaltierte Einfahrt ein, die voller Risse und Sprünge war. Meine Großmutter, die aus dem staubigen Ford stieg, beugte den Kopf, um ihre steife Frisur, die sie nachts in Toilettenpapier wickelte, zu schützen. Sie trug ein eng anliegendes, pinkfarbenes Trikot mit V-Ausschnitt und hautenge Hosen aus Polyester. Ich stellte mir vor, wie meine Mutter später am Telefon ihrer Schwester sagen würde, dass ›Ma‹ Kleider in einer größeren Konfektionsgröße kaufen sollte. Und, wenn sie schon dabei wäre, sollte sie sich auch noch einen passenden BH besorgen.«

## Leben, um die Geschichte zu erzählen

Eine Krise ist oft der Katalysator, der uns ein Tagebuch führen oder unsere Memoiren schreiben lässt. Catherine Texier tat während eines einzigen Jahres beides. In jenem Jahr ging ihre Ehe, die 18 Jahre gedauert hatte, zu Ende, und die Ereignisse zogen auch ihre Arbeit in Mitleidenschaft. Texier, deren Mann Schriftsteller war, gab zusammen mit ihm in New York eine Literaturzeitschrift heraus. »Über die Situation, in der mein Mann entscheiden musste, ob er mich wegen einer anderen Frau verlassen sollte, hatte ich keine Kontrolle. Aber ich hatte die Kontrolle über meine Worte.« Das Tagebuch, das ihr »wie ein Dokumentarfilm« vorkam, gab ihr die nötige Distanz zum ständigen Auf und Ab ihrer Ehe. Am späten Abend tippte sie ihre Tagebucheinträge in den Computer. Sie beobachtete, wie sie sich immer weniger auf den Wunsch, die Ehe aufrechtzuerhalten oder die literarische Zusammenarbeit zu retten, konzentrierte. Die eigentliche Geschichte, die zum Vorschein kam, handelte von ihrem Versuch, ihren beiden Töchtern ein normales Leben zu bieten und sich gleichzeitig selbst in der Mitte ihres Lebens neu zu definieren.

Während er im Nebenzimmer saß, schrieb Texier oft Dinge in ihr Tagebuch, die sie ihm nicht zeigen konnte, aus Furcht, ihn zu verlieren: Verwirrung, Bedürftigkeit, Angst. »Am Anfang schrieb ich noch an ihn. Doch innerhalb eines Monats wechselte ich vom *du* zum *er*. Ich wusste, dass ich im Begriff war, eine Geschichte zu schreiben.« Das Tagebuch war ihr Rettungsanker. Texier, die selbst auch schon Bücher veröffentlicht hatte, wusste instinktiv, wie sie Szenen, die in ihren Tagebüchern auftauchten, gestalten und straffen musste. Die widersprüchlichen Regungen eines sich trennenden Paares stellte sie durch einzelne Szenen dar: das nächtelange Warten auf seine Rückkehr; mit ihm zu schlafen und dabei nichts weiter als den Verlust der Leidenschaft zu spüren.

Texiers Memoiren in Tagebuchform, die unter dem Titel *Breakup* erschienen sind, zeichnet das Auseinanderbrechen einer Familie auf, die sich in einem langsamen Kreuzfeuer zersetzt. Anfänglich war es ihre Wut, die sie an eine Veröffentlichung denken ließ. Als sie sich aber dazu entschloss, die Tagebucheinträge zu Memoiren umzuarbeiten, wollte sie »eine umfassendere Geschichte als die einer verlassenen Ehefrau aufgreifen. Das Selbstporträt, in dem man sich als Opfer darstellt, verdeckt nur die wahre Geschichte. Es ist weniger ein Bild von ihm oder sogar von mir als von einer beliebigen Person zu einem bestimmten Zeitpunkt ihres Lebens, die für sich den Begriff Kontrolle neu definieren muss. In meinem Fall bedeutete Kontrolle warten, bis ich wusste, dass der richtige Moment gekommen war, um loszulassen.« Das, so erzählte mir Texier kürzlich an einer Straßenecke in New York, erlaubte ihr, das Ende ihrer Ehe zu akzeptieren. Im Augenblick sind die beiden ehemaligen Ehepartner dabei, eine gesunde Zusammenarbeit als Eltern aufzubauen. Und Texier ist froh darüber, eine Spur hinterlassen zu haben, die zeigt, wie das zustande kam.

## Die Nachahmung des Gedächtnisses

Memoiren, wie auch Tagebücher, ahmen oft die Art und Weise nach, wie unser Gedächtnis funktioniert: Es bewegt sich hin und her zwischen Vergangenheit und Gegenwart und versucht Ereignissen einen Sinn zu geben. In ihren bekannten Memoiren *Durchgeknallt, Seelensprung*, die über zwei Jahre in einer psychiatrischen Abteilung für jugendliche Mädchen berichten, hat Susanna Kaysen absichtlich die Zeitfolge aufgebrochen, um die Erinnerung selbst wiederzugeben. Zwanzig Jahre nach dem Klinikaufenthalt begann Kaysen in groben Zügen eine Reihe von zwei- bis vierseitigen narrativen Schnappschüssen zu schreiben. Diese ersetzten für sie das Tagebuch, das sie zur Zeit ihres Klinikaufenthalts nicht führen konnte.

Kaysen straffte die Szenen und schrieb sie auf Notizkarten. Als sie endlich so weit war, ihre Memoiren strukturieren zu können, verteilte sie die Karten auf dem Boden und brachte die einzelnen Szenen absichtlich durcheinander. Die lockere Anordnung lässt die Leser den chaotischen Humor und Schrecken des Lebens in der Anstalt erfahren. Der wirkliche Kunstgriff bestand aber darin, dass sie mit klugem Mitgefühl über die anderen Patientinnen in der Anstalt schrieb und auf diese Weise geschickt Einzelheiten über ihre eigene Familie umgehen konnte. Damit der Leser etwas über Kaysens Kindheit erfährt, muss er Detektivarbeit leisten, indem er die verborgenen Details in ihrer offiziellen Fallgeschichte, die in die Memoiren eingefügt wurde, sorgfältig liest. »Die Menschen fragen mich: ›Wie bist du denn dorthin gekommen?‹ Was sie wirklich wissen möchten, ist, ob sie eventuell auch dort enden könnten«, schreibt sie. »Ich kann ihnen nur sagen, dass das sehr einfach geschehen kann.«

## Wahren Sie Distanz zu Ihrer Geschichte

Wie bei den Suchbildern, die ich als Kind betrachtete, ist das, was in einer Geschichte fehlt, oft interessanter als das, was vorhanden ist. Dies gilt vor allem dann, wenn man über andere schreibt. In Tagebüchern geschieht unabsichtlich, was in Memoiren absichtlich geschieht: eine Verfälschung der Realität durch Ereignisse und Gedanken, die nicht aufgeschrieben wurden. Wir können in Tagebüchern einfach nicht die ganze Wahrheit aufzeichnen. Die ganze Wahrheit können wir, oft viele Jahre später, nur im Rückblick sehen. Die Memoiren sind die bewusste Gestaltung dieser vollständigeren, endgültigen Wahrheit. Ist jedes einzelne Detail in Memoiren wahr? Ich zweifle daran. Die Zeit ist komprimiert, einzelne Szenen sind zu Erzählungen umgearbeitet worden, den Figuren werden Eigenschaften angedichtet, die wir aus unserer jahrelangen Erinnerung selektieren. »Der springende Punkt ist für mich nicht der Unterschied zwischen Realität und Dichtung«, meint Toni Morrison, »sondern der Unterschied zwischen Realität und Wahrheit.«

Ironischerweise erweist sich die Unfähigkeit, wahrheitsgetreu ein Tagebuch zu führen, zum Vorteil des Schreibers. Den Stoff aus den Tagebüchern umzugestalten befriedigt das Bedürfnis, die Linien zu verwischen, eine Geschichte in großen Zügen darzustellen und in ihrer Mitte die tieferen emotionalen Wahrheiten zu finden. Memoiren rekonstruieren nicht eine Welt, sondern interpretieren sie; das, was uns bekannt ist, wird umgewandelt. Das Schreiben von Tagebüchern und Memoiren führt unweigerlich dazu, eine Antwort auf eine Frage bezüglich unserer Identität und der anderer Menschen finden zu wollen; gleichzeitig werden dabei die Schwierigkeiten, auf die wir auf diesem Weg stoßen, aufgedeckt. Wenn ein Tagebuchschreiber narrative Schnappschüsse in die Memoiren einfügt, so lernt er dabei eine Schreibtechnik, die jeder Prosaschriftsteller aus erster Hand kennt: Die Geschichte wird von hinten nach vorne erzählt. Oder der Anfang wird zumindest mit einem dramatischen Ereignis eingeleitet. Heidi White bediente sich dieser Technik, indem sie beschrieb, wie sie als über sechzigjährige Frau Hitlers Hauptquartier in Berlin besichtigte und einen Kieselstein auflas, der sie an ihre verlorene Kindheit erinnerte.

Zurückzutreten und den Stoff klar zu überblicken bedeutet, schonungslos die Klischees zu durchschauen, die dem Thema, über das man schreibt, anhaften. Susanna Kaysen untergräbt zum Beispiel unsere Erwartungen über psychiatrische Anstalten, indem sie mit unbestechlicher Klarheit – und viel Humor – schreibt. Das Buch von Geoffrey Wolff, dem Bruder von Tobias Wolff, *The Duke of Deception*, ist ein einmaliges Meisterwerk unter den Memoiren. Er beschreibt darin seinen betrügerischen Vater, der Autos, die er probeweise fuhr, behielt und Schuldscheine hinterließ. »Eines Tages, als ich über meinen Vater schrieb, ohne den Wunsch zu verspüren, Erstaunen oder Liebe auszulösen, begriff ich, dass ich sowohl sein Geschöpf bin als auch das Produkt seines Zeugungsaktes. Ich kann jetzt nicht die Überzeugung abschütteln, dass ich zu einem Werkzeug aufgezogen wurde, das seiner Verewigung dient, dass ich in die Welt gesetzt wurde, um ihn in meinen Aufzeichnungen zu verewigen.«

»Nun werde es endlich los«, sagte Mary Karrs Mutter zu ihr. Sie wusste, dass ihre Tochter in ihren Memoiren über ihre gestörte Kindheit schrieb, die unter dem Titel *Der Club der Lügner* veröffentlicht wurden. »Meine Mutter akzeptierte meine Geschichte aus der Perspektive des Kindes, das ich gewesen war, als ein unantastbares Anrecht. Vielleicht war das so, weil sie als junge Kunststudentin in New York perspektivisches Zeichnen studiert hatte, weil sie wusste, wie der Künstler je nach seinem Standpunkt einen anderen Ausblick auf die Welt hat.«

## *Übungen und Anregungen*

- Teilen Sie eine Seite von oben nach unten. Schreiben Sie auf der linken Seite kurze Beschreibungen über sich selbst, die Sie in Intervallen von jeweils zehn Jahren darstellen. Fertigen Sie danach Beschreibungen von einer anderen Person an, die Sie auf der rechten Seite aufschreiben. Unterstreichen Sie nun auf beiden Seiten Zeitpunkte, die in Ihrer beider Leben von besonderer Bedeutung waren. Was war die Reaktion von Ihnen beiden auf diese Zeitpunkte? Wie haben sie den weiteren Verlauf Ihrer Beziehung beeinflusst?

- Bitten Sie drei Menschen, die Sie seit langem kennen, einen einseitigen Brief zu schreiben, in dem sie Sie zu verschiedenen Zeitpunkten Ihres Lebens beschreiben. Dies wird Ihnen sofort ermöglichen, Ihr Leben im richtigen Verhältnis zu sehen.
- Die Dichterin Maria Kraus schreibt in ihre Tagebücher oft Briefe an andere Menschen, zu denen sie keinen Kontakt mehr hat. Einige sind gestorben; andere sind einfach nur umgezogen. Einen Dialog fortzusetzen vertieft unser Verständnis für andere und deren Rolle in unserem Leben. Schreiben Sie Ihrer verstorbenen Mutter. Oder dem Lehrer, dessen Namen Sie vergessen haben, der Sie aber als Erster auf die Idee brachte, Ihren heutigen Beruf zu ergreifen.
- Listen Sie alle Klischees auf, die Sie mit einem Thema, über das Sie gerade schreiben, assoziieren. Lesen Sie noch einmal einen Entwurf durch, und denken Sie darüber nach, wie Sie Klischees vermieden oder angewendet haben. Achten Sie dabei besonders auf die Falle namens Sentimentalität. Fangen Sie an, nach einem zentralen Thema oder Motiv zu suchen, das sich durch den Entwurf zieht und eine Verbindung zwischen den einzelnen Geschichten schafft.

# II.
# Tagebücher: Wiedergewonnene Vergangenheit, erdichtete Zukunft

In den Tagebüchern anderer Menschen habe ich so viel von mir selbst entdeckt. Ich wünschte mir, dass sich eines Tages zukünftige Leser in meinen Worten wiederfinden, dass ich ihnen Beispiele, Warnungen, Mut und Unterhaltung geben kann. In jenen unredigierten flüchtigen Einblicken in das Innere eines Menschen liegt ein weiteres jener Abkommen, das die Nachwelt mit dem Alltag schliesst.

*Gail Godwin*

»Als ich eine junge unschuldige Studentin am College war, gab ich mein aktuelles Tagebuch meinem jeweiligen neuen Freund zum Lesen, damit er mich ›verstehen‹ konnte. Die *armen* Jungs.«

Während Marcia Deihl mir das erzählt, verzieht sie ihr Gesicht in gespieltem Schrecken und wirft dabei die Arme in die Luft, als würde sie so ihre damalige Torheit verscheuchen wollen. Es ist eine ungeschriebene Regel: Zu verkünden, dass man ein Tagebuch führt, ist so, als würde man sich eines Lasters brüsten; weder das eine noch das andere ist für die Öffentlichkeit gedacht. »Ich kann jetzt entscheiden, ob ich einer engen Freundin einen Ausschnitt aus einem alten

Tagebuch zeige, doch das aktuelle ist hinter Schloss und Riegel.«

Marcia erzählt mir, wie sie an einem schwülen Nachmittag im Spätsommer im Haus von Hope Hale Davis den Weg fand, um sich allmählich vom Tagebuch zu lösen und dem Schreiben von Prosa zuzuwenden. Hope ist 96 Jahre alt, doch sie sieht zehn Jahre jünger aus als 82. In dem Alter hatte sie begonnen, kreatives Schreiben und Tagebuchschreiben zu unterrichten und auf diese Weise Generationen von Schriftstellern anzuleiten. Sie war 32 Jahre alt, als sie ihre ersten Geschichten im *New Yorker* veröffentlicht, und ihre heutige Energie ist immer noch die gleiche wie damals.

Wir sitzen im Speisezimmer an Hopes ovalem Tisch aus Walnussholz, auf dem sich ihre Tagebücher, deren Ränder ein leuchtendes gezacktes Muster aus Haftnotizen sind, stapeln. Obwohl Hope die Tagebücher sorgfältig ausgewählt hat, erinnert ihr Argwohn an die Taktik in einem riskanten Spiel. Und auf eine gewisse Weise ist es ein Spiel. Hope liest uns Ausschnitte aus ihren alten Tagebüchern vor. Als sie das erste öffnet, macht sie auf mich einen etwas abgelenkten, aber äußerst scharfsinnigen und intelligenten Eindruck. Die alte Frau scheint direkt durch mich hindurchsehen zu können. Es ist, als würde sie über Gedankenübertragung schon den Tagebucheintrag lesen, den ich am nächsten Morgen über sie schreiben würde.

Mit jedem Haftzettel, den sie wie die Klappe eines Adventskalenders umschlägt, öffnet sie ein neues Fenster zu ihrem Leben: ihre frühe Karriere als Schriftstellerin; die Jahre, in denen sie politisch aktiv war; das geistige Leben an der Seite ihres Mannes, der Norman Mailer an der Harvard University und Sylvia Plath am Smith College unterrichtete. Ihre Einträge sind wunderschön. Sie strotzen vor jenem Element, das Hope ihren Studenten nachdrücklich empfiehlt – der Aufzeichnung genau beobachteter Einzelheiten. Beim Vorlesen entführt sie uns in fremde Welten: Lunch mit Hemingways Ehefrau; Spiele mit ihren Kindern an Winternachmittagen; Geschichten aus ihren eigenen Memoiren *Great Day Coming*, die sie mit 91 Jahren veröffentlichte.

Den ganzen Nachmittag unterhalten wir uns über das Leben als Schriftstellerin. Die Werke von uns dreien, die wir am Tisch sitzen, sind zu verschiedenen Zeiten in unserem Leben veröffentlicht worden. Aber eines haben wir gemeinsam: Auf unserem Weg vom Tagebuch zum veröffentlichten Buch diente uns oft eine Gruppe von Lesern als Katalysator, der uns viel Unterstützung und Ermutigung bot. Marcia hat sowohl Hopes als auch meine Kurse besucht. »Von Anfang an«, meint Martha, »war Hopes Name, der ›Hoffnung‹ bedeutet, eine Art Omen. Ich führte seit 26 Jahren Tagebuch, als ich begann, ihre Kurse zu besuchen. Mit der Zeit brachte mir Hope bei, wie ich meine Version meines Lebens – und nicht das meiner Eltern, meines Geliebten oder meiner Freunde – entwerfen musste. Ich lernte meine Tagebücher zu gebrauchen, um mich selbst zu definieren, um meine schriftstellerischen Fähigkeiten zu entdecken, die – so lernte ich aus Hopes Lebensgeschichte – mit den Jahren besser werden.«

Marcia, die immer noch jeden Morgen schreibt, bevor sie zur Arbeit geht, nimmt am Abend ihr Tagebuch hervor, »wenn ich mich mit meinem realen, und nicht meinem imaginären, Leben kritisch auseinander setzen will«. So ist sie immer vorgegangen. »Mein erstes Tagebuch war ein Kalender einer Versicherungsgesellschaft, den mir mein Vater schenkte. Ich begann am 1. Januar zu schreiben. Ein Drittel einer jeden Seite war für einen Tag vorgesehen. Viele Jahre lang verwendete ich denselben Kalender. Am unteren Seitenrand standen Gewichte und Maße, Größen- und Gewichtstabellen.« Sie waren private Symbole in einem privaten Tagebuch. Wenn Marcia nicht an meinem Kurs über das Schreiben von Memoiren teilgenommen hätte, wäre ich nie auf die Idee gekommen, dass ihr Gewicht ein großes Problem für sie gewesen war, unter dem sie gelitten hatte. In ihrer Jugend führte sie ein zurückgezogenes Leben in der Welt ihrer Tagebücher, in die sie »die unzensierte (wenn auch kodierte) Wahrheit« über das Elend einer Gesellschaft schrieb, in der die Identität eines Menschen oft nur über sein Aussehen definiert wird. »Ich fing mit 13 Jahren an, ein Tagebuch zu führen, als die Schulkrankenschwester (sehr laut, wie ich mich erinnere) verkündete, dass ich 82 kg wog.«

»Ich hatte mich immer als Außenseiterin gefühlt, die am Erwartungsdruck der Gleichaltrigen verzweifelte, und ich galt in meiner kleinen Heimatstadt als der Antityp zum gängigen Schönheitsideal.« Ihre guten Leistungen an der Schule änderten ihr inneres Selbstbild nicht. Ein Jahr nach ihrem Collegeabschluss reiste Suzanne, Marcias Lieblingscousine, zu einem sechsmonatigen Aufenthalt an. Aus einer Laune heraus beschlossen die jungen Frauen, sich gegenseitig Auszüge aus ihren Tagebüchern vorzulesen. Zunächst wählten sie die gleichen Daten in ihren Tagebüchern aus, um zu vergleichen, welche Erfahrungen sie zu einer bestimmten Zeit gemacht hatten. Marcia fand einen frühen Eintrag. Dezember 1965: »Teenager müssten eigentlich Partys und Geselligkeit lieben, aber ich HASSE BEIDES. Das liegt vor allem daran, dass ich keine guten Freunde habe. Ich habe abgenommen und wiege jetzt 74 kg.«

Während ihr ihre Cousine zuhörte, veränderte sich Marcias Blickwinkel. Eine Geschichte begann, sich langsam zu entwickeln. Sie handelte vom Exil, in dem übergewichtige Kinder leben. Sie handelte von den »traurigen Seufzern einer schönen Mutter, die, einmal mehr, für ihre Tochter den Saum eines Kleides ändert«. Sie handelte von Schülern, »denen die Hände brennen, wenn sie im Turnunterricht das Seil, auf dem vor ihnen ein anderes Kind flink nach oben huschte, hinaufklettern. Sie kommen nicht weiter, ein Lehrer zeigt Mitleid und gibt ihnen Note 4 für die Anstrengung.« Und sie handelte von Kindern, die sich »an den angeekelten Gesichtsausdruck ihres Tanzpartners in der Tanzstunde erinnern«.

Indem Marcia die Einträge in ihren Tagebüchern wieder las und sie mit Suzanne besprach, fand sie die nötige Distanz, um ein anderes Selbstbild entwickeln zu können. Buchstäblich. Nachdem sie ihre Geschichte einer Zuhörerin erzählt hatte, der sie vertraute, begann sie ernsthaft zu schreiben und verlor 22 kg. Seit jener Zeit führt Marcia Tagebücher, die spezifischen Themen gewidmet sind (»im Augenblick in einer ziemlich scheußlichen Handschrift«). »Als Tagebuchschreiberin, die seit dem 1. Januar 1963 jeden Tag eine Seite geschrieben hat, kann ich nur sagen, dass es eher ein innerer Druck als eine Fähigkeit ist.« Ihre Angewohnheit, regelmäßig zu schreiben, hat sie jedoch verändert. Als sie kürzlich in ihre Heimatstadt fuhr, war sie elegant, voller Selbstvertrauen und hatte als Schriftstellerin mehrere Bücher veröffentlicht. »Als sich meine ehemalige Klasse 25 Jahre nach dem High-School-Abschluss zu einer Feier traf, las ich *strengstens* zensierte Stellen aus meinem Tagebuch, das ich in der Schule geführt hatte, vor. Die Leute brüllten vor Lachen. Diesmal bekamen auch andere mit, wie sich ehemals dicke Mädchen jetzt verhalten.«

## Schließen Sie sich einer Schreibgruppe an!

Joyce Carol Oates sieht ihr Tagebuch als einen Baum, den die Erde in zwei Galaxien teilt: den Stamm, »eine sichtbare, aber scheinbar grenzenlose kleine Galaxie aus Ästen«, und »das dazugehörige Wurzelsystem, eine unsichtbare Zwillingsgalaxie, deren Verästelungen in der Erde verborgen liegen«. Anders ausgedrückt, der Baum symbolisiert das Bewusstsein und das Unterbewusstsein des Selbst. Dieses Bild lässt sich auch auf den Tagebuchschreiber anwenden, der die beiden Galaxien als »das ›öffentliche Selbst‹ und das ›private Selbst‹ in sich vereint. Als das Selbst ›dort draußen‹, das andere sehen und kennen, und das Selbst ›da drinnen‹, das niemand kennt und niemand sieht – wenigstens kein anderer Mensch.«

Diese beiden Galaxien gehen ineinander auf, wenn wir beginnen unsere Tagebuchaufzeichnungen in kreative Arbeit umzuwandeln. Oft gibt eine Gruppe dem angehenden Schriftsteller die Zustimmung, die er sich als Individuum selber lange verwehrt hat. Ihre Geschichten einem Kreis von wohlwollenden, aber kritischen Lesern vorzutragen, ist seltsamerweise für viele das letzte Entwicklungsstadium des Tagebuchschreibens. Mitglied einer Schreibgruppe zu sein, meint Hope Hale Davis, »heißt, die Verantwortung für andere zu übernehmen. Es bedeutet, das Detektivspiel auf die Arbeit anderer auszuweiten.« Wie klein sie auch sein mögen, in diesen Gruppen werden Lösungen für Probleme, die sich beim Schreiben ergeben, gefunden. Eine ehrliche und bewährte Gruppe von Lesern zu sein bedeutet, ein Abkommen mit einem Schriftsteller zu treffen. Es bedeutet zuhören, die gelungenen Passagen schon im ersten Entwurf aufspüren, darauf hinweisen, an welchen Stellen das Unterbewusstsein wertvolle Anhaltspunkte hinterlassen hat. »Eine gute Arbeitsgruppe«, sagt Hope, »bringt Selbstvertrauen und den unverkennbaren Schreibstil zum Vorschein, nicht nur Dutzende von Entwürfen.«

Viele Menschen führen ein Tagebuch, um den Zensor zum Schweigen zu bringen, doch ist es ironischerweise eine Gruppe, die den Schriftsteller vollkommen vom Zensor befreien kann. Wie? »Die anderen können noch so viel herumkritteln«, meint Hope, »der Schriftsteller erkennt schnell, dass er der strengste Richter seiner Arbeit ist. *Ich* beurteile meine eigene Arbeit immer noch am härtesten von allen. Man denkt, man hätte das alles mit 96 schon hinter sich gelassen, aber ein guter Schriftsteller hat immer mehr Zweifel als Selbstvertrauen.«

Katya Taylor leitet kleine Schreibgruppen, aber als Anstoß für ihre eigene Arbeit wendet sie sich an ihre Freundin Sara, die sie 1996 in einer Lesegruppe kennen gelernt hat. Seitdem schreiben sie oft eine Stunde lang zusammen »in kurzen, prägnanten Sätzen, die unsere Kreativität anregen«.

Einsamkeit, das Bedürfnis eines jeden Tagebuchschreibers, kann einen Schriftsteller auch isolieren. Eine Gruppe schafft nicht nur Abhilfe gegen die Isolation, sie gibt dem Schriftsteller auch das nötige Selbstvertrauen, um in die Einsamkeit *zurückzukehren.* »Meine Gruppe ist eine Schreibgruppe und keine Gesprächsgruppe«, meint Katya Taylor. »Zuhören ist Miterleben – du bist da, um die Arbeit eines anderen zu würdigen, nicht um sie mit deiner eigenen zu vergleichen.« Um in größeren Gruppen einen Anfang zu finden, wählt Katya »ein einziges Wort oder eine prägnante Wendung als ein Sprungbrett zu einer längeren Arbeit. Wenn jemand sich entschließt vorzulesen, dann hören die anderen zu. Sie sind Zeugen.« Warum geht die Gruppe so vor? »Es gibt keine Ablenkungen, die Zeit ist begrenzt, sagen wir eine halbe Stunde, in der die Kreativität fließen kann.« Zu einer Schreibgruppe zusammengeschlossen haben sich die drei Tagebuchschreiberinnen in Carmel, Kalifornien. Julie Houy, Joan Miller und Carolyn Livingston trafen sich in einem Schreibkurs für Senioren. Bald gründeten sie ihre eigene Gruppe. Ihr erster Kriminalroman, *Beyond Bingo,* den sie zusammen geschrieben hatten, ist gerade eben veröffentlicht worden.

Ebenso wie sich Anne Frank die ideale Leserin ihres Tagebuches vorstellte, können wir uns eine Leserschaft vorzustellen, wenn wir unsere aufgeschriebenen Geschichten jemand anderem zu lesen geben. Eine Gruppe formt unwillkürlich die Geschichten aus einem Tagebuch um und hilft dem Schreiber, sowohl seine Arbeit als auch den Stoff in einem anderen

Licht zu sehen. »Diejenigen Geschichten, die ich aus Angst nicht erzählen wollte«, meint Marcia Deihl, »mochten meine Leser oder Zuhörer am meisten. Indem ich einen Zusammenhang schuf, konnte ich die Geschichten mit den Augen anderer Menschen sehen. Mit jedem Entwurf halfen mir andere, mehr Klarheit in meine Geschichten zu bringen.« Deborah Weisgall geht noch einen Schritt weiter. Während sie ihre kürzlich erschienenen Memoiren *A Joyful Noise* über ihren Vater, einen Komponisten, schrieb, druckte sie die Entwürfe »in einem fürchterlichen Schrifttyp aus, damit ich durch das vertraute Aussehen einer bereits gedruckten Seite nicht versucht sein würde, das Manuskript nur oberflächlich zu überfliegen. Ein ungewohnter Schrifttyp führt dazu, dass man alles in einem anderen Licht sieht.« Ähnlich geht auch der Essayist Sven Birkerts vor. Er macht schlechte, grobkörnige Fotokopien seiner Arbeit, um den Entwurf in der ihm unvertrauten Form zu einer endgültigen Fassung zu überarbeiten.

»Keine Zeichen auf dem Papier«, meint die Romanschriftstellerin Mary Gordon, »kann es jemals mit der Musik, die wir im Kopf hören, mit der Reinheit der Sprache, bevor sie von sich selbst verunstaltet wird, aufnehmen.« Dem Zensor *Arbeit* geben ist die endgültige Umwandlung des Tagebuchs. Während Sie darauf warten, einen Sinn in Ihren Erinnerungen zu erkennen, machen Sie sich an das Schreiben. Wenn Sie ein kompliziertes psychologisches Problem nicht überarbeiten können, überarbeiten Sie lieber Ihre Sätze. »Brauchen Sie mehr rote Farbe!«, rät Hope Hale Davis. Wenn eine Gruppe sich auf die Sprache, das Kürzen und Formen von Prosa konzentriert, wird der Zensor endlich ein Verbündeter. »Ich will die Echtheit der Geschichten, nicht die falsche Hülle einer unverständlichen Sprache«, meint Marcia Diehl.

Ein Tagebuch zu führen war für die preisgekrönte Konzertpianistin Linda Cutting immer ein Weg, um Zeugnis abzulegen. Sie berichtet, wie sie als Zwölfjährige in Colorado in einem Ferienlager für Mädchen war und »unser Leiter uns mit Bibel, Notizbuch und Bleistift losschickte, um einen verborgenen, zurückgezogenen Ort zu finden, an dem wir uns mit Gott unterhalten konnten«. Auf einer Studienreise durch Europa schrieb Cutting »auf einem alten Friedhof«. Sie lehnte sich »gegen einen Grabstein, auf dem die Schwarzweißfotografie eines jungen dunkelhaarigen Mädchens wie eine Mahnung auf dem Stein befestigt war«. Während eines Aufenthalts in einem Kloster, in dem die Nonnen jeden Besucher baten, einen Zettel, auf dem eine der sieben Todsünden aufgeschrieben war, aus einem Korb zu ziehen, zog sie den Stolz. »Doch meine wirkliche Sünde war, mich von der Gruppe davonzuschleichen, um heimlich schreiben zu können. Ich beichtete beide Sünden meinem Tagebuch. Und schrieb weiter.«

An der Universität »übte ich stundenlang Klavier und bereitete mich auf Konzerte und Wettbewerbe vor, aber ich hatte immer das Tagebuch neben mir«. Dann rückte ein anderes Thema in den Mittelpunkt ihrer Tagebücher. »Ich begann, jeden Tag zu schreiben und tat es beinahe verzweifelt, nachdem mein ältester Bruder sich umgebracht hatte. Ich hielt eine einseitige Korrespondenz mit ihm aufrecht, um ihn am Leben zu erhalten.« Als sie 28 Jahre alt war, beging ihr anderer Bruder ebenfalls Selbstmord. »Meine Eltern baten mich, die Wahrheit über seinen Tod zu verschweigen und zu erzählen, es sei ein Unfall gewesen.« Cutting hatte bald während der Konzerte Gedächtnisstörungen und ließ ganze Passagen aus. Die Störungen standen im Zusammenhang mit dem Schweigen in ihrer Kindheit, das sie zu erforschen begann, um sich schließlich an tiefgreifende Familiengeheimnisse zu erinnern.

»Ich brauchte die Unterstützung von Freunden, die die entsetzliche Wahrheit kannten, aber ich hatte auch das verzweifelte Bedürfnis, diese Wahrheit zu erzählen.« Ich traf Cutting, als wir beide Mitglieder in der gleichen Schreibgruppe waren. Sie erzählte der Gruppe: »Als meine Familie unter dem wachsenden Druck stand, die wahren Geschehnisse zu vertuschen, waren meine Tagebücher das Verzeichnis meiner Erinnerungen, die heute durch meine Gedächtnisstörungen vom Auslöschen bedroht sind.« In den zwei Jahren, in denen sie den Stoff aus ihren Tagebüchern, die ganze Bücherregale füllten, zu ihren ergreifenden, aber auch erlösenden Memoiren *Erinnerungsfalle* gestaltete, bot ihr die Gruppe die Geborgenheit und Sicherheit, die sie brauchte.

Cutting, die sich auf ihre Tagebücher stützte, schrieb zuerst unter dem schützenden Deckmantel der Prosa. Doch sie merkte, dass ihr die persönlichere Form der Memoiren besser entsprach. Als sie das Potential ihrer wahren Lebensgeschichte anerkannte, konnte sie deren allgemein gültige Bedeutung verstehen: das Bedürfnis und die Freiheit die Wahrheit zu erzählen, auch wenn es bedeutete, sich gegen die Familie zu wenden. Cuttings Entscheidung brachte eine entscheidende Wendung in ihr Leben. Das Schreiben »mit einem Kugelschreiber in der Hand, der die Form der Erinnerungen festlegte«, wurde zu einer spirituellen Handlung. In einem ersten Schritt verfasste sie einen autobiographischen Essay, der sehr viel Beifall fand, nachdem er von der *New York Times* veröffentlicht worden war. Die Ich-Erzählung über eine Familie, in der über sexuellen Missbrauch und Gewalttätigkeit Schweigen herrschte, traf einen empfindlichen Nerv der Öffentlichkeit. Als Cutting auf der Grundlage dieses Essays ihre Memoiren schrieb, wurde sie von der Schreibgruppe unterstützt, die ihr half, ihren ganzen Mut zusammenzunehmen, um die wahre Geschichte ihrer Familie aufzuarbeiten: »Alles, was früher in meinen Tagebüchern verborgen stand, in den Aktenschränken eines Kellers eingeschlossen lag, sich später auf den offenen Büchergestellen meines Arbeitszimmers stapelte, habe ich schließlich erforscht und geordnet und in Form eines Buches öffentlich zugänglich gemacht.«

## Schreibende Paare

In ihrem Roman *Das goldene Notizbuch* schreibt Doris Lessing über ein Liebespaar, das je zwei Tagebücher führt: eines, das der Partner lesen darf, und eines, das geheim ist. Einer der beiden Partner kann dem geheimen Tagebuch des anderen nicht widerstehen und verurteilt damit die Beziehung zum Scheitern. Obwohl Tolstoi und seine Frau mit einer selbstzerstörerischen Intimität ihre Tagebücher über 41 Jahre gegenseitig lasen, wenden sich viele Menschen in aller erster Linie an die Familie, bevor sie Leser in einem weiteren Umkreis suchen. Wo aber ist das Gleichgewicht zwischen unseren Tagebucheinträgen, die nur für uns bestimmt sind, und den Geschichten, die wir aufgrund unserer Aufzeichnungen schreiben, um sie später anderen vorzulegen?

Wenn man das erste Mal seine Arbeit jemandem zeigt, ist das ein heikler Balanceakt. »Ich kann meinen Zensor nicht feuern«, erzählte mir einmal ein pensionierter Richter. »Ich bin mit ihm verheiratet.« Doch Donna Stein sagt über ihr Traumtagebuch, in dem sie auch ihre schöpferischen Ideen festhält: »Als ich meinen Ehemann traf, las er einige meiner Tagebücher. ›Das bist wirklich du. So solltest du schreiben‹, sagte er. Er war der Ansicht, dass diese Tagebücher vom Besten sind, was ich je geschrieben hatte.« Die Überzeugung ihres Ehemannes gab ihr das Selbstvertrauen, nach einer Schreibgruppe zu suchen.

Die Literaturagentin Betsy Lerner aus New York und ihr Ehemann führen seit ihrer Kindheit Tagebuch. Sie lernten sich am College in einem Schreibzirkel kennen, der »von einer Gertrude Stein geführt wurde, die der Selbstinszenierung frönte. Sie trug einen Pagenschnitt und hatte einen rosafarbenen Kühlschrank.« Als sie heirateten, hatte Betsy große Angst, sie würde seine Tagebücher lesen. Nicht wegen der Gedichte, die beide schrieben. »Ich hatte mir schon einmal einen solchen Übergriff erlaubt, bevor wir zusammenlebten, und ich befürchtete, es könnte wieder geschehen.« Sie kauften ein abschließbares Aktenschränkchen mit getrennten Schubladen. »Als wir es nach Hause brachten, machte mein Mann etwas, das unsere Ehe noch festigte. Er legte die Schlüssel in seinen Schreibtisch und sagte, er würde den Aktenschrank nicht benützen, weil er mir vertrauen wollte.« Donna und ihr Mann unterhalten sich über alle Aspekte ihrer Arbeit, doch die Tagebücher, die zugänglich im Schrank stehen, sind Privatsache eines jeden Ehepartners.

Eine gute Leserschaft für Geschichten, die Tagebüchern entnommen wurden, sind die neuen »Familien«, das heißt Gruppen, die sich im Alters- oder Pflegeheim treffen und zu einem Zirkel zusammenschließen. »Wenn man schon so alt geworden ist«, meint eine pensionierte Schreiberin aus Florida, »hat man gelernt, seine Meinung unverblümt zu sagen. Man weiß, worauf es im Leben ankommt, nämlich auf Ehrlichkeit und Großzügigkeit, und man hilft jemand anderem, die Geschichten des Lebens zu verstehen, sie zu erzählen.« Wenn man die Angst, Familienmitglieder zu verletzen, verloren hat, fällt es oft leicht, die Geschichten offen und ehrlich anderen mitzuteilen.

Viele alte Menschen bedauern zwar, ihre Tagebücher, nach dem Ende einer Ehe oder bevor sie ins Altersheim eintraten, verbrannt zu haben, doch in ihren neuen Notizbüchern entstehen Geschichten, die in den alten nie aufgeschrieben wurden. Die Gruppe ist das kollektive Gedächtnis. »In den Tagebüchern«, erzählte mir eine Frau, »sind die Geschichten derjenigen aufgezeichnet, die hier gelebt haben und an die man sich erinnern wird, lange nachdem sie gestorben sind.«

## Verlorene Tagebücher, neue Chance?

Während ihres Studiums an der Harvard Universität wurde einmal zur Zeit der Semesterferien in Samantha Hayes Schrank im Schlafsaal eingebrochen. Beinahe 20 Tagebücher wurden gestohlen. Über eine Anzeige versprach sie eine Belohnung für die Rückgabe; sie stellte keine Fragen. Sieben Monate später stellte sie sich ihre Tagebücher auf einer Müllkippe vor. »Ich konnte sie beinahe sehen, wie sie in einem großen Müllhaufen begraben waren, wie die Tinte über die Seiten lief. Trotzdem fühlte ich mich merkwürdig ruhig.« Am nächsten Tag rief sie der Aufseher, der die Schlafsäle beaufsichtigte, an: Jemand hatte die Tagebücher vor sein Büro hingelegt. »Den Rest des Nachmittags verbrachte ich damit, sie nur zu berühren. Ich schlug eine Seite auf, auf der ich über meinen Besuch in einer Villa in Umbrien berichtete: Ich saß an einem warmen Sommerabend auf der Veranda, schnitt eine Nektarine in kleine Stücke und tunkte sie in mein Weinglas. Diesen kurzen Augenblick, der sich sonst meinem Gedächtnis für immer entzogen hätte, hatte ich auf einer Seite meines Tagebuches festgehalten und so für immer aufbewahrt. Ich fühlte mich wie jemand, der an Gedächtnisschwund gelitten hatte und dessen Erinnerungsvermögen nun wiederhergestellt war.«

Als wir eines Abends im letzten Sommer über die Marlborough Street in Boston spazierten, erzählte mir Pamela Painter von einer Idee, die ihr gekommen war: Sie wollte ein bewachtes Lagerhaus eröffnen, in dem man für eine niedrige Gebühr seine Tagebücher sicher aufbewahren lassen konnte. Wir hatten uns über ihre veröffentlichte Kurzgeschichte »Historical Necessity« unterhalten. Zu dieser Erzählung hatte sie die Geschichte einer Bekannten inspiriert, deren Tagebuch bei einem Autoeinbruch gestohlen worden war. Painter hatte viel Verständnis für den Verlust ihrer Bekannten. Vor vielen Jahren, als ihre Ehe zerbrach, hatte sie Angst davor gehabt, ihre Tagebücher im Haus aufzubewahren. Nur sie wusste, welche Seiten Entwürfe für Geschichten enthielten und auf welchen sie wahre Ereignisse aufgeschrieben hatte, die höchst vertraulich und nur für sie selber bestimmt waren. Painter gab die Tagebücher einer engen Freundin zur Aufbewahrung. Doch als die Freundin umzog, gingen die Tagebücher verloren.

Painter verwendete einzelne Elemente aus dem Erlebnis ihrer Bekannten und ihrem eigenen und baute darauf ihre Kurzgeschichte auf, in der sie sich vorstellt, wie jemand ein gestohlenes Tagebuch liest. Allerdings sind es nicht die jungen Männer, die das Auto gestohlen haben, in dem sich das Tagebuch befand, sondern die Freundin des einen Diebes. Sie nimmt es mit in ihren Wohnwagen.

»Das Mädchen war verärgert über die nachlässige Handschrift, und sie stand hin und wieder auf, um neue Lidschattenfarben auszuprobieren. Vielleicht würde Ceilys Foto, das sie während ihrer Zeit auf der High School zeigt, aus dem Tagebuch fallen. Da wäre sie dann – große braune Augen, rundes Gesicht und langes, gerades Haar, im Grunde unverändert – auf dem staubigen Fußboden des Wohnwagens. Am folgenden Abend würde das Mädchen eine improvisierte Lesung geben in der »All-Night« Imbissstube, während ihre Freundinnen dort sitzen und zuhören würden. Das Mädchen würde ihre Verwunderung darüber ausdrücken, dass die Tagebuchschreiberin die gleichen Dinge an ihrer Mutter auszusetzen hatte wie sie an ihrer. Ceily stellte sie sich vor, wie die Mädchen flüsterten, sich über dünnen Hamburgern und fettigen Pommes frites zueinander hinlehnten, als würden sie gerade die Pointe eines schmutzigen Witzes hören. Sie stellte sich vor, wie sie ihre Analyse über ihre abgekühlten

Gefühle zu ihrem Liebhaber Harry lasen, über seine Hände und Füße, die sie einmal für ungeheuer erotisch gehalten hatte und die nun wie die Pfoten eines merkwürdigen, schweren Tieres aussahen. Einmal, als er schlief und sie sich gerade fertig machen wollte, um ins Theater zu gehen, stellte sie sich neben ihn und schaute sich seine Hände an, wie sie über den Rand ihrer geblümten Bettwäsche hingen. Es war nur ein kleines Detail, das sie bemerkte. Aber waren nicht Tagebücher für ebensolche Details vorgesehen?«

In Painters Geschichte endet das Tagebuch schließlich in den Händen eines Mannes, doch bevor dies geschieht, »lasen die Mädchen ausgewählte Passagen der Reihe nach laut vor. Einige Einträge lasen sie still für sich und gaben das Tagebuch dann weiter – endlich begannen sie zu begreifen, dass Sex eine angenehme Sache sein konnte, die länger als zwei Minuten dauert und nicht in gestohlenen Autos stattfinden muss. Ceily stellte sich eines der Mädchen vor, wie es heimlich einen grünen Stenographieblock kaufte und anfing, ein Tagebuch zu führen.«

Anders als in Pam Painters Geschichte, erhielt Michelle Cheuk ihre Tagebücher von einer Freundin zurück. Eine Kartonschachtel mit einem Dutzend Spiralhefte wurde ihr zugesandt, kurz bevor sie an die Ostküste zog, um in ein College einzutreten. In der Schachtel waren Dutzende ihrer alten Tagebücher. Diese, die sie zunächst in Briefform geschrieben hatte, waren für eine einzige Leserin bestimmt: ihre beste Freundin aus der Schulzeit. Die Freundin las sehr gerne die Tagebücher von anderen. Als Perfektionistin, die sie war, wollte sie jedoch ihre eigenen keinem anderen Menschen zeigen. (Sie hatte ihre ersten Tagebücher mit einer Schere zerschnitten.) Je »gewandter, selbstbewusster und ausdrucksvoller« Michelle wurde, desto mehr zog sich ihre Freundin von ihr zurück und beendete schließlich die Freundschaft. Als ein letztes Zeichen sandte sie Michelle die Tagebücher zurück und legte auf die unzähligen Worte, die ihren Weg in die Welt gefunden hatten, eine einzige Rose.

## Das Schicksal des eigenen Tagebuches

»Und so endet alles, da ich bezweifle, dass ich je wieder mit eigenen Augen mein Tagebuch führen kann.« So beendete Samuel Pepys sein berühmtes Tagebuch, als er blind wurde. Seine Tagebücher, die er für die Nachwelt schrieb, waren zu keinem Zeitpunkt vergriffen. Was hält das Schicksal, wenn überhaupt, für unsere Tagebücher bereit? Manche Menschen denken darüber nach, ihre Tagebücher, die sie ein Leben lang führten, zu verbrennen, da es sie beunruhigt, etwas zu hinterlassen, das eventuell andere verletzen oder einen falschen Eindruck erwecken könnte. Diejenigen, die ihre Tagebücher tatsächlich vernichtet haben, sagen alle ausnahmslos, dass sie es zutiefst bereuen.

Heute, zu Beginn des neuen Jahrtausends, sind solche Gedanken Tausenden von Menschen, die täglich ihre Einträge über das Internet auf Webseiten wie etwa »Open Pages« oder »Metajournals« senden, fremd. In der virtuellen Welt, dem Paradies der Exhibitionisten und Voyeure, schwirren unsere intimsten Gedanken herum. Doch weil ein Eintrag durch einen einzigen, gefühllosen Tastendruck gelöscht werden kann, haben viele Menschen das Bedürfnis, einfach nur Kontakte zu knüpfen, Leser für ihre Zeilen zu finden, die Isolation zu durchbrechen. Letztlich machen sich die Menschen wenig Gedanken über Privatsphäre oder Verschwiegenheit, wenn sie an Tagebücher denken. Vielmehr werden sie vom Gedanken gequält, der Nachwelt keine Spuren zu hinterlassen. Es ist der Gedanke an Beständigkeit, und nicht an Verschwiegenheit, der sie motiviert.

Tagebücher haben jedoch oft ein unvorhersehbares Schicksal. Eine Anruferin, die mich in der Sendung »The Connection« bei einer Radiostation in Boston anrief, erzählte mir, wie sie in einer Wohnung, die sie gemietet hatte, ein Tagebuch gefunden hatte. Es waren die Aufzeichnungen eines jungen Mannes über seine Erfahrungen beim Friedenskorps. Das Tagebuch faszinierte und berührte sie derart, dass sie es nicht einfach in einer Schublade liegen lassen konnte. In akribischer Detektivarbeit gelang es ihr, anhand von Hinweisen im Tagebuch den Schreiber, der in Südamerika lebte, ausfindig zu machen. Die beiden führen seit vielen Jahren eine beständige Brieffreundschaft.

Nach dem Tode seines Vaters reiste Marcus Rosenbaum nach Florida. Er hatte »die bittersüße Aufgabe, das Haus seiner Familie auszuräumen«. Seine Nichte, die einen Wandschrank in einem der Schlafzimmer durchstöberte, fand ein Tagebuch. »Das Leder war voller Risse. Und obwohl sich der Faden, mit dem das Buch gebunden worden war, langsam löste, waren die Seiten kaum vergilbt.« Es war ein vorausdatiertes Tagebuch aus dem Jahre 1910, das seine Großmutter zur Zeit ihrer Heirat zu führen begonnen hatte. Das Tagebuch führte Rosenbaum wie ein Geschichtsbuch durch das 20. Jahrhundert.

Er las über die beiden Weltkriege, die Weltwirtschaftskrise, die Rückkehr des Halley-Kometen, den ihre scharfen Augen noch sehen konnten. Doch »wie die Heldin in einem viktorianischen Roman hatte sie sich entschlossen, die Pflicht vor ihre Wünsche zu stellen«. Das Tagebuch diente ihr auch als eine Art Wegweiser, der auf die Schwierigkeiten im Liebesleben hindeutete und zeigte, dass es keine gewöhnlichen Tage, keine gewöhnlichen Leben gibt. Rosenbaum überarbeitete das Tagebuch seiner Großmutter aus den Südstaaten, die er nur einmal getroffen hatte, und veröffentlichte es unter dem Titel *Heart of a Wife*.

Was ist das Schicksal eines Tagebuches? Wem werden wir es hinterlassen? Ein Tagebuch, das man alleine begonnen und geführt hat, endet oft in den Händen anderer Menschen: Familie, Freunde, Vermieter. Wie Pepys, der seine Tagebücher seiner Universität in Cambridge, England, vermachte, suchen viele Tagebuchschreiber nach Beständigkeit, indem sie ihre Tagebücher Bibliotheken oder Archivsammlungen hinterlassen.

Da Tagebücher oft der Schritt zur Dokumentation eines kreativen Lebens sind, überlegen sich viele Schriftsteller, sie speziellen Sammlungen zu übergeben. Andere fügen ihrem Testament Klauseln bei, in denen sie festlegen, wer das Tagebuch lesen oder nicht lesen darf. Es ist eine Entscheidung, die viel Ähnlichkeit mit einem salomonischen Urteil hat. Eine Frau kündigte an, sie würde ihre Tagebücher einer bestimmten Enkeltochter hinterlassen. Warum, fragten sich ihre Töchter, hinterließ sie sie nicht einer von ihnen? Warum wurden die männlichen Enkelkinder übergangen?

Fragen Sie andere Menschen, von welcher Person sie gewünscht hätten, sie hätte ein Tagebuch geführt. Die Antwort ist immer ein enges Familienmitglied. Manche haben das Glück, gerade einmal ein Tagebuch zu besitzen. »Meine Schwester führte hin und wieder Tagebuch bis zu ihrem Tod bei einem Flugzeugabsturz im Jahre 1981«, erzählt Lisa Colt. »Dieser eine Band, der sie überlebt hat, bedeutet mir sehr viel. Darin schreibt sie über die Ereignisse und ihre Gedanken im letzten Jahr vor dem tödlichen Unfall. Um den Nachwirkungen einer schmerzlichen Scheidung zu entfliehen, lebte und arbeitete sie in Teheran, kurz bevor der Schah von Persien gestürzt wurde. Zwischen den feinen Bleistiftzeichnungen, die die Katze eines Nachbars darstellen, beschreibt sie ihre tiefe Sehnsucht nach einem Heim und Kindern. Informationen über hitzige iranische Studentendemonstrationen stehen zwischen Aufzeichnungen über ein Buch, das sie gerade las.

Wenn ich das Tagebuch meiner Schwester öffne, ist es so, als lade ich sie zu mir in mein Zimmer ein.«

Terri Evans erinnert sich, wie ihr Vater sich während ihrer Kindheit in sein Arbeitszimmer zurückzog, in dem er »seine Haut als Verteidigungsexperte abstreifte, die er während des Tages trug«. Dort las er und schrieb in seine Tagebücher aus Freude am Schreiben und ohne jeglichen Gedanken an Veröffentlichung. »Von seinen Tagebüchern wussten meine Schwester und ich nicht viel mehr, als dass sie seine bevorzugte Abendunterhaltung waren.« Einige Tage nach dem Tod ihres Vaters setzte sich Terri hin und las seine Tagebücher. »Ich war verblüfft über seine Einträge. Da, säuberlich aufgeschrieben und chronologisch in einem Aktenordner abgelegt, entfaltete sich das Leben meines Vaters. Von seiner Zeit als Student am College über den Zweiten Weltkrieg und seine Heirat bis zum Tode meiner Mutter war alles vollständig vorhanden.«

Und Terri erkannte, dass »der Mann, der mein Vater gewesen war, ein ausgezeichneter Zeitzeuge war«. Auf den Seiten seines Tagebuchs hatte er seine persönlichen Gedanken und Beobachtungen zu Ereignissen in seiner unmittelbaren Umgebung und auf der Welt eingewoben. »Da ist ein Eintrag über meinen Auftritt in einem Theaterstück am Erntedankfest in der ersten Klasse; im Anschluss daran die Nachrichten über die Ermordung Präsident Kennedys; die Wissenschaftsmesse und Resurrection City (Anm. d. Übers.: 1968 schloss sich eine große Anzahl benachteiligter Bürger der USA zur »Poor People's Campaign« zusammen und protestierte bei der Regierung gegen ihre schlechten Lebens- und Arbeitsbedingungen. In Washington, D. C. errichteten sie für die Dauer ihrer gemeinschaftlichen Aktion Barackensiedlungen, die sie »Resurrection City« nannten); der Abschlussball am College und der Fall von Saigon; das Bild, das Washington nach den Aufständen von 1968 bot. In seinen Tagebüchern hatte er unser Leben vor den Hintergrund des Weltgeschehens erzählt.« Sie fand auch einen Ausschnitt aus einem Brief, den er ihr ins College geschickt hatte. Über die Inspiration schrieb er: »Hüte sie gut. Respektiere sie. Und wenn sie dich für eine Stunde, oder einen Tag, verlässt, vergiss nie, dass sie da ist und zurückkehren wird, sobald du nach ihr suchst.« Da sie nun seine Tagebücher besaß, konnte sie seine Worte auf eine sinnvolle Weise befolgen.

Eine Frau rief mich eines Abends bei der Übertragung einer Radiosendung in Washington, D.C., an und erzählte mir eine Geschichte, die ich nicht vergessen kann. Bis zum Tode ihrer Mutter wusste sie nicht, dass diese ein Tagebuch geführt hatte. Die Tochter fand es versteckt in alten Versicherungsordnern. Am Tage nach der Beerdigung las sie das Tagebuch in einem Zug durch. Anstelle der kalten, bitteren Mutter, die sie gekannt hatte, bot sich hier der Nachwelt das Bild einer anderen Frau. Diese Frau schrieb über die Liebe, die sie in ihrem Alltagsleben nicht ausdrücken konnte, und fragte verzweifelt nach dem Grund. Auch ihre Frustration über eine misslungene künstlerische Karriere entlud sie in das Tagebuch.

An jenem Tag verlor die Tochter ihre Mutter und gewann sie gleichzeitig wieder. »Hätte ich früher gewusst, was ich aus ihrem Tagebuch über sie erfuhr, hätte ich die Welt mit ihren Augen sehen können, so wäre unsere Beziehung eine andere gewesen. Diese Erkenntnis kam zu spät, aber seltsamerweise bin ich dankbar, denn das Tagebuch meiner Mutter hat mich dazu bewegt, meinen eigenen Kindern eine schriftliche Dokumentation meines Lebens hinterlassen zu wollen. Als ich auf dem Dachboden meiner Mutter saß, begriff ich, dass es immer viele, und nicht nur zwei, Seiten einer Geschichte gibt.«

## Die Umwandlung des Vermächtnisses

Wenn ich auf die Bücherregale blicke, auf denen meine Tagebücher stehen, fällt mir auf, wie viel unbearbeitetes Material – Notizen, Fragmente, Einzelheiten – noch darauf wartet, zu Geschichten geformt zu werden. Rechts an der Wand steht neben den halb vollen Tagebüchern meiner Kindheit das Sammelalbum meiner Großmutter aus ihrer Zeit beim Roten Kreuz. Ich lächle über die Ironie: Zwischen den vielen Tagebüchern meiner Familienmitglieder ist das meiner Großmutter als Einziges unübersehbar. Kurz vor einem Umzug schmiss meine Mutter in einem Anfall von Putzwut ihre rührseligen Tagebücher aus den ersten Jahren ihrer Ehe weg. Die Tagebücher, die meine Tante 50 Jahre lang führte, bewahrt sie immer noch auf. Sie leidet mittlerweile an Parkinson und benutzt deshalb eine spezielle Tastatur zum Schreiben, die von ihrem Sohn, einem Computergenie, erfunden wurde. Ihre Tochter redigiert die beiden Romane, die aus ihren Tagebucheinträgen entstanden sind.

Wenn ich das Sammelalbum meiner Großmutter anschaue, sehe ich viel mehr als den Leineneinband in verblichenem Blau mit den abgenutzten Kanten. Für mich ist dieses Album der Meilenstein auf meinem Weg zur Schriftstellerin. Meine Großmutter, die als einziges Familienmitglied sehr darum bemüht war, keine schriftlichen Spuren zu hinterlassen, spornte mich genau dazu an. Als ich Mitte zwanzig war, schenkte sie mir ihr Tagebuch und erlaubte mir auf diese Weise stillschweigend, die Rätsel um ihre Herkunft zu lösen. In meiner Jugend hatte ich jede Fotografie aus dem Album genau studiert, um es dann mit dem Leben meiner Großmutter in Verbindung bringen zu können: die Bekanntschaft mit meinem Großvater auf der Schiffsreise nach Japan und Russland (sie lernten sich jedoch erst in den letzten Tagen der

Reise kennen, da sie oft seekrank war und daher die meiste Zeit in ihrer Kabine verbrachte); die Schlittenfahrten über gefrorene sibirische Gewässer zu den entlegenen Versorgungslagern; die halb verhungerten Kriegsgefangenen, die sie während eines Jahres pflegte; der Empfang des Telegramms, in dem mein Großvater sie bat, ihn zu heiraten; die Ankunft in San Francisco sechs Monate später, wo sie am Kai die kleinen Gestalten ihrer zukünftigen Schwägerinnen, dieser furchterregenden Frauen, ausmachte – unter ihnen Direktorinnen, nach denen Schulen benannt wurden, und politische Aktivistinnen, die für die Rechte der Emigranten auf Einbürgerung kämpften.

Das Album enthält keine Fotografie, die zeigt, wie sie diesen Frauen mit den eleganten Hüten entgegentritt. Es gibt kein Bild, auf dem ihr Gesichtsausdruck abzulesen gewesen wäre, was sie darüber dachte, in diese eng verbundene, gebildete, irisch-amerikanische Familie einzuheiraten, deren Mitglieder scharfsinnig, eigensinnig und ehrgeizig waren. Und trotz späterer Fotografien, die sie bei ihrer Tätigkeit als Schwangerschaftsberaterin zeigen, gibt es kein Bild, das den Ausdruck festhält, den ich oft auf ihrem Gesicht gesehen habe, wenn jemand sie nach ihrer Kindheit fragte. Die Augen zogen sich zu Schlitzen zusammen. Wie erfolgreich und kompetent sie auch war, es gab nichts, was ihr über das Gefühl, seit frühester Kindheit eine Außenseiterin zu sein, hinweghelfen konnte.

Nachdem meine Großmutter die Landungsbrücke hinuntergeschritten war, führte sie nie mehr ein Tagebuch. Aber ich tat es.

Eine Generation später steht in meinem Tagebuch all das, was in ihrem nicht erwähnt ist: dass sie nicht sechs, wie sie behauptete, sondern 17 Jahre lang in einem Waisenhaus gelebt hatte, in dem Demütigungen an der Tagesordnung waren; dass ihre »liebenden Tanten« nichts weiter als ein paar

Pflegefamilien waren, die sie aus einer Laune heraus wieder ins Waisenhaus zurückschickten; dass sie als Neunzehnjährige ein falsches Alter angab, um zur Pflegerinnenausbildung zugelassen zu werden; dass sie sich nach ihrer Heirat als Katholikin ausgab, obwohl sie keine war, um bei der Messe ihrer großen Vorliebe nachgehen und Kerzen anzünden zu können; dass sie kurz nach ihrem 94. Geburtstag auf ihrem Sterbebett als Letztes nach ihrer leiblichen, verschollenen Mutter, Emma Zelman, rief.

Lücken. Lügen. Geschichten. Wahrheit. Während sie in den Todesanzeigen nach diesen Dingen forschte, forschte ich danach in ihrem Leben, ebenso genau wie ich jene zwei scheinbar identischen Zeichnungen auf der Kinderseite untersuchte. Während ich die Zeichnungen studierte und versuchte, Gegenstände zu finden, die auf einer der beiden fehlten, erkannte ich, dass sie mir beibrachte, Verbindungen herzustellen. Zuzuhören. Meine Umwelt zu beobachten. Die wertvollste Fähigkeit, die sie jedoch an mich weitergab, war ihre Vorstellungskraft, das Wissen, wie man trockene Tatsachen in Geschichten verwandelte, die Erkenntnis, dass die unerzählte Geschichte oftmals die interessanteste ist. Die Überzeugung, dass jede Geschichte – und jedes Leben – wertvoll ist.

Meine Großmutter hat zwar keine Tagebücher hinterlassen, aber sie brachte drei Generationen von Tagebuchschreibern hervor.

Während ich schreibe, stapeln sich neben mir auf dem Boden des Arbeitszimmers Tagebücher, die mir andere Menschen zur Verfügung gestellt haben. Ich blicke auf den Boden, auf dem sich diese und andere Tagebücher stapeln, und denke an all die Geschichten, die im Laufe der Zeit entstehen werden: Millionen von Worten, und in jedem einzelnen existiert eine unsichtbare Galaxie.

# Danksagung

Virginia Woolf hat einmal gemeint, ein Buch werde nie ohne die Hilfe anderer in die Welt gesetzt. Ich möchte zunächst all jenen danken, die mir im Laufe vieler Jahre ihre Tagebücher anvertraut und ihre Geschichten erzählt haben. Ich verdanke dieses Buch in erster Linie der Großzügigkeit einzelner Menschen, deren Bandbreite von nahen Freunden über Anrufer, die sich beim National Public Radio meldeten, bis hin zu ehemaligen Studenten und Tagebuchschreibern reicht. Besonders dankbar bin ich jenen, die ihren regen Tagesablauf unterbrachen, und vor allem jenen, deren Lebensumstände alles andere als leicht waren: Nancy Kline etwa, die sich um ihre kranke Mutter kümmerte. Sie nahm sich trotzdem Zeit, um mir zu erzählen, wie sie die Tagebücher ihrer Mutter entdeckte und diese ihren Roman prägten. Audrey Lee schrieb auf eine ruhige und gelassene Art über die Zeit ihrer Obdachlosigkeit. Suzanne Weeks zeichnete zwischen mehreren Chemotherapiebehandlungen ihre Gedanken über Tagebücher auf.

Alle diese Geschichten verdanken ihr Erscheinen zwei wunderbaren Menschen: meiner Agentin Elaine Markson und vor allem meiner Herausgeberin Sarah Barnes, die mich immer begeistern und inspirieren kann. Die Zusammenarbeit mit ihr ist ein Privileg.

Und ewig Dankeschön meinem Dienstagabend-Schreibzirkel, meinem Ehemann Askold und meiner Familie.

Die Originalausgabe
erschien 2001 unter dem Titel
»Leaving a trace. On keeping a journal:
The Art oft Transforming a life into Stories«
bei Little, Brown and Company in New York.


1 2 3 4 05 04 03


Umschlaggestaltung: Charlotte Löbner
Gesetzt aus der Scala
Satz: Michael Hempel, München
Druck und Bindung: GGP Media, Pößneck
Printed in Germany
ISBN 3-85842-438-2